KB186475

일본어가 술술 나오는 YBM

일본어 첫걸음

최은준 저 | **윤지은** 동영상강의

개정판

일본어가 술술 나오는 **YBM**
일본어 첫걸음

발행인	권오찬
발행처	와이비엠홀딩스
저자	최은준
동영상강의	윤지은
기획	고성희
마케팅	정연철, 박천산, 고영노, 박찬경, 김동진, 김윤하
디자인	배현진, 박성희
일러스트	김영진
초판 1쇄 발행	2018년 3월 7일
개정1판 1쇄 인쇄	2024년 6월 10일
개정1판 1쇄 발행	2024년 6월 14일
신고일자	2012년 4월 12일
신고번호	제2012-000060호
주소	서울시 종로구 종로 104
전화	(02)2000-0154
팩스	(02)2271-0172
홈페이지	www.ybmbooks.com
ISBN	978-89-6348-187-6

머리말

일본어는 우리말과 어순이 같아서 다른 언어에 비해 시작하기 쉬운 것은 사실입니다. 그러나 일본어도 어디까지나 외국어이기 때문에 독학하기란 결코 쉽지 않습니다. 그래서 일본어를 보다 쉽고 재미있게 학습할 수 있도록 고심하여 만들었습니다.

1. 일본어 문자를 완벽하게 익힌 후 언어의 네 가지 영역인 '말하기, 듣기, 쓰기, 읽기'가 종합적으로 향상될 수 있도록 구성했습니다. 그리고 다양한 상황 속에서 기초 문법과 문형이 자연스럽게 녹아 있는 문장을 통해 기초 일본어를 학습할 수 있도록 했습니다.

2. 일본어 초급 단계에서 꼭 알아 두어야 할 문법만을 다루었으며, 학습자의 입장에서 부자연스럽거나 딱딱한 문장, 일상생활과 연관성이 적은 단어와 예시들은 배제했습니다.

3. 일본 현지에서 실제로 많이 사용하는 단어와 표현을 대화문에 넣었습니다. 또한 기초 문법에 대해 상세한 해설을 하고, 각 UNIT의 학습 내용을 스스로 학습하고 점검할 수 있도록 패턴연습과 연습문제를 실어 확실하게 실력을 다질 수 있게 했습니다.

본 교재는 다년간의 강의 경험을 바탕으로, 유용한 독학용 교재를 만들기 위해 노력한 일본어 교육의 결과물입니다. 부디 일본어를 익혀 일본 문화를 이해하고자 하는 학습자분들께 조금이나마 도움이 되기를 희망합니다.

최은준 드림

무료 제공 학습자료 사용 방법

1

일본어 쓰기노트와 JLPT N5 하프모의고사 & 스토리북 신데렐라

- 책 속의 책으로 제공되는 일본어 쓰기노트를 통해 일본어 문자를 완벽하게 익히세요.
- 일본어 학습이 끝난 후에는 JLPT N5 하프모의고사를 풀어 보세요. 나의 일본어 실력을 확인할 수 있습니다.
- 책 속의 책 마지막에 실려 있는 '스토리북 신데렐라'로, 청취력과 독해력을 향상시키고 따라 쓰기를 통해 단어와 문장을 자연스럽게 습득할 수 있습니다.

2

'머리에 쏙쏙' 윤지은 선생님의 무료 동영상강의 17강

- 강의 경험이 풍부한 윤지은 선생님이 각 과의 포인트만을 콕 집어 설명해 드립니다.
- 교재 속 QR코드를 스캔하면 학습 동영상으로 바로 연결됩니다.
- YBM 홈페이지(www.ybmbooks.com) 혹은 유튜브에서 'YBM Books'나 'YBM 일본어 첫걸음 개정판'을 검색 후 시청하세요.

음원 14　음원 90　음원 91

3 정확한 일본어를 구사하기 위한 원어민 성우의 음원
음원 무료 다운로드 www.ybmbooks.com

- 본책의 각 과 핵심표현, 주요 단어, 패턴연습, 회화하기 및 책 속의 책의 JLPT N5 하프모의고사, 스토리북 신데렐라를 원어민 성우의 리얼한 음성으로 제공합니다.
- 교재 속 QR코드를 스캔하면 간편하게 재생하여 들을 수 있습니다.
- YBM 홈페이지에서 음원을 무료로 제공하므로 다운로드하여 들을 수도 있습니다.

음원 1　음원 2

4 일본어 미니 문자표 & 일본어 핵심단어 950
PDF 무료 다운로드 www.ybmbooks.com

- 언제 어디서나 볼 수 있도록 일본어 미니 문자표를 PDF로 제공합니다.
- 일본어 핵심단어를 950개 선정해 PDF로 제공하고, QR코드를 스캔하면 '한국어–일본어', '일본어–한국어' 두 가지 버전으로 들을 수 있습니다.
- YBM 홈페이지에서 무료로 다운로드하여 적극 활용해 보세요.

목차&핵심문형

30일 완성 학습스케줄

체크	1일	체크	2일	체크	3일	체크	4일	체크	5일
	문자와 발음 -히라가나(1)		문자와 발음 -히라가나(2)		문자와 발음 -가타카나(1)		문자와 발음 -가타카나(2)		문자와 발음 -청음(1)
체크	6일	체크	7일	체크	8일	체크	9일	체크	10일
	문자와 발음 -청음(2)		문자와 발음 -청음(3)		문자와 발음 -탁음		문자와 발음 -반탁음, 발음		문자와 발음 -요음
체크	11일	체크	12일	체크	13일	체크	14일	체크	15일
	문자와 발음 -촉음, 장음		인사말		UNIT 01		UNIT 02		UNIT 03
체크	16일	체크	17일	체크	18일	체크	19일	체크	20일
	UNIT 04		UNIT 05		UNIT 06		UNIT 07		UNIT 08
체크	21일	체크	22일	체크	23일	체크	24일	체크	25일
	UNIT 01~08 복습		UNIT 09		UNIT 10		UNIT 11		UNIT 12
체크	26일	체크	27일	체크	28일	체크	29일	체크	30일
	UNIT 13		UNIT 14		UNIT 15		UNIT 16		UNIT 09~16 복습

일본어
문자와
발음
————————
인사말

문자

우리나라의 고유 문자는 '한글'이죠. 그럼, 일본어는 어떤 문자를 쓸까요? 바로 '가나(かな)'인데요, '가나(かな)'는 '히라가나'(ひらがな), '가타카나'(カタカナ)라는 두 종류의 문자로 구성되어 있습니다. 그리고 여기에 '한자'(漢字)를 섞어서 씁니다.

1. 히라가나(ひらがな)
모든 인쇄와 필기에 사용되는 기본적인 문자입니다.

2. 가타카나(カタカナ)
주로 외래어나 의성어, 의태어를 표기하거나 강조하고자 할 때 씁니다. 지금은 방송이나 신문, 잡지 등에서 그 사용 빈도가 점점 증가하고 있습니다.

3. 한자(漢字)
중국이나 우리나라에서는 한자를 음(소리)으로만 읽지만, 일본에서는 한자를 음(소리)뿐만 아니라 훈(의미)으로도 읽습니다. 한자를 음(소리)으로 읽는 것을 '음독', 훈(의미)으로 읽는 것을 '훈독'이라고 합니다. 또한 음과 훈이 한 글자에 2개 이상인 경우도 있습니다.

인사말

일상생활에서 가장 많이 쓰는 것이 인사말이죠. 평소에 자주 사용해서 자연스럽게 말할 수 있도록 합시다.

● 히라가나와 가타카나를 5단('세로줄'을 '단'이라고 부름)
10행('가로줄'을 '행'이라고 부름)으로 배열한 것을
'오십음도'(五十音図)라고 합니다.

 동영상 1 음원 1

히라가나(ひらがな)

	あ단	い단	う단	え단	お단
あ행	あ 아[a]	い 이[i]	う 우[u]	え 에[e]	お 오[o]
か행	か 카[ka]	き 키[ki]	く 쿠[ku]	け 케[ke]	こ 코[ko]
さ행	さ 사[sa]	し 시[shi]	す 스[su]	せ 세[se]	そ 소[so]
た행	た 타[ta]	ち 치[chi]	つ 츠[tsu]	て 테[te]	と 토[to]
な행	な 나[na]	に 니[ni]	ぬ 누[nu]	ね 네[ne]	の 노[no]
は행	は 하[ha]	ひ 히[hi]	ふ 후[hu/fu]	へ 헤[he]	ほ 호[ho]
ま행	ま 마[ma]	み 미[mi]	む 무[mu]	め 메[me]	も 모[mo]
や행	や 야[ya]		ゆ 유[yu]		よ 요[yo]
ら행	ら 라[ra]	り 리[ri]	る 루[ru]	れ 레[re]	ろ 로[ro]
わ행	わ 와[wa]				を 오[wo]
			ん 응[n]		

가타카나(カタカナ)

	ア단	イ단	ウ단	エ단	オ단
ア행	ア 아[a]	イ 이[i]	ウ 우[u]	エ 에[e]	オ 오[o]
カ행	カ 카[ka]	キ 키[ki]	ク 쿠[ku]	ケ 케[ke]	コ 코[ko]
サ행	サ 사[sa]	シ 시[shi]	ス 스[su]	セ 세[se]	ソ 소[so]
タ행	タ 타[ta]	チ 치[chi]	ツ 츠[tsu]	テ 테[te]	ト 토[to]
ナ행	ナ 나[na]	ニ 니[ni]	ヌ 누[nu]	ネ 네[ne]	ノ 노[no]
ハ행	ハ 하[ha]	ヒ 히[hi]	フ 후[hu/fu]	ヘ 헤[he]	ホ 호[ho]
マ행	マ 마[ma]	ミ 미[mi]	ム 무[mu]	メ 메[me]	モ 모[mo]
ヤ행	ヤ 야[ya]		ユ 유[yu]		ヨ 요[yo]
ラ행	ラ 라[ra]	リ 리[ri]	ル 루[ru]	レ 레[re]	ロ 로[ro]
ワ행	ワ 와[wa]				ヲ 오[wo]
			ン 응[n]		

청음

- 청음이란 가나에 탁점이나 반탁점이 없어 맑은 소리가 나는 글자로, 오십음도에 있는 글자를 그대로 읽는 글자입니다.

あ행

あ 아[a]	い 이[i]	う 우[u]	え 에[e]	お 오[o]
 あい 아 이 사랑	 いえ 이 에 집	 うどん 우 동 우동	 え 에 그림	 おでん 오 뎅 오뎅

ア행

ア 아[a]	イ 이[i]	ウ 우[u]	エ 에[e]	オ 오[o]
 アイスクリーム 아 이스쿠리 - 무 아이스크림	 インク 잉 쿠 잉크	 ウイスキー 우이스키 - 위스키	 エレベーター 에 레 베 - 타 - 엘리베이터	 オレンジ 오 렌 지 오렌지

★ 「あ」행은 우리말의 '아, 이, 우, 에, 오'와 발음이 비슷합니다.

★ 「う」는 입술을 내밀어 둥글게 만들지 말고, 평평하게 만든 상태에서 우리말의 '우'와 '으'의 중간음으로 발음합니다.

か	き	く	け	こ
카[ka]	키[ki]	쿠[ku]	케[ke]	코[ko]
かき 카 끼 감	き 키 나무	くも 쿠 모 구름	けしき 케 시 끼 경치	こおり 코 ー 리 얼음

カ	キ	ク	ケ	コ
카[ka]	키[ki]	쿠[ku]	케[ke]	코[ko]
カメラ 카 메 라 카메라	キー 키 ー 열쇠	クリスマス 쿠 리 스 마 스 크리스마스	ケーキ 케 ー 키 케이크	コーヒー 코 ー 히 ー 커피

★ 「か」행은 우리말의 '카, 키, 쿠, 케, 코'와 '가, 기, 구, 게, 고'의 중간 발음에 가깝습니다.

★ 「か」행이 단어의 중간이나 끝머리에 오면 우리말의 '까, 끼, 꾸, 께, 꼬'에 가까운 발음이 됩니다.

さ행

さ	し	す	せ	そ
사[sa]	시[shi]	스[su]	세[se]	소[so]
さくら 사꾸라 벚꽃	しか 시까 사슴	すし 스시 초밥	せんぷうき 셈뿌一끼 선풍기	そら 소라 하늘

サ행

サ	シ	ス	セ	ソ
사[sa]	시[shi]	스[su]	세[se]	소[so]
サラダ 사 라 다 샐러드	シーソー 시一소一 시소	スキー 스키一 스키	セーター 세一타一 스웨터	ソファー 소 화 一 소파

★「さ」행은 우리말의 '사, 시, 스, 세, 소'와 발음이 비슷합니다.

★ 주의할 발음은 「す」로, '수'와 '스'의 중간 발음에 해당하며, 단어 끝머리에 오면 '스'에 가깝게 발음합니다.

^행				
た 타[ta]	ち 치[chi]	つ 츠[tsu]	て 테[te]	と 토[to]
たいよう 타이요- 태양	ちきゅう 치 뀨 - 지구	つき 츠끼 달	てがみ 테가미 편지	とけい 토께 - 시계

タ^행				
タ 타[ta]	チ 치[chi]	ツ 츠[tsu]	テ 테[te]	ト 토[to]
タクシー 타쿠시- 택시	チーズ 치-즈 치즈	ツナ 츠나 참치	テレビ 테레비 텔레비전, TV	トマト 토마토 토마토

★ 「た」행은 우리말의 'ㄷ'과 'ㅌ'의 중간 발음입니다. 단어의 첫머리에 올 때는 '타, 치, 츠, 테, 토'에 가깝게, 단어의 중간이나 끝머리에 올 때는 '따, 찌, 쯔, 떼, 또'에 가깝게 발음합니다.

★ 주의할 발음은 「ち」와 「つ」로, 「ち」는 「い」 발음과 같은 입모양을 하고, 우리말의 '치'보다 약하게 발음합니다. 「つ」는 「う」 발음과 같은 입모양을 하고, 혀를 앞니 뒤쪽 윗잇몸에 붙였다 떼면서 발음합니다.

일본어 문자와 발음 17

な	に	ぬ	ね	の
나[na]	니[ni]	누[nu]	네[ne]	노[no]
なつ	にじ	いぬ	ねこ	のり
나 쯔	니 지	이 누	네 꼬	노 리
여름	무지개	개	고양이	김

ナ행

ナ	ニ	ヌ	ネ	ノ
나[na]	니[ni]	누[nu]	네[ne]	노[no]
ナイフ	テニス	カヌー	ネクタイ	ノート
나 이 후	테 니 스	카 누 ー	네 쿠 타 이	노 ー 토
나이프	테니스	카누	넥타이	노트

★ 「な」행은 우리말의 '나, 니, 누, 네, 노'와 발음이 비슷합니다.

★ 주의할 발음은 「ぬ」로, '누'와 '느'의 중간음으로 발음합니다.

は행

は	ひ	ふ	へ	ほ
하[ha]	히[hi]	후[hu/fu]	헤[he]	호[ho]
はな	ひ	ふく	へび	ほし
하 나	히	후 꾸	헤 비	호 시
꽃	불	옷	뱀	별

八행

ハ	ヒ	フ	ヘ	ホ
하[ha]	히[hi]	후[hu/fu]	헤[he]	호[ho]
ハンドバッグ	ヒーター	フルーツ	ヘッドホン	ホテル
한 도 박 구	히 ― 타 ―	후 루 ― 츠	헷 도 홍	호 테 루
핸드백	히터	과일	헤드폰	호텔

★ 「は」행은 우리말의 '하, 히, 후, 헤, 호'와 발음이 비슷합니다.

★ 주의할 발음은 「ふ」로, 아랫입술을 물고 발음해서는 안 되며 「う」발음의 입모양으로 발음합니다.

ま 마[ma]	み 미[mi]	む 무[mu]	め 메[me]	も 모[mo]
まど 마 도 창문	みみ 미 미 귀	むし 무 시 벌레	め 메 눈	もも 모 모 복숭아

マ 마[ma]	ミ 미[mi]	ム 무[mu]	メ 메[me]	モ 모[mo]
マヨネーズ 마 요 네 - 즈 마요네즈	ミルク 미 루 쿠 우유	ムービー 무 - 비 - 영화	メロン 메 롱 멜론	モニター 모 니 타 - 모니터

★ 「ま」행은 우리말의 '마, 미, 무, 메, 모'와 발음이 비슷합니다.
★ 주의할 발음은 「む」로, '무'와 '므'의 중간음으로 발음합니다.

や 야[ya]	ゆ 유[yu]	よ 요[yo]
 やま 야 마 산	 ゆびわ 유 비 와 반지	 よる 요 루 밤

ヤ 야[ya]	ユ 유[yu]	ヨ 요[yo]
 イヤリング 이 야 링 구 귀고리	 ユニホーム 유 니 호 – 무 유니폼	 ヨット 욧 토 요트

★ 「や」행은 우리말의 '야, 유, 요'와 발음이 비슷합니다.

★ 주의할 발음은 「ゆ」와 「よ」로, 발음할 때 입술을 너무 둥글게 오므리지 않도록 합니다.

ら	り	る	れ	ろ
라[ra]	리[ri]	루[ru]	레[re]	로[ro]
らっぱ	りんご	ひるね	れいぞうこ	ろうそく
랍빠	링고	히루네	레 － 조 － 꼬	로 － 소 꾸
나팔	사과	낮잠	냉장고	양초

ラ	リ	ル	レ	ロ
라[ra]	리[ri]	루[ru]	레[re]	로[ro]
ライター	リボン	ルビー	レモン	ロールケーキ
라이타 －	리봉	루비 －	레몽	로 － 루 케 － 키
라이터	리본	루비	레몬	롤케이크

★ 「ら」행은 우리말의 '라, 리, 루, 레, 로'와 발음이 비슷합니다.

★ 주의할 점은 영어의 [r] 발음처럼 혀를 안쪽으로 말아 올리지 않고 혀끝으로 입천장을 치면서 발음합니다.

わ행・ん

わ 와[wa]	を 오[wo]	ん 응[n]
 わに 와 니 **악어**		 かびん 카 빙 **꽃병**

ワ행・ン

ワ 와[wa]	ヲ 오[wo]	ン 응[n]
 ワイン 와 잉 **와인**		 アイロン 아 이 롱 **다리미**

★ 「わ」는 우리말의 '와'와 발음이 비슷합니다.

★ 「を」는 조사로만 쓰이며, 발음은 「お」와 같습니다.

★ 「ん」은 우리말의 받침과 같은 역할을 하며, 단어의 첫머리에는 오지 않습니다. (p.25 발음편 참조)

- 탁음이란 「か、さ、た、は」행 글자의 오른쪽 위에 탁점(ﾞ)을 붙인 글자로, 성대를 울려서 발음합니다.
- 「が」행은 영어의 [g] 발음과 동일하고, 「ざ」행은 「さ、し、す、せ、そ」 발음의 입모양 그대로 성대를 울려서 발음합니다.
- 「だ」행의 「だ、で、ど」는 영어의 [d] 발음과 동일하고, 「ぢ、づ」는 「じ、ず」에 합류되어 현재는 특별한 경우 외에는 쓰이지 않습니다.
- 「ば」행은 우리말의 '바, 비, 부, 베, 보'와 비슷한 발음이지만, 영어의 [b] 발음과 같이 성대를 울려서 발음합니다.

음원 3

が행	が 가[ga]	ぎ 기[gi]	ぐ 구[gu]	げ 게[ge]	ご 고[go]
ざ행	ざ 자[za]	じ 지[zi]	ず 즈[zu]	ぜ 제[ze]	ぞ 조[zo]
だ행	だ 다[da]	ぢ 지[zi]	づ 즈[zu]	で 데[de]	ど 도[do]
ば행	ば 바[ba]	び 비[bi]	ぶ 부[bu]	べ 베[be]	ぼ 보[bo]

ガ행	ガ 가[ga]	ギ 기[gi]	グ 구[gu]	ゲ 게[ge]	ゴ 고[go]
ザ행	ザ 자[za]	ジ 지[zi]	ズ 즈[zu]	ゼ 제[ze]	ゾ 조[zo]
ダ행	ダ 다[da]	ヂ 지[zi]	ツ 즈[zu]	デ 데[de]	ド 도[do]
バ행	バ 바[ba]	ビ 비[bi]	ブ 부[bu]	ベ 베[be]	ボ 보[bo]

예

がいこく 외국
가 이 꼬 꾸

ぎむ 의무
기 무

かぐ 가구
카 구

じこ 사고
지 꼬

からだ 몸
카 라 다

はなぢ 코피
하 나 지

ばら 장미
바 라

ゆび 손가락
유 비

ガス 가스
가 스

ジーンズ 청바지
지 - 인즈

ダンス 댄스, 춤
단 스

ビニール 비닐
비 니 - 루

음원 4

- 반탁음이란 「は」행 글자의 오른쪽 위에 반탁점(°)을 붙인 글자입니다.
- 「ぱ」행은 단어의 첫머리에서는 '파, 피, 푸, 페, 포'에 가까운 발음이 되며, 단어의 중간이나 끝머리에서는 '빠, 삐, 뿌, 뻬, 뽀'에 가까운 발음이 됩니다.

ぱ행	ぱ 파[pa]	ぴ 피[pi]	ぷ 푸[pu]	ぺ 페[pe]	ぽ 포[po]
パ행	パ 파[pa]	ピ 피[pi]	プ 푸[pu]	ペ 페[pe]	ポ 포[po]

예

いっぱい 한 잔
입 빠 이

えんぴつ 연필
엠 삐 쯔

きっぷ 표
킵 뿌

いっぽ 한 걸음
입 뽀

パン 빵
팡

ピザ 피자
피 자

プレゼント 선물
푸 레 젠 토

ポスト 우체통
포 스 토

음원 5

- 「ん」은 뒤에 오는 음에 따라 [ㅁ, ㄴ, ㅇ] 또는 [ㄴ과 ㅇ의 중간음]으로 발음이 달라집니다. 우리말의 받침과 같은 역할을 하는데, 우리말 받침과는 달리 한 박자로 발음해 줍니다.

1. 「ま、ば、ぱ」행 앞에서는 [ㅁ]으로 발음됩니다.

예

あんま 안마
암 마

しんぶん 신문
심 붕

かんぱい 건배
캄 빠 이

2. 「さ、ざ、た、だ、な、ら」행 앞에서는 [ㄴ]으로 발음됩니다.

예

かんじ 한자
칸 지

みんな 모두
민 나

べんり 편리
벤 리

3. 「か、が」행 앞에서는 [ㅇ]으로 발음됩니다.

예

さんか 참가
상 까

にほんご 일본어
니 홍 고

たんご 단어
탕 고

4. 「あ、は、や、わ」행 앞과 「ん」으로 끝날 때는 [ㄴ과 ㅇ의 중간음]으로 발음됩니다.

예

れんあい 연애
렝 아 이

でんわ 전화
뎅 와

ほん 책
홍

• 「き、ぎ、し、じ、ち、に、ひ、び、ぴ、み、り」뒤에 「や、ゆ、よ」를
작게 써서 표기한 것으로, 한 글자처럼 한 음절로 발음합니다.

음원 6

きゃ 캬[kya]	きゅ 큐[kyu]	きょ 쿄[kyo]	キャ 캬[kya]	キュ 큐[kyu]	キョ 쿄[kyo]
ぎゃ 갸[gya]	ぎゅ 규[gyu]	ぎょ 교[gyo]	ギャ 갸[gya]	ギュ 규[gyu]	ギョ 교[gyo]
しゃ 샤[sha]	しゅ 슈[shu]	しょ 쇼[sho]	シャ 샤[sha]	シュ 슈[shu]	ショ 쇼[sho]
じゃ 쟈[zya]	じゅ 쥬[zyu]	じょ 죠[zyo]	ジャ 쟈[zya]	ジュ 쥬[zyu]	ジョ 죠[zyo]
ちゃ 챠[cha]	ちゅ 츄[chu]	ちょ 쵸[cho]	チャ 챠[cha]	チュ 츄[chu]	チョ 쵸[cho]
にゃ 냐[nya]	にゅ 뉴[nyu]	にょ 뇨[nyo]	ニャ 냐[nya]	ニュ 뉴[nyu]	ニョ 뇨[nyo]
ひゃ 햐[hya]	ひゅ 휴[hyu]	ひょ 효[hyo]	ヒャ 햐[hya]	ヒュ 휴[hyu]	ヒョ 효[hyo]
びゃ 뱌[bya]	びゅ 뷰[byu]	びょ 뵤[byo]	ビャ 뱌[bya]	ビュ 뷰[byu]	ビョ 뵤[byo]
ぴゃ 퍄[pya]	ぴゅ 퓨[pyu]	ぴょ 표[pyo]	ピャ 퍄[pya]	ピュ 퓨[pyu]	ピョ 표[pyo]
みゃ 먀[mya]	みゅ 뮤[myu]	みょ 묘[myo]	ミャ 먀[mya]	ミュ 뮤[myu]	ミョ 묘[myo]
りゃ 랴[rya]	りゅ 류[ryu]	りょ 료[ryo]	リャ 랴[rya]	リュ 류[ryu]	リョ 료[ryo]

예

きゃく 손님
캬 꾸

ぎゅうにゅう 우유
규 - 뉴 -

いしゃ 의사
이 샤

しゅみ 취미
슈 미

しゃちょう 사장
샤 쬬 -

ひゃく 백, 100
햐 꾸

みゃく 맥박
먀 꾸

りょこう 여행
료 꼬 -

キャラメル 캐러멜
캬 라메루

シャープ 샤프(펜슬)
샤 - 푸

ニュース 뉴스
뉴 - 스

ヒューズ 퓨즈
휴 - 즈

촉음

음원 7

• 「か、さ、た、ぱ」행 앞에 작게 쓰는 촉음 「っ」는 우리말의 받침과 같은 역할을 합니다. 하지만 우리말 받침과 달리 한 박자로 발음해야 합니다. 또한 촉음은 바로 뒤에 오는 글자의 영향을 받아 발음이 바뀝니다.

1. 「か」행 앞에서는 [k]로 발음됩니다.　예 がっこう 학교
　　　　　　　　　　　　　　　　　　　　　　각 꼬 -

2. 「さ」행 앞에서는 [s]로 발음됩니다.　예 けっせき 결석
　　　　　　　　　　　　　　　　　　　　　　켓 세 끼

3. 「た」행 앞에서는 [t]로 발음됩니다.　예 きって 우표
　　　　　　　　　　　　　　　　　　　　　　킷 떼

4. 「ぱ」행 앞에서는 [p]로 발음됩니다.　예 きっぷ 표
　　　　　　　　　　　　　　　　　　　　　　킵 뿌

장음

음원 8

• 앞 글자의 발음을 길게 끌어서 발음하는 것을 장음이라고 합니다. 장음은 한 음절의 길이를 가지고 있으며, 장음이 있고 없음에 따라 뜻이 달라집니다. 가타카나의 장음은 「ー」로 나타냅니다.

1. 「あ」단 뒤에 「あ」가 올 때　예 おかあさん 어머니
　　　　　　　　　　　　　　　　　오 까 - 상

2. 「い」단 뒤에 「い」가 올 때　예 おにいさん 형, 오빠
　　　　　　　　　　　　　　　　　오 니 - 상

3. 「う」단 뒤에 「う」가 올 때　예 くうき 공기
　　　　　　　　　　　　　　　　　쿠 - 끼

4. 「え」단 뒤에 「い」 또는 「え」가 올 때　예 せんせい 선생님　　おねえさん 누나, 언니
　　　　　　　　　　　　　　　　　　　　　센 세 -　　　　　　오 네 - 상

5. 「お」단 뒤에 「う」 또는 「お」가 올 때　예 こうこう 고등학교　　おおい 많다
　　　　　　　　　　　　　　　　　　　　　코 - 꼬 -　　　　　　오 - 이

6. 요음 뒤에 「う」가 올 때　예 きょう 오늘　　じゅう 열, 10
　　　　　　　　　　　　　　　　코 -　　　　　쥬 -

7. 가타카나의 장음 「ー」　예 ビール 맥주
　　　　　　　　　　　　　　　비 - 루

인사말(あいさつ)

음원 9

기본 인사

☑ **おはようございます。** 안녕하세요.(아침)
오 하 요 - 고 자 이 마 스

☑ **こんにちは。** 안녕하세요.(낮)
콘 니 찌 와

☑ **こんばんは。** 안녕하세요.(저녁)
콤   방   와

☑ **おやすみなさい。** 안녕히 주무세요.
오 야 스 미 나 사 이

식사할 때

☑ **いただきます。** 잘 먹겠습니다.
이 따 다 끼 마 스

☑ **ごちそうさまでした。** 잘 먹었습니다.
고 찌 소 - 사 마 데 시 따

**외출 및
귀가할 때**

☑ **いってきます。** 다녀오겠습니다.
잇 떼 끼 마 스

☑ **いってらっしゃい。** 다녀와, 다녀오세요.
잇 떼 랏 샤 이

☑ **ただいま。** 다녀왔습니다.
타 다 이 마

☑ **おかえりなさい。** 어서 와요, 잘 다녀오셨어요.
오 까 에 리 나 사 이

**사과 및
감사할 때**

☑ **すみません。** 미안합니다.
스 미 마 셍

☑ **いいえ、だいじょうぶです。** 아니요, 괜찮습니다.
이 - 에 다 이 죠 - 부 데 스

☑ **どうも ありがとうございます。** 대단히 감사합니다.
도 - 모 아 리 가 또 - 고 자 이 마 스

☑ **どういたしまして。** 천만에요.
도 - 이 따 시 마 시 떼

헤어질 때

남의 집을 방문했을 때

☑ **しつれいします。** 실례합니다.
　시 쯔 레 − 시 마 스

☑ **しつれいしました。** 실례했습니다.
　시 쯔 레 − 시 마 시 따

☑ **おきを つけて。** 조심히 가세요.
　오 끼 오 츠 께 떼

직장에서 퇴근할 때

☑ **おさきに しつれいします。** 먼저 실례하겠습니다.
　오 사 끼 니 시 쯔 레 − 시 마 스

☑ **おつかれさまでした。** 수고하셨습니다.
　오 쯔 까 레 사 마 데 시 따

방문 인사

☑ **ごめんください。** 계세요?
　고 멩 꾸 다 사 이

☑ **どうぞ、おはいりください。** 어서 들어오세요.
　도 − 조 　오 하 이 리 꾸 다 사 이

축하 인사

☑ **おめでとうございます。** 축하합니다.
　오 메 데 또 − 고 자 이 마 스

☑ **おめでとう。** 축하해.
　오 메 데 또 −

동영상 2　음원 10

저는 회사원입니다.

わたしは かいしゃいんです。

와 따 시 와　카 이　샤　인 데 스

**핵심
표현**

01　저는 회사원입니다.
わたしは かいしゃいんです。
와 따 시 와　카 이　샤　인 데 스

02　다나카 씨는 학생입니까?
たなかさんは がくせいですか。
타 나 까　상　와　각 세 – 데 스 까

03　아니요, 학생이 아닙니다.
いいえ、がくせいでは ありません。
이 – 에　각 세 – 데 와 아 리 마 셍

음원 11

わたし
와 따 시

나, 저

かいしゃいん
카 이 샤 잉

회사원

がくせい
각 세 -

학생

かんこくじん
캉 꼬 꾸 징

한국인

にほんじん
니 혼 징

일본인

ちゅうごくじん
츄 - 고 꾸 징

중국인

• 일본 스케치 •

우리와는 다른 일본 사람의 몸동작

일본 사람은 겉모습으로는 구분이 안 갈 정도로 우리와 닮았죠. 그럼, 몸동작은 어떨까요? 일본 사람의 가장 특이한 동작은 자신을 가리킬 때입니다. 우리는 손바닥을 펴서 자신의 가슴에 갖다 대지만 일본 사람은 검지를 코 끝에 가져와서 가리킨답니다. 또한 일본 사람은 헤어질 때 몇 번이고 머리를 숙여 인사하는 습관이 있는데요, 이는 특히 중년의 일본 여성에게서 많이 볼 수 있습니다. 정말이지 겉모습으로는 구분이 안 갈 정도로 비슷한데 이런 점은 다르네요.

01 わたしは かいしゃいんです。
와 따 시 와 카 이 샤 인 데 스
저 는 회사원 입니다.

わたし — 나, 저
와 따 시

かいしゃいん 회사원
キム 김 * 한국인의 성(姓)

「わたし」는 말하는 사람이 자기 자신을 가리키는 말로, 남녀노소 구분 없이 씁니다. 참고로 회화체에서는 「わたし」를 생략하고 말하는 경우가 많습니다.

～は — ～은[는]
와

「わたしは」의 「は」는 '～은[는]'이라는 뜻의 조사로, 이렇게 조사로 쓰일 때는 '하[ha]'로 발음하지 않고, 반드시 '와[wa]'로 발음해야 합니다.

명사 + です — ～입니다
데 스

일본어는 원래 띄어쓰기를 하지 않아요. 그래서 단어들을 어디서 끊어 읽어야 할지 난감할 때가 많죠. 그래서 본 교재에서는 여러분의 학습 편의를 도모하기 위해 띄어쓰기를 했습니다.

명사에 「です」를 붙이면 '～입니다'라는 뜻으로, 명사의 긍정표현이 됩니다. 「～は ～です」라고 하면 '～은[는] ～입니다'라는 뜻으로, 자신을 소개할 때 쓰게 되는 표현입니다. 한편 우리는 자신을 소개할 때 일반적으로 성(姓)과 이름을 다 말하지만, 일본에서는 성만 말하는 경우가 많습니다.

우리말의 마침표(.)와 다르게 일본어의 마침표는 가운데가 비어 있는 동그라미 모양(。)입니다.

- **わたしは キムです。** 저는 김(OO)입니다.
  와 따 시 와 키 무 데 스

- **キムです。** 김(OO)입니다.
  키 무 데 스

| キム
김 | + | です
～입니다 |

02 たなかさんは がくせいですか。

타 나 까 상 와 각 세 − 데 스 까

다나카 씨 는 학생 입니까?

▼
たなか 다나카 • 일본인의 성(姓)
がくせい 학생
きむら 기무라 • 일본인의 성(姓)
イ 이 • 한국인의 성(姓)
かんこくじん 한국인
にほんじん 일본인

～さん
상

~씨

「さん」은 '～씨'라는 뜻으로, 보통 성(姓) 뒤에 붙여서 씁니다. 일본에서는 성과 이름을 한꺼번에 부르는 일은 거의 없습니다.

● **きむらさんです。** 기무라 씨입니다.
　　키 무 라 산 데 스

● **イさんです。** 이(OO) 씨입니다.
　　이 산 데 스

명사 + ですか
데 스 까

~입니까?

▼
일본어는 물음표(?)를 쓰지 않아요. 의문문이라도 마침표(。)만 쓰기 때문에 문장 끝에 의문을 나타내는 「か」(～까?)가 있는지 없는지로만 판단하면 됩니다.

명사에 「ですか」를 붙이면 '～입니까?'라는 의미로, 「です」(～입니다)의 의문표현입니다. 「か」는 문장 끝에 붙여서 '～까?'라는 의문의 뜻을 나타냅니다.

| かんこくじん
한국인 | + | ですか
~입니까? |

● **かんこくじんですか。** 한국인입니까?
　　캉 꼬꾸 진 데 스 까

● **にほんじんですか。** 일본인입니까?
　　니 혼 진 데 스 까

03

いいえ、がくせいでは ありません。
이 - 에　　　　각 세 - 데 와 아 리 마 셍

아니요,　　　학생　　　　이 아닙니다.

いいえ
이 - 에

> 아니요

「いいえ」는 '아니요'라는 뜻으로, 부정의 대답을 나타냅니다. 긍정의 대답은 「はい」(예)입니다.

- **A** きむらさんは がくせいですか。 기무라 씨는 학생입니까?
  키 무 라 상 와　각 세 - 데 스 까

  B1 いいえ。 아니요.
  이 - 에

  B2 はい。 예.
  하 이

~さん ~씨
はい 예

우리말의 쉼표(,)와 다르게 일본어의 쉼표는 왼쪽 위에서 아래로 내려가는 삐침 모양(、)입니다.

명사 + では ありません
데 와 아 리 마 셍

> ~이[가] 아닙니다

명사에 「では ありません」을 붙이면 '~이[가] 아닙니다'라는 뜻으로, 「です」(~입니다)의 부정 표현이 됩니다. 참고로 회화체에서는 「じゃ ありません」이라고 말합니다.

- がくせいでは ありません。 학생이 아닙니다.
  각 세 - 데 와　아 리 마 셍

- がくせいじゃ ありません。 학생이 아닙니다. ↝회화체예요.
  각 세 - 쟈　아 리 마 셍

「では ありません」 대신 「じゃ ありません」, 「では ないです」, 「じゃ ないです」라고 말해도 같은 뜻인데, 후자로 갈수록 더 친밀한 말투로 '회화체'에서 많이 씁니다.

がくせい 학생	+	では ありません じゃ ありません ~이[가] 아닙니다

패턴연습 1

01 ~입니다

パク
파 쿠
です。
데 스
박(OO)입니다.

かんこくじん
캉 꼬 꾸 진
です。
데 스
한국인입니다.

02 ~입니까?

にほんじん
니 혼 진
ですか。
데 스 까
일본인입니까?

きむらさん
키 무 라 산
ですか。
데 스 까
기무라 씨입니까?

03 ~이[가] 아닙니다

にほんじん
니 혼 진
では ありません。
데 와 아 리 마 셍
일본인이 아닙니다.

にほんじん
니 혼 진
じゃ ありません。
쟈 아 리 마 셍
일본인이 아닙니다.

かいしゃいん
카 이 샤 인
では ありません。
데 와 아 리 마 셍
회사원이 아닙니다.

かいしゃいん
카 이 샤 인
じゃ ありません。
쟈 아 리 마 셍
회사원이 아닙니다.

 단어

パク 박＊한국인의 성(姓)　かんこくじん 한국인　にほんじん 일본인　かいしゃいん 회사원

패턴연습 2

음원 13

01 ~입니다

パク 파 쿠	_____。	박(OO)입니다.
かんこくじん 캉 꼬꾸 진	_____。	한국인입니다.

02 ~입니까?

にほんじん 니 혼 진	_____。	일본인입니까?
きむらさん 키 무 라 산	_____。	기무라 씨입니까?

03 ~이[가] 아닙니다

にほんじん 니 혼 진	_____。	일본인이 아닙니다.
にほんじん 니 혼 진	_____。	일본인이 아닙니다.

かいしゃいん 카 이 샤 인	_____。	회사원이 아닙니다.
かいしゃいん 카 이 샤 인	_____。	회사원이 아닙니다.

음원 14

Ⓐ はじめまして。たなかです。
하 지 메 마 시 떼　타 나 까 데 스

Ⓑ あー、はじめまして。キムです。
아 -　하 지 메 마 시 떼　키 무 데 스

よろしく おねがいします。
요 로 시 꾸　오 네 가 이 시 마 스

Ⓐ こちらこそ、よろしく おねがいします。
코 찌 라 꼬 소　요 로 시 꾸　오 네 가 이 시 마 스

Ⓑ たなかさんは がくせいですか。
타 나 까　상 와　각 세 - 데 스 까

Ⓐ いいえ、がくせいでは ありません。
이 - 에　각 세 - 데 와 아 리 마 셍

わたしは かいしゃいんです。
와 따 시 와　카 이 샤　인 데 스

Ⓐ 처음 뵙겠습니다. 다나카입니다.
Ⓑ 아-, 처음 뵙겠습니다. 김(OO)입니다.
　 잘 부탁드립니다.
Ⓐ 저야말로 잘 부탁드립니다.
Ⓑ 다나카 씨는 학생입니까?
Ⓐ 아니요, 학생이 아닙니다.
　 저는 회사원입니다.

단어

はじめまして 처음 뵙겠습니다　たなか 다나카 * 일본인의 성(姓)　キム 김 * 한국인의 성(姓)
よろしく おねがいします 잘 부탁드립니다　こちらこそ 저야말로　がくせい 학생　かいしゃいん 회사원

◉ 보기와 같이 바꿔 보세요.

01

보기	パク ➡ わたしは パクです。

보기 パク ➡ わたしは パクです。
　　파 쿠　　　와따시와 파쿠데스

➡ パクです。
　파 쿠 데 스

① かんこくじん ➡ _____
　캉 꼬꾸 징

➡ _____

② がくせい ➡ _____
　각 세 -

➡ _____

02

보기 パクさん・かいしゃいん ➡ パクさんは かいしゃいんですか。
　　파 쿠 상　카 이 샤 잉　　　파 쿠 상 와 카 이 샤 인 데 스 까

① さとうさん・がくせい ➡ _____
　사 또 - 상　　각 세 -

② リンさん・ちゅうごくじん ➡ _____
　린 상　　츄 - 고 꾸 징

03

보기 パク・イ ➡ わたしは パクです。イでは ありません。
　　파 쿠 이　　와따시와 파쿠데스 이데와 아리마 셍

① イ・キム ➡ _____
　이 키 무

② かんこくじん・にほんじん ➡ _____
　캉 꼬꾸 징　　니 혼 징

단 어

パク 박 • 한국인의 성(姓)　わたし 나, 저　かんこくじん 한국인　がくせい 학생　〜さん 〜씨　かいしゃいん 회사원
さとう 사토 • 일본인의 성(姓)　リン 린 • 중국인의 성(姓)　ちゅうごくじん 중국인　にほんじん 일본인

아하, 그렇구나! 생생 일본

인사를 잘합시다!

사람을 처음 만나면 '처음 뵙겠습니다'라는 인사를 주고 받죠. 일본어로 '처음 뵙겠습니다'는 '하지메마시떼'(はじめまして)입니다.

자, 우리는 아침에 만나도 '안녕하세요', 점심에 만나도 '안녕하세요', 저녁에 만나도 '안녕하세요'죠. 하지만 일본은 아침, 점심, 저녁 인사가 모두 다릅니다.

아침에는 '오하요-고자이마스'(おはようございます), 점심에는 '콘니찌와'(こんにちは), 저녁에는 '콤방와'(こんばんは)라고 합니다. 한가지 재미있는 것은 제가 유학시절 아는 사람을 오후에 만났는데 '오하요-고자이마스'라고 인사를 해서 매우 당황했던 적이 있어요. 친구나 직장 동료 등 아는 사이일 경우에는 만나는 시간이 아침이든 저녁이든 '오하요-고자이마스'라고 인사를 하기도 합니다.

그럼, 헤어질 때는 뭐라고 할까요? '사요나라'(さよなら, 안녕, 잘 가, 안녕히 계세요)라는 인사말이 있죠. 그런데 이 '사요나라'는 꽤 오랫동안 만날 수 없을 때 하는 말이에요. 그러니 내일 볼 사람에게 '사요나라'라고 하면 이상하겠죠. 내일 또 볼 사람에게는 '마따 아시따'(また あした(明日), 내일 또 봐요)라고 하면 됩니다. 친구끼리는 '또 봐'라는 뜻으로, '마따네'(またね), 또는 '쟈-네'(じゃあね)라고 한답니다.

직장에서는 먼저 퇴근할 때는 '오사끼니 시쯔레-시마스'(おさき(先)に しつれい(失礼)します, 먼저 실례하겠습니다)라고 인사하고, 상대방은 '오쯔까레사마데시따'(おつか(疲)れさまでした, 수고하셨습니다)라고 인사합니다.

집에서 출근하거나 외출하는 가족에겐 '잇떼랏샤이'(いってらっしゃい, 다녀와, 다녀오세요), 나가는 사람은 '잇떼끼마스'(いってきます, 다녀오겠습니다)라고 말합니다. 집에 돌아오면 '타다이마'(ただいま, 다녀왔습니다)라고 하고요, '어서 와요, 잘 다녀오셨어요'라는 인사는 '오까에리나사이'(おかえ(帰)りなさい)입니다.

그리고 일본 사람은 식사하기 전에 '이따다끼마스'(いただきます, 잘 먹겠습니다)라고 말하고, 식사 후에는 '고찌소-사마데시따'(ごちそうさまでした, 잘 먹었습니다)라고 말합니다.

동영상 3　음원 15

이것은 무엇입니까?

これは なんですか。
코 레 와　난 데 스 까

**핵심
표현**

01 이것은 무엇입니까?
これは なんですか。
코 레 와　난 데 스 까

02 그 옆의 가게가 쉬는 날이었습니다.
その となりの みせが やすみでした。
소 노 토 나 리 노 미 세 가 야 스 미 데 시 따

03 거기는 쉬는 날이 아니었습니다.
あそこは やすみでは ありませんでした。
아 소 꼬 와 야 스 미 데 와 아 리 마 센 데 시 따

これ
코 레

이것

それ
소 레

그것

あれ
아 레

저것

なん
낭

무엇

みせ
미 세

가게

やすみ
야 스 미

쉼, 쉬는 날

● 일본 스케치 ●

저는 '마네끼네꼬'(まねきねこ, 마네키네코)라고 해요~!

일본 음식점에 가 보면 음식 모형과 함께 고양이 인형이 장식되어 있는 것을 볼 수 있습니다. 이 고양이 인형의 이름은 '마네끼네꼬'로, 뒷발로 앉아서 왼쪽 앞발을 들고 있으면 '손님'을, 오른쪽 앞발을 들고 있으면 '돈'과 '행운'을 가져다준다고 합니다. 그리고 앞발을 높이 들고 있을수록 더 많은 행운을 가져다준다는 뜻입니다. 원래 '마네끼네꼬'는 흰 바탕에 노랑과 검정 무늬가 섞인 삼색인데, '마네끼네꼬'의 색상에 따라 흰색은 '복', 검은색은 '마귀 퇴치', 붉은색은 '질병 예방', 금색은 '돈'을 부른다고 여겨집니다.

01 これは なんですか。
코 레 와   난 데 스 까

이것 은 무엇 입니까?

これ
코 레

이것

「これ」는 '이것'이라는 뜻으로, 사물을 가리킬 때 씁니다. 말하는 사람이 가리키는 사물의 위치 관계에 따라 「それ」(그것), 「あれ」(저것)로 달라집니다. 그리고 가리키는 대상이 특별히 정해져 있지 않은 경우에는 「どれ」(어느 것)를 씁니다.

- これは ほんです。 이것은 책입니다.
  코 레 와   혼 데 스

- それは かばんです。 그것은 가방입니다.
  소 레 와   카 반 데 스

한편 '이 휴대전화', '그 사람'처럼 뒤에 오는 명사를 꾸미고자 할 때는 「この+명사」(이+명사)의 형태를 취해야 합니다. 「その」는 '그〜', 「あの」는 '저〜'라는 뜻인데요, 「あの」의 경우 서로 알고 있는 대상을 가리킬 때는 우리말의 '그〜'에 해당한다는 것도 알아 두세요. 그리고 가리키는 대상이 특별히 정해져 있지 않은 경우에는 「どの〜」(어느〜)를 씁니다.

「こ・そ・あ・ど」는 사물을 가리키거나 장소 등을 나타낼 때 쓰는 말의 앞 글자로, 우리말의 '이·그·저·어느'라고 이해하시면 됩니다.
1. 「こ」(이)는 말하는 사람에게 가까울 때
2. 「そ」(그)는 듣는 사람에게 가까울 때
3. 「あ」(저)는 말하는 사람과 듣는 사람 모두로부터 떨어져 있을 때
4. 「ど」(어느)는 어느 것인지 모를 때, 또는 어느 장소인지 모를 때 씁니다.

- その ひとは ともだちですか。
  소 노 히 또 와   토 모 다 찌 데 스 까
  그 사람은 친구입니까? ☞ 두 사람의 시야에 보이는 사람을 가리키며 말할 때

- あの ひとは ガイドでした。
  아 노 히 또 와   가 이 도 데 시 따
  저 사람은 가이드였습니다. ☞ 두 사람의 시야에 보이는 사람을 가리키며 말할 때
  그 사람은 가이드였습니다. ☞ 말하는 사람과 듣는 사람이 서로 알고 있는 사람에 대해서 말할 때

なん
낭

무엇

「なん」(무엇)은 뒤에 오는 말에 따라 발음이 달라집니다. 뒤에 「が」(〜이[가])나 「を」(〜을[를]) 등이 오면 「なにが」(무엇이), 「なにを」(무엇을)와 같이 달라집니다.

「なん」은 '무엇'이라는 뜻으로, 사물이 무엇인지 물을 때 씁니다.

- A これは なんですか。 이것은 무엇입니까?
  코 레 와   난 데 스 까

- B それは ノートです。 그것은 노트입니다.
  소 레 와   노 - 토 데 스

02 その となりの みせが やすみでした。

소노　토나리노　미세가　야스미데시따

그　　옆의　　가게가　　쉬는 날　이었습니다.

▼
その 그
となり 옆, 이웃
みせ 가게
～が ～이[가]
やすみ 쉼, 쉬는 날

명사 + の + 명사
노

「その となりの みせ」(그 옆의 가게)에 있는 「の」는 '～의'라는 뜻으로, 명사와 명사를 연결하는 고리역할을 합니다. 우리는 '그 옆 가게'처럼 '～의'를 빼고 말할 수 있지만 일본어에서는 「その となりの みせ」의 형태로, 복합명사와 고유명사 이외에는 명사와 명사 사이에 반드시 「の」를 넣어야 합니다. 우리말로는 해석하지 않는 편이 자연스러운 경우가 많습니다.

- その となりの みせ (○) 그 옆의 가게
  소 노　토 나 리 노　미 세

- その となり みせ (✕)
  소 노　토 나 리　미 세

한편 「の」 다음에 「です」(～입니다)나 「ですか」(～입니까?) 등의 표현이 오면 '～의 것, ～의 물건'이라는 뜻으로, 소유를 나타냅니다.

- その となりの みせのです。 그 옆의 가게의 것입니다.
  소 노　토 나 리 노　미 세 노 데 스

명사 + でした
데 시 따

〔～(이)었습니다, ～였습니다〕

やすみ
쉬는 날
+
でした
～(이)었습니다,
～였습니다

명사에 「でした」를 붙이면 '～(이)었습니다, ～였습니다'라는 뜻으로, 명사의 과거표현이 됩니다. '～(이)었습니까?, ～였습니까?'라는 뜻의 의문표현을 만들려면 「でした」에 의문의 뜻을 나타내는 「か」(～까?)를 붙여서 「でしたか」 라고 하면 됩니다. 참고로 「でした」의 반말표현은 「だった」(～(이)었다, ～였다)입니다.

- A　みせは やすみでしたか。 가게는 쉬는 날이었습니까?
  　　미 세 와　야 스 미 데 시 따 까

  B1 やすみでした。 쉬는 날이었습니다.
  　　야 스 미 데 시 따

  B2 やすみだった。 쉬는 날이었다. ☞ 반말이에요.
  　　야 스 미　닷　따

あそこは やすみでは ありませんでした。
아 소 꼬 와　야 스 미 데 와　아 리 마 센 데 시 따
거기　는　쉬는 날　이 아니었습니다.

あそこ
아 소 꼬

저기, 거기

トイレ 화장실

「あそこ」는 '저기, 거기'라는 뜻으로, 장소를 가리킬 때 쓰는 말입니다. 앞에 나온 「あの」(저~, 그~)와 마찬가지로, 서로 알고 있는 장소를 가리킬 때는 우리말의 '거기'에 해당한다는 점에 유의하셔야 합니다. 말하는 사람이 가리키는 장소의 위치관계에 따라 「ここ」(여기), 「そこ」(거기), 그리고 장소가 어디인지를 물을 때는 「どこ」(어디)를 씁니다.

- A トイレは どこですか。 화장실은 어디입니까?
  토 이 레 와　도 꼬 데 스 까

- B そこです。 거기입니다. ☞ 두 사람의 시야에 보이는 장소를 가리키며 말할 때
  소 꼬 데 스

- あそこは やすみでした。
  아 소 꼬 와　야 스 미 데 시 따
  저기는 쉬는 날이었습니다. ☞ 두 사람의 시야에 보이는 장소를 가리키며 말할 때
  거기는 쉬는 날이었습니다. ☞ 말하는 사람과 듣는 사람이 서로 알고 있는 장소에 대해서 말할 때

명사 + では ありませんでした
데 와 아 리 마 센 데 시 따

~이[가] 아니었습니다

「ではありませんでした」 대신 「じゃありませんでした」 「ではなかったです」 「じゃなかったです」라고 말해도 같은 뜻인데, 후자로 갈수록 더 친밀한 말투로 '회화체'에서 많이 씁니다.

명사에 「では ありませんでした」를 붙이면 '~이[가] 아니었습니다'라는 뜻으로, 명사의 과거 부정표현이 됩니다. 참고로 회화체에서는 「じゃ ありませんでした」라고 말합니다.

- やすみでは ありませんでした。 쉬는 날이 아니었습니다.
  야 스 미 데 와　아 리 마 센 데 시 따

- やすみじゃ ありませんでした。 쉬는 날이 아니었습니다. ☞ 회화체예요.
  야 스 미 쟈　아 리 마 센 데 시 따

やすみ 쉬는 날	+	では ありません でした / じゃ ありません でした / ~이[가] 아니었습니다

음원 17

01 이것 · 그것 · 저것

これは かばん です。 이것은 가방입니다.
코레와 카 반 데 스

それは ほん です。 그것은 책입니다.
소 레 와 혼 데 스

あれは ざっし です。 저것은 잡지입니다.
아 레 와 잣 시 데 스

02 ～(이)었습니다, ～였습니다

ほん でした。 책이었습니다.
혼 데 시 따

にちようび でした。 일요일이었습니다.
니 찌 요 - 비 데 시 따

03 ～이[가] 아니었습니다

ほん では ありませんでした。 책이 아니었습니다.
혼 데 와 아 리 마 센 데 시 따

ほん じゃ ありませんでした。 책이 아니었습니다.
혼 쟈 아 리 마 센 데 시 따

にちようび では ありませんでした。 일요일이 아니었습니다.
니 찌 요 - 비 데 와 아 리 마 센 데 시 따

にちようび じゃ ありませんでした。 일요일이 아니었습니다.
니 찌 요 - 비 쟈 아 리 마 센 데 시 따

단어

これ 이것 かばん 가방 それ 그것 ほん 책 あれ 저것 ざっし 잡지 にちようび 일요일

패턴연습 2

음원 18

01 이것 · 그것 · 저것

_____ は_와 | **かばん**
카 반 | **です**。
데 스 | 이것은 가방입니다.

_____ は_와 | **ほん**
혼 | **です**。
데 스 | 그것은 책입니다.

_____ は_와 | **ざっし**
잣 시 | **です**。
데 스 | 저것은 잡지입니다.

02 ～(이)었습니다, ～였습니다

ほん
혼 | _____。 | 책이었습니다.

にちようび
니 찌요 - 비 | _____。 | 일요일이었습니다.

03 ～이[가] 아니었습니다

ほん
혼 | _____。 | 책이 아니었습니다.

ほん
혼 | _____。 | 책이 아니었습니다.

にちようび
니 찌요 - 비 | _____。 | 일요일이 아니었습니다.

にちようび
니 찌요 - 비 | _____。 | 일요일이 아니었습니다.

음원 19

A これは なんですか。
코 레 와 난 데 스 까

B それは たこやきです。
소 레 와 타 꼬 야 끼 데 스

A あ、あそこの みせですか。
아 아 소 꼬 노 미 세 데 스 까

B はい、そうです。
하 이 소 - 데 스

A あそこは きょう やすみでは ありませんでしたか。
아 소 꼬 와 쿄 - 야 스 미 데 와 아 리 마 센 데 시 따 까

B いいえ、あそこは やすみでは ありませんでした。
이 - 에 아 소 꼬 와 야 스 미 데 와 아 리 마 센 데 시 따

その となりの みせが やすみでした。
소 노 토 나 리 노 미 세 가 야 스 미 데 시 따

A 이것은 무엇입니까?
B 그것은 다코야키입니다.
A 아-, 거기 가게입니까?
B 예, 그렇습니다.
A 거기는 오늘 쉬는 날이 아니었습니까?
B 아니요, 거기는 쉬는 날이 아니었습니다.
그 옆의 가게가 쉬는 날이었습니다.

단어

これ 이것 なん 무엇 それ 그것 たこやき 다코야키, 문어빵 あそこ 저기, 거기 みせ 가게 はい 예 そうです 그렇습니다
きょう 오늘 やすみ 쉼, 쉬는 날 その 그 となり 옆, 이웃

◉ 보기와 같이 바꿔 보세요.

01

보기	これ・それ・ほん ➡ A これは なんですか。 B それは ほんです。
	코레 소레 홍 코레와 난 데스 까 소레와 혼 데스

① それ・これ・ノート ➡ A _____ B _____
　　소 레 코레 노 - 토

② あれ・あれ・とけい ➡ A _____ B _____
　　아 레 아 레 토께-

02

보기	きむらさん・がくせい
	키무라 상 각세-
	➡ きむらさんは がくせいでした。
	키무라 상와 각 세-데시따
	➡ きむらさんは がくせいでは ありませんでした。
	키무라 상와 각 세-데와 아리마 센 데시따

① たなかさん・かいしゃいん ➡ _____
　　타 나 까 상   카이샤 잉

　　　　　　　　　　　　　　　 ➡ _____

② きのう・やすみ ➡ _____
　　키 노 - 야 스 미

　　　　　　　　　 ➡ _____

03

보기	えき・あそこ ➡ A えきは どこですか。 B あそこです。
	에 끼 아소꼬 에끼와 도꼬데스 까 아소꼬데스

① トイレ・ここ ➡ A _____ B _____
　　토이레 코꼬

② コンビニ・そこ ➡ A _____ B _____
　　콤 비니 소꼬

단어

ほん 책 ノート 노트 とけい 시계 きのう 어제 えき 역 トイレ 화장실 コンビニ 편의점 そこ 거기

아하, 그렇구나! 생생 일본

알아 두면 편리한 가타카나!

일본의 문자는 히라가나(ひらがな)와 가타카나(カタカナ)죠. 히라가나까지는 열심히 외웠는데, 가타카나의 벽을 못 넘어서 일본어 공부를 포기한 분들을 많이 봤습니다. 포기하지 말고 시간이 걸리더라도 꼭 외우세요. 하루에 몇 개씩 외울 필요도 없어요. 하루에 하나씩만 외우셔도 두 달 정도면 다 외우니까요. 일본은 일상생활에서 외래어를 우리보다 더 많이 쓰고, 이 외래어는 모두 가타카나로 표기하니까, 가타카나만 잘 익혀 두면 많은 단어를 읽을 수 있습니다. 발음은 일본식 외국어 발음이다 보니 우리로서는 조금 익숙지 않을 수도 있는데, 많이 쓰는 가타카나어는 일본식 발음과 함께 잘 외워 둡시다.

알아 두면 편리한 가타카나어를 몇 개 소개합니다. 일본은 처방전 없는 약이나 그 외 다양한 생활용품을 살 수 있는 곳이 있는데요, 바로 '도락구스토아'(ドラッグストア, drugstore, 드러그 스토어)입니다. '백화점'은 '데파-토멘토스토아'(デパートメントストア, department store), 줄여서 '데파-토'(デパート)라고 합니다. '슈퍼마켓'은 '스-파-마-켓토'(スーパーマーケット, super-market), 줄여서 '스-파-'(スーパー)라고 합니다. '레스토랑'은 일본어로도 '레스토랑'(レストラン, restaurant)이에요. '화장실'은 '토이레'(トイレ, toilet), '빨래방'은 '코인란도리-'(コインランドリー, coin laundry)입니다.

물건을 사고 돈을 지불할 때는 '쿠레짓토카-도'(クレジットカード, credit card, 신용카드) 또는 '캿슈'(キャッシュ, cash, 현금)로 지불하는데요, 카드를 취소하고 싶다면 '캰세루'(キャンセル, cancel, 캔슬, 취소)를 써서 '캰세루 오네가이시마스'(キャンセル おねが(願)いします)라고 하면 됩니다.

'휴지'는 '팃슈'(ティッシュ, tissue)라고 하고, 우리가 많이 쓰는 '두루마리 휴지'는 '토이렛토페-파-'(トイレットペーパー, toilet paper)라고 해서 화장실에서만 씁니다. 그리고 일본 식당에서는 기본적으로 젓가락만 줍니다. '숟가락'은 '스푸-운'(スプーン, spoon)이라고 합니다. 따라서 숟가락이 필요하시면 '스푸-운 오네가이시마스'(スプーン おねが(願)いします)라고 말합시다. 교통카드나 스마트폰의 '충전'은 '챠-지'(チャージ, charge)라고 합니다.

동영상 4　음원 20

그 카메라, 좋네요.

その カメラ、いいですね。

소노 카메라　이－데스네

**핵심
표현**

01 그 카메라, 좋네요.

その カメラ、いいですね。

소노 카메라　이－데스네

02 비싸지 않습니다.

たかく ありません。

타까꾸 아리마 셍

03 별로 비싸지 않았습니다.

あまり たかく ありませんでした。

아마리 타까꾸 아리마 셴 데시따

음원 21

いい
이 -

좋다

おいしい
오 이 시 -

맛있다

たかい
타 까 이

비싸다

ひろい
히 로 이

넓다

さむい
사 무 이

춥다

あつい
아 쯔 이

덥다

일본 스케치

점심 드셨어요?!

우리는 점심 식사 때가 지나서 누군가를 만나게 되면 '점심 드셨어요?'라는 인사를 많이 합니다. 그럼, 일본 사람도 그럴까요? 아닙니다. 일본 사람은 '점심 드셨어요?'와 같은 인사는 하지 않아요. 이런 인사말을 하지 않는 이유는 점심을 먹었는지 안 먹었는지의 여부는 극히 개인적인 일이기 때문에 그것을 물어보는 것은 실례라고 생각하기 때문이라네요. 대신 일본 사람은 날씨와 관련된 인사를 많이 하는 편입니다. '사무이데스네'(さむいですね, 춥네요), '아쯔이데스네'(あついですね, 덥네요) 등 계절에 맞춰 인사를 건넵니다.

01 その カメラ、いいですね。

소　노　카메라　　　이 - 데 스 네

그　　　카메라,　　　좋　　네요.

い형용사
이

● ▼
その 그
カメラ 카메라
いい 좋다
～ね ～군요, ～네요
うどん 우동
おいしい 맛있다

일본어에는 형용사가 두 종류 있습니다. 바로 'い형용사'와 'な형용사'입니다. 그중 기본형의 어미가 「い」로 끝나는 형용사를 'い형용사'라고 하는데요, 사물의 성질이나 상태를 나타내는 말입니다. 그리고 기본형을 활용할 때 변하지 않는 부분을 '어간', 변하는 부분을 '어미'라고 합니다.

い형용사의 기본형 + です
이　　　　　　데 스

～(습)니다

● ▼

어간		어미
おいし 맛있	+	い 다

변해요.

기본형

변하지 않아요.

↓　　　　　　　↓

おいし 맛있		くありません ～지 않습니다

おいしい 맛있다	+	です ～(습)니다

おいしい 맛있다	+	うどん 우동

い형용사의 기본형에 「です」를 붙이면 '～(습)니다'라는 뜻의 긍정표현이 됩니다. '～(습)니까?'라는 뜻의 의문표현을 만들려면 「です」에 의문의 뜻을 나타내는 「か」(～까?)를 붙여서 「ですか」라고 하면 됩니다.

- うどんは おいしい。 우동은 맛있다.
  우 동 와 오 이 시 -

- うどんは おいしいです。 우동은 맛있습니다.
  우 동 와 오 이 시 - 데 스

- うどんは おいしいですか。 우동은 맛있습니까?
  우 동 와 오 이 시 - 데 스 까

한편 명사를 꾸밀 때 우리말에서는 '맛있는 우동'과 같이 '맛있다'가 '맛있는'으로 그 모양이 변하지만 い형용사는 변하지 않습니다. 즉, 「～い+명사」의 형태로, 뒤에 명사만 이어 주면 됩니다.

- おいしい うどん。 맛있는 우동　 い형용사는 명사를 수식할 때 모양이 바뀌지 않아요.
  오 이 시 - 우 동

02 たかく ありません。
타 까 꾸 아 리 마 셍

비싸 지 않습니다.

い형용사의 어간 + く ありません
이 꾸 아 리 마 셍

〜지 않습니다

▼
たかい 비싸다

▼
「く ありません」 대신 「く ないです」라
고 말해도 같은 뜻인데, 후자가 더 친밀
한 말투로 '회화체'에서 많이 씁니다.

おいしい + く ありません
맛있다 ~지 않습니다

よ
いい + く ありません
좋다 ~지 않습니다

い형용사의 어간에 「く ありません」을 붙이면 '〜지 않습니다'라는 뜻의 부정표현이 됩니다.

- うどんは おいしい。 우동은 맛있다.
  우 동 와 오 이 시 −

- うどんは おいしく ありません。 우동은 맛있지 않습니다.
  우 동 와 오 이 시 꾸 아 리 마 셍

한편 '좋다'라는 뜻의 い형용사는 「いい」·「よい」, 두 가지가 있는데요, 활용할 때는 「よい」만
씁니다. 따라서 '좋지 않습니다'라는 뜻의 부정표현은 「よく ありません」이라고 해야 합니다.
이런 예외적인 표현은 통째로 외우는 수밖에 없습니다. 「いく ありません」이라고 하지 않도
록 주의하세요!

- よく ありません。 (O) 좋지 않습니다.
  요 꾸 아 리 마 셍

- いく ありません。 (X)
  이 꾸 아 리 마 셍

あまり たかく ありませんでした。
아 마 리　　　타 까 꾸　아 리 마 센 데 시 따
별로　　　비싸　　　　　　　지 않았습니다.

あまり
아 마 리

별로, 그다지

うどん 우동
おいしい 맛있다

「**あまり**」는 '별로, 그다지'라는 뜻으로, 뒤에 부정표현을 수반합니다.

- **うどんは あまり おいしく ありません。** 우동은 별로 맛있지 않습니다.
  우 동 와 아 마 리 오 이 시 꾸 아 리 마 셍

い형용사의 어간 + く ありませんでした
이　　　　　　　　　 꾸 아 리 마 센 데 시 따

～지 않았습니다

「く ありませんでした」대신「く なかっ
たです」라고 말해도 같은 뜻인데, 후
자가 더 친밀한 말투로 '회화체'에서 많
이 씁니다.

い형용사의 어간에 「**く ありませんでした**」를 붙이면 '～지 않았습니다'라는 뜻의 과거부정표
현이 됩니다.

おいしい 맛있다	+	く ありません でした ～지 않았습니다

- **うどんは おいしい。** 우동은 맛있다.
  우 동 와 오 이 시 -

- **うどんは おいしく ありませんでした。** 우동은 맛있지 않았습니다.
  우 동 와 오 이 시 꾸 아 리 마 센 데 시 따

음원 22

01 ～(습)니다

かばんは たかい です。 가방은 비쌉니다.
카 방 와 타 까 이 데 스

へやは ひろい です。 방은 넓습니다.
헤 야 와 히 로 이 데 스

てんきが いい です。 날씨가 좋습니다.
텡 끼 가 이 – 데 스

02 ～지 않습니다

かばんは たか く ありません。 가방은 비싸지 않습니다.
카 방 와 타 까 꾸 아 리 마 셍

へやは ひろ く ありません。 방은 넓지 않습니다.
헤 야 와 히 로 꾸 아 리 마 셍

てんきが よ く ありません。 날씨가 좋지 않습니다.
텡 끼 가 요 꾸 아 리 마 셍

03 ～지 않았습니다

かばんは たか く ありませんでした。 가방은 비싸지 않았습니다.
카 방 와 타 까 꾸 아 리 마 셴 데 시 따

へやは ひろ く ありませんでした。 방은 넓지 않았습니다.
헤 야 와 히 로 꾸 아 리 마 셴 데 시 따

てんきが よ く ありませんでした。 날씨가 좋지 않았습니다.
텡 끼 가 요 꾸 아 리 마 셴 데 시 따

단어

かばん 가방　たかい 비싸다　へや 방　ひろい 넓다　てんき 날씨　～が ～이[가]　いい 좋다

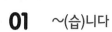

음원 23

01 ～(습)니다

かばんは
카 방 와

たかい
타 까 이

_____。 가방은 비쌉니다.

へやは
헤 야 와

ひろい
히 로 이

_____。 방은 넓습니다.

てんきが
텡 끼 가

いい
이 이

_____。 날씨가 좋습니다.

02 ～지 않습니다

かばんは
카 방 와

たか
타 까

_____。 가방은 비싸지 않습니다.

へやは
헤 야 와

ひろ
히 로

_____。 방은 넓지 않습니다.

てんきが
텡 끼 가

よ
요

_____。 날씨가 좋지 않습니다.

03 ～지 않았습니다

かばんは
카 방 와

たか
타 까

_____。 가방은 비싸지 않았습니다.

へやは
헤 야 와

ひろ
히 로

_____。 방은 넓지 않았습니다.

てんきが
텡 끼 가

よ
요

_____。 날씨가 좋지 않았습니다.

음원 24

A その カメラ、いいですね。
소 노 카 메 라 이 - 데 스 네

たかい カメラですか。
타 까 이 카 메 라 데 스 까

B いいえ、たかく ありません。
이 - 에 타 까 꾸 아 리 마 셍

A どこの カメラですか。
도 꼬 노 카 메 라 데 스 까

B にほんのです。
니 혼 노 데 스

でも あまり たかく ありませんでした。
데 모 아 마 리 타 까 꾸 아 리 마 셍 데 시 따

A 그 카메라, 좋네요.

비싼 카메라입니까?

B 아니요, 비싸지 않습니다.

A 어디 카메라입니까?

B 일본의 것입니다.

하지만 별로 비싸지 않았습니다.

단어

その 그 カメラ 카메라 いい 좋다 ~ね ~군요, ~네요 たかい 비싸다 いいえ 아니요 どこ 어디 にほん 일본
~のです ~의 것입니다 でも 하지만 あまり 별로 別로, 그다지

연습문제

◉ 보기와 같이 바꿔 보세요.

01

보기	きょう・さむい ➡ きょうは さむいです。
	쿄 - 사무이 쿄 - 와 사무이데스

① すし・たかい ➡ _____
　スL   타까이

② きもち・いい ➡ _____
　키모찌   이 -

02

보기	やすい・カメラ ➡ A やすい カメラは どれですか。
	야스이 카메라　　야스이 카메라와 도레데스까
	B この カメラです。
	코노 카메라데스

① あまい・おかし ➡ A _____ B _____
　아마이   오까시

② おいしい・パン ➡ A _____ B _____
　오이시 -   팡

03

보기	きょう・あつい ➡ きょうは あつく ありません。
	쿄 - 아쯔이　　쿄 - 와 아쯔꾸 아리마 셍
	➡ きょうは あつく ありませんでした。
	쿄 - 와 아쯔꾸 아리마 센 데시따

① りょうり・おいしい ➡ _____
　료 - 리   오이시 -

➡ _____

② にほんご・むずかしい ➡ _____
　니 홍고   무즈까시 -

➡ _____

단 어

きょう 오늘 さむい 춥다 すし 초밥 きもち 기분 いい 좋다 やすい 싸다 どれ 어느 것 この 이 あまい 달다 おかし 과자
おいしい 맛있다 パン 빵 あつい 덥다 りょうり 요리 にほんご 일본어 むずかしい 어렵다

식사, 자신 있게 주문하자!

일본의 '인쇼꾸뗑'(いんしょくてん(飲食店), 음식점)의 특징은 입구 근처에 있는 식권발매기에서 미리 식권을 사서 들어가는 곳이 많다는 거예요.

'쇽껭'(しょっけん(食券), 식권)발매기는 보통의 자동판매기처럼 생겼는데요, 버튼마다 '메뉴ー'(メニュー, 메뉴)가 써 있고, '츠이까'(ついか(追加), 추가)나 '톱핑구'(トッピング, 토핑), 메뉴의 '료ー'(りょう(量), 양) 등을 선택할 수 있습니다. 식권발매기에 많이 써 있는 일본어를 미리 알아 두면 주문이 좀 더 쉬워지겠죠!

우선 '밥'은 '고항'(ごはん(飯))이라고 하는데요, 기계에 따라서 '라이스'(ライス)라고 되어 있는 경우도 있습니다. '라면, 라멘'은 '라ー멩'(ラーメン), '일본식 국수'는 '소바'(そば)라고 합니다. 일본 사람이 매우 좋아하는 '볶음국수'는 '야끼소바'(や(焼)きそば)입니다. 참고로 '야끼(や(焼)き)'는 '구움, 볶음'이라는 뜻인데요, '고기'라는 뜻의 '니꾸'(にく(肉))와 합쳐지면 여러분들도 익히 들어 보셨을 '야끼니꾸'(や(焼)きにく(肉), 불고기)가 됩니다.

'돔부리'(どんぶり(丼), 덮밥, 돈부리) 메뉴는 보통 끝에 '동'(どん(丼))이라는 글자가 붙어 있습니다. 일본 사람이 즐겨 먹는 메뉴로는 '오야꼬동'(おやこどん(親子丼), 닭고기 계란덮밥), '카츠동'(カツどん(丼), 돈까스덮밥), '규동'(ぎゅうどん(牛丼), 쇠고기덮밥)이 있습니다. '카레'는 '카레ー'(カレー)라고 하고, '정식'은 '테ー쇼꾸'(ていしょく(定食))라고 합니다.

'돔부리'나 '우동'의 경우 '료ー'를 선택해야 하는 경우가 많은데요. '나미'(なみ(並)), '나미모리'(なみも(並盛)り), '츄ー모리'(ちゅうも(中盛)り) 모두 '보통'(ふつう(普通), 후쯔ー)의 양이라고 생각하시면 됩니다. '오ー모리'(おおも(大盛)り)는 '많은 양, 곱빼기', '토꾸모리'(とくも(特盛)り)는 '특대', 즉 제일 많은 양입니다. 우동의 경우 '츠메따이'(つめ(冷)たい, 차가운) 우동, '아따따까이'(あたた(暖)かい, 따뜻한) 우동 중에서 골라야 할 경우도 있으니 알아 둡시다.

'통카츠'(とん(豚)カツ, 돈까스)식당 중에는 보통 '캬베츠'(キャベツ, 양배추)와 '미소시루'(みそしる(味噌汁), 된장국), '고항'이 무한리필 서비스되는 곳이 많은데요. '무한리필'은 '오까와리 지유ー'(おか(代)わり じゆう(自由))라고 표현합니다. '오까와리'가 '같은 음식을 한 그릇 더 먹음, 리필'이라는 뜻이거든요. 자, 배가 많이 고프면 눈치 보지 말고 리필해서 먹읍시다!

동영상 5

음원 25

매우 즐거웠습니다.

とても 楽<ruby>たの</ruby>しかったです。
토 떼 모 타노시 깟 따데스

핵심
표현

01 매우 즐거웠습니다.
とても 楽<ruby>たの</ruby>しかったです。
토 떼 모 타노시 깟 따데스

02 음식이 싸고 맛있었습니다.
食<ruby>た</ruby>べ物<ruby>もの</ruby>が 安<ruby>やす</ruby>くて おいしかったです。
타 베모노가 야스꾸떼 오 이 시 깟 따데스

03 물가는 비싸도 음식은 비싸지 않아요.
物価<ruby>ぶっか</ruby>は 高<ruby>たか</ruby>くても 食<ruby>た</ruby>べ物<ruby>もの</ruby>は 高<ruby>たか</ruby>く ありませんよ。
북 까 와 타까꾸떼모 타 베모노와 타까꾸 아 리 마 셍 요

음원 26

楽しい
타노시 ─

즐겁다

辛い
카라 이

맵다

かわいい
카 와 이 ─

귀엽다

明るい
아까 루 이

밝다

小さい
치─ 사 이

작다

軽い
카루 이

가볍다

• 일본 스케치 •

일본 사람의 해장을 책임지는 '라-멩'(ラーメン, 라면, 라멘)!

우리는 술 마신 다음 날 '해장국', '콩나물 국밥' 등 뜨끈한 국물을 마시며 해장을 하죠. 그럼, 일본 사람은 어떤 음식으로 해장을 할까요? 바로 '라-멩'이랍니다. '라-멩'은 꼬박 하루를 끓인 육수에 면을 넣고, 고기, 숙주 등 여러 가지 고명을 올려서 주는데요, 싼 가격에 영양가도 높아서 인기가 많습니다. 양념이나 재료에 따라 '시오라-멩'(しおラーメン, 소금라면), '쇼-유라-멩'(しょうゆラーメン, 간장라면), '미소라-멩'(みそラーメン, 된장라면), '통코츠라-멩'(トンコツラーメン, 돼지뼈 국물라면) 등이 있습니다.

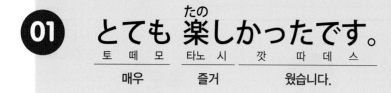

01 とても 楽(たの)しかったです。
토 떼 모　타노시　깟 따 데 스
매우　　즐거　　　웠습니다.

い형용사의 어간 + かったです　　～았[었]습니다

とても 매우
楽(たの)しい 즐겁다
ラーメン 라면, 라멘
おいしい 맛있다

い형용사의 어간에 「かったです」를 붙이면 '～았[었]습니다'라는 뜻의 과거표현이 됩니다. '～았[었]습니까?'라는 뜻의 의문표현을 만들려면 「かったです」에 의문의 뜻을 나타내는 「か」(～까?)를 붙여서 「かったですか」라고 하면 됩니다. 그리고 「かったです」의 반말표현은 「です」(～입니다)를 뗀 「かった」(～았[었]다)입니다.

- ラーメンは おいしい。 라면은 맛있다.

- ラーメンは おいしかったです。 라면은 맛있었습니다.

- ラーメンは おいしかったですか。 라면은 맛있었습니까?

- ラーメンは おいしかった。 라면은 맛있었다. *반말이에요.*

한편 '좋다'라는 뜻의 い형용사는 「いい」・「よい」, 두 가지가 있는데, 활용할 때는 「よい」만 쓴다고 말씀드렸죠. 따라서 '좋았습니다'라는 뜻의 과거표현도 「よかったです」라고 해야 합니다. 이런 예외적인 표현은 통째로 외우는 수밖에 없습니다. 「いかったです」라고 하지 않도록 주의하세요!

- よかったです。(○) 좋았습니다.

- いかったです。(✕)

02 食(た)べ物(もの)が 安(やす)くて おいしかったです。

타 베 모 노 가　야스 꾸 떼　오 이 시　깟 따 데 스

음식　이　싸 고　맛있　었습니다.

い형용사의 어간 + くて　　~고, ~애[어]서

▼
食(た)べ物(もの) 음식, 먹을 것
安(やす)い 싸다
人気(にんき) 인기

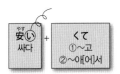

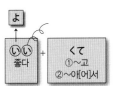

い형용사의 어간에 「くて」를 붙이면 문맥에 따라서 ①'~고'(나열), ②'~애[어]서'(원인·이유)라는 뜻을 나타냅니다.

- この ラーメンは 安(やす)い。 + おいしいです。
  이 라면은 싸다.　　　　　　　　　맛있습니다.

→ この ラーメンは 安(やす)くて おいしいです。
  이 라면은 싸고 맛있습니다. ↰ 나열

- この ラーメンは おいしい。 + 人気(にんき)です。
  이 라면은 맛있다.　　　　　　　　인기입니다.

→ この ラーメンは おいしくて 人気(にんき)です。
  이 라면은 맛있어서 인기입니다. ↰ 원인·이유

「いい」(좋다)의 활용이 또 나왔네요. 활용할 때는 「よい」만 쓴다는 것, 잊지 않으셨죠! 따라서 ①'좋고'(나열), ②'좋아서'(원인·이유)라는 표현도 「よくて」라고 해야 합니다. 「いくて」라고 하지 않도록 주의하세요!

- よくて (O)　좋고, 좋아서

- いくて (X)

03

ぶっか たか た もの たか
物価は 高くても 食べ物は 高く ありませんよ。
북 까 와 타까 꾸 떼 모 타 베 모노 와 타까 꾸 아 리 마 셍 요
물가 는 비싸 도 음식 은 비싸 지 않아 요.

い형용사의 어간 + くても

~아[어]도

物価(ぶっか) 물가
高(たか)い 비싸다
~よ ~요
辛(から)い 맵다

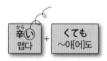

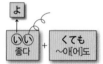

い형용사의 어간에 「くても」를 붙이면 '~아[어]도'라는 뜻으로, 앞뒤의 내용이 상반될 때 씁니다.

- この ラーメンは 辛い。 + おいしいです。
  이 라면은 맵다.   맛있습니다.

→ この ラーメンは 辛くても おいしいです。
  이 라면은 매워도 맛있습니다.

「いい」(좋다)의 활용, 4번째 시간입니다. 활용할 때는 「よい」만 쓰므로, '좋아도'라는 표현도 「よくても」라고 해야 합니다. 「いくても」라고 하지 않도록 꼭 주의하세요!

- よくても (○) 좋아도

- いくても (✗)

패턴연습 1

음원 27

01 ～았[었]습니다

旅行は (りょこう) 료꼬-와 │ 楽し (たの) 타노시 │ かったです。 깟 따데스 │ 여행은 즐거웠습니다.

猫は (ねこ) 네꼬 와 │ かわい 카와이 │ かったです。 깟 따데스 │ 고양이는 귀여웠습니다.

天気は (てんき) 텡끼 와 │ よ 요 │ かったです。 깟 따데스 │ 날씨는 좋았습니다.

02 ～고, ～아[어]서

あの 店は (みせ) 아노 미세 와 │ 安 (やす) 야스 │ くて おいしいです。 꾸떼 오이시-데스 │ 저 가게는 싸고 맛있습니다.

この 部屋は (へや) 코노 헤야 와 │ 広 (ひろ) 히로 │ くて 明るいです。 (あか) 꾸떼 아까루이데스 │ 이 방은 넓고 밝습니다.

天気が (てんき) 텡끼 가 │ よ 요 │ くて 気持ちが いいです。 (きも) 꾸떼 키모찌가 이-데스 │ 날씨가 좋아서 기분이 좋습니다.

03 ～아[어]도

キムチは 키무치 와 │ 辛 (から) 카라 │ くても おいしいです。 꾸떼모 오이시-데스 │ 김치는 매워도 맛있습니다.

この 薬は (くすり) 코노 쿠스리 와 │ 苦 (にが) 니가 │ くても 体に いいです。 (からだ) 꾸떼모 카라다니 이-데스 │ 이 약은 써도 몸에 좋습니다.

天気は (てんき) 텡끼 와 │ よ 요 │ くても 寒いです。 (さむ) 꾸떼모 사무이데스 │ 날씨는 좋아도 춥습니다.

단어

旅行(りょこう) 여행 楽(たの)しい 즐겁다 猫(ねこ) 고양이 かわいい 귀엽다 天気(てんき) 날씨 いい 좋다
あの 저, 그 店(みせ) 가게 部屋(へや) 방 広(ひろ)い 넓다 明(あか)るい 밝다 気持(きも)ち 기분 キムチ 김치
薬(くすり) 약 苦(にが)い 쓰다 体(からだ) 몸 寒(さむ)い 춥다

패턴연습 2

01 ~았[었]습니다

旅行は (りょこう) 료꼬ー 와   　楽し (たの) 타노 시　_____ 。   여행은 즐거웠습니다.

猫は (ねこ) 네꼬 와   　かわい 카 와 이　_____ 。   고양이는 귀여웠습니다.

天気は (てんき) 텡 끼 와   　よ 요　_____ 。   날씨는 좋았습니다.

02 ~고, ~아[어]서

あの 店は (みせ) 아 노 미세 와   　安 (やす) 야스　_____ おいしいです。 오 이 시 ー 데 스   저 가게는 싸고 맛있습니다.

この 部屋は (へや) 코 노 헤 야 와   　広 (ひろ) 히로　_____ 明るいです。 (あか) 아까 루 이 데 스   이 방은 넓고 밝습니다.

天気が (てんき) 텡 끼 가   　よ 요　_____ 気持ちが いいです。 (き も) 키 모 찌 가 이 ー 데 스   날씨가 좋아서 기분이 좋습니다.

03 ~아[어]도

キムチは 키 무 치 와   　辛 (から) 카라　_____ おいしいです。 오 이 시 ー 데 스   김치는 매워도 맛있습니다.

この 薬は (くすり) 코 노 쿠스리 와   　苦 (にが) 니가　_____ 体に いいです。 (からだ) 카라다 니 이 ー 데 스   이 약은 써도 몸에 좋습니다.

天気は (てんき) 텡 끼 와   　よ 요　_____ 寒いです。 (さむ) 사무 이 데 스   날씨는 좋아도 춥습니다.

음원 29

Ⓐ 日本旅行は どうでしたか。
にほんりょこう
니혼료꼬－와 도－데시따까

Ⓑ とても 楽しかったです。
たの
토떼모 타노시 깟 따데스

Ⓐ ああ、そうでしたか。
아－ 소－데시따까

一番 よかった ことは 何ですか。
いちばん   なん
이찌방 요 깟따 코또와 난데스까

Ⓑ 食べ物が 安くて おいしかったです。
た もの   やす
타베모노가 야스꾸떼 오이시 깟 따데스

Ⓐ 物価は 高くても 食べ物は 高く ありませんよ。
ぶっか   たか   た もの   たか
붑까와 타까꾸떼모 타베모노와 타까꾸 아리마 셍 요

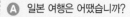

Ⓐ	일본 여행은 어땠습니까?
Ⓑ	매우 즐거웠습니다.
Ⓐ	아－, 그랬습니까?
	가장 좋았던 것은 무엇입니까?
Ⓑ	음식이 싸고 맛있었습니다.
Ⓐ	물가는 비싸도 음식은 비싸지 않아요.

단어

日本(にほん) 일본 旅行(りょこう) 여행 どうでしたか 어땠습니까? とても 매우 楽(たの)しい 즐겁다 そうでしたか 그랬습니까?
一番(いちばん) 제일, 가장 こと 것, 사항 何(なん) 무엇 食(た)べ物(もの) 음식, 먹을 것 安(やす)い 싸다 おいしい 맛있다
物価(ぶっか) 물가 高(たか)い 비싸다 ～よ ～요

연습문제

◉ 보기와 같이 바꿔 보세요.

01

보기 日本語の テスト・易しい ➡ A 日本語の テストは どうでしたか。
　　　　　　　　　　　　　　　　　B とても 易しかったです。

① 料理・おいしい ➡ A _____

　　　　　　　　 ➡ B _____

② 旅行・いい ➡ A _____

　　　　　　 ➡ B _____

02

보기 食べ物・安い・おいしい ➡ この 食べ物は 安くて おいしいです。

① 部屋・明るい・広い ➡ _____

② かばん・小さい・軽い ➡ _____

03

보기 キムチ・辛い ➡ キムチは 辛くても 人気です。

① 旅館・高い ➡ _____

② 北海道・寒い ➡ _____

단어

日本語(にほんご) 일본어　テスト 테스트　易(やさ)しい 쉽다　料理(りょうり) 요리　旅行(りょこう) 여행　いい 좋다
安(やす)い 싸다　部屋(へや) 방　明(あか)るい 밝다　広(ひろ)い 넓다　小(ちい)さい 작다　軽(かる)い 가볍다　キムチ 김치
辛(から)い 맵다　人気(にんき) 인기　旅館(りょかん) (일본의 전통) 여관, 료칸　高(たか)い 비싸다　北海道(ほっかいどう) 홋카이도
寒(さむ)い 춥다

68　YBM 일본어 첫걸음

자신 있게 전철을 타자!

　일본의 도쿄 지하철, 무척 복잡하다는 소문은 익히 들으셨죠? 실제로 도쿄 지하철 노선도라는 것을 펼쳐 놓으면 가뜩이나 일본어도 모르는데, 노선은 서울 지하철의 두세 배는 되는 것 같고…, 한숨만 나옵니다. 저도 일본에서 처음 전철을 탈 때 잘못 탈까 봐 매우 걱정을 많이 했었고, 실제로 여러 번 잘못 타기도 했습니다. 하지만 몇 가지 차이점만 알아 두면 그렇게 걱정하지 않으셔도 돼요. 게다가 안내 표지판에 한국어는 기본으로 다 써 있으니까요.

　우선 우리가 생각하는 '지하철'은 '치까떼쯔'(地下鉄(ちかてつ))입니다. 지하로만 다니는 전철입니다. 그리고 서울의 2호선처럼 도쿄를 원형으로 순환하는 유명한 '야마노떼셍'(山手線(やまのてせん), 야마노테선)은 보통 '덴샤'(電車(でんしゃ))라고 부릅니다. '덴샤'는 '지상으로 다니는 전철', '치까떼쯔'는 '지하로 다니는 전철' 정도로 생각하시면 돼요. 사람들의 이용이 제일 많은 '덴샤 야마노떼셍'은 'JR'이라는 곳에서 운영하고 있고요, '치까떼쯔'은 '도쿄 메트로'라는 곳에서 운영하고 있습니다.

　우리와는 다르게 '덴샤'와 '치까떼쯔' 간의 환승은 '카이사쯔구찌'(改札口(かいさつぐち), 개찰구)에서 표를 내고 나가서 다시 표를 넣고 들어가야 합니다. 경우에 따라서는 아예 출구를 나와 지상에서 갈아탈 역으로 이동해야 하는 경우도 있지요. '덴샤'의 경우 한 승강장에 목적지가 다른 노선이 번갈아 정차하는 경우도 있기 때문에 어떤 노선의 열차가 오는지 안내 전광판을 보면서 꼭 확인합시다! 승강장 발 아래 두 가지 색의 승차 안내 표시가 있다면 각기 다른 노선의 열차가 온다는 증거!

　일본에서 '덴샤'를 이용하다 보면 연착되는 경우가 무척 많은데요, 보통 '진신지꼬'(人身事故(じんしんじこ), 인신사고) 아니면 열차 '후미끼리'(踏切(ふみきり), 건널목)에 비상등이 켜져서 확인 중이라는 안내 방송이 대부분입니다. '덴샤' 타러 갔는데 '덴샤'가 안 다닐 경우 보통 '미아와세'(見合(みあ)わせ, 운행 보류) 중이라고 안내 방송을 하니까 혹시 타려고 했던 '덴샤'가 '미아와세' 중이라고 하면 다른 노선을 검색해 봅시다.

동영상 6

음원 30

매우 편리합니다.

とても 便利です。
^{べん り}

토 떼모 벤 리데 스

핵심
표현

01 매우 편리합니다.

とても 便利です。

토 떼모 벤리데스

02 환승은 편리하지 않습니다.

乗り換えは 便利では ありません。
^{の か} ^{べん り}

노 리 까에 와 벤 리데 와 아리마 셍

03 역 안은 조용하지 않았습니다.

駅の 中は 静かでは ありませんでした。
^{えき なか しず}

에끼노 나까와 시즈 까 데와 아리마 센 데시 따

음원 31

親切だ
신 세쯔 다

친절하다

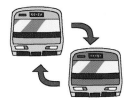

乗り換え
노 리 까 에

갈아탐, 환승

好きだ
스 끼 다

좋아하다

嫌いだ
키라 이 다

싫어하다

静かだ
시즈 까 다

조용하다

きれいだ
키 레 - 다

깨끗하다

● 일본 스케치 ●

궁금해요, 일본의 교통 사정!

여러분 일본의 교통 사정은 어떨까요? 도쿄를 기준으로, 교통 수단의 기본 요금부터 알아볼게요. 전철의 기본 요금은 140엔~180엔이고, 승차거리에 따라 요금이 올라갑니다. 시내버스의 기본 요금은 210엔 정도로, 전철과 마찬가지로 승차거리에 따라 요금을 더 내야 합니다. 버스 요금이 비싸기 때문에 일본 사람은 가까운 거리는 주로 자전거를 이용하죠. 그리고 자동차의 진행 방향은 우리와 반대인 왼쪽입니다. 따라서 운전석도 왼쪽이 아닌 오른쪽에 있답니다.

01 とても 便利です。

토 떼 모	벤 리 데 스
매우	편리 합니다.

な형용사

とても 매우
便利(べんり)だ 편리하다
あの 저, 그
店(みせ) 가게
親切(しんせつ)だ 친절하다

일본어에는 형용사가 'い형용사'와 'な형용사', 이렇게 두 종류가 있다고 3과에서 말씀드렸죠. 이번에는 な형용사가 무엇인지 배워 볼까요? 'な형용사'는 기본형 어미가 「だ」로 끝나는 형용사로, 우리말의 '명사+하다'(친절+하다 등)로 구분할 수 있습니다. 'い형용사'와 마찬가지로 사물의 성질이나 상태를 나타냅니다.

な형용사의 어간 + です ~합니다

「親切(しんせつ)だ」(친절하다)를 사전에서 찾아보면 「親切(しんせつ)」만 실려 있지요. 「おいしい」(맛있다)와 같은 い형용사는 어미인 「い」까지 다 실려 있는데, 왜 な형용사는 어미인 「だ」가 없을까요? 왜냐하면 な형용사는 어미인 「だ」를 떼면 명사가 되기 때문입니다. 그래서 '명사+하다'로 구분할 수 있다고 말씀드린 거예요~.

な형용사의 어간에 「です」를 붙이면 '~합니다'라는 뜻의 긍정표현이 됩니다. '~합니까?'라는 뜻의 의문표현을 만들려면 「です」에 의문의 뜻을 나타내는 「か」(~까?)를 붙여서 「ですか」라고 하면 됩니다.

- あの 店は 親切だ。 저 가게는 친절하다.
- あの 店は 親切です。 저 가게는 친절합니다.
- あの 店は 親切ですか。 저 가게는 친절합니까?

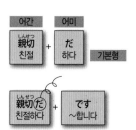

乗(の)り換(か)えは 便利(べんり)では ありません。
노리까에와 벤리데와 아리마 셍
환승 은 편리 하지 않습니다.

な형용사의 어간 + では ありません
~하지 않습니다

▼
乗(の)り換(か)え 갈아탐, 환승
私(わたし) 나, 저
肉(にく) 고기
歌(うた) 노래

▼
「ではありません」 대신 「じゃありませ
ん」「では ないです」「じゃ ないです」
라고 말해도 같은 뜻인데, 후자로 갈수
록 더 친밀한 말투로 '회화체'에서 많이
씁니다.

な형용사의 어간에 「では ありません」을 붙이면 '~하지 않습니다'라는 뜻의 부정표현이 됩니
다. 참고로 회화체에서는 「じゃ ありません」이라고 말합니다.

- あの 店(みせ)は 親切(しんせつ)だ。 저 가게는 친절하다.
- あの 店(みせ)は 親切(しんせつ)では ありません。
  저 가게는 친절하지 않습니다.
- あの 店(みせ)は 親切(しんせつ)じゃ ありません。
  저 가게는 친절하지 않습니다. 회화체예요.

親切(しんせつ)だ
친절하다
+
では ありません
じゃ ありません
~하지 않습니다

반드시 「が」와 함께 다니는 な형용사

▼
「嫌(きら)いだ」(싫어하다)의 경우, 사전
에 「嫌(きら)い」(싫어함)로만 실려 있기
때문에 い형용사라고 생각하시는 분이
많은데요, な형용사입니다. 주의하세요!

▼
'잘하다'는 「上手(じょうず)だ」와 「得意
(とくい)だ」 '잘 못하다'는 「下手(へた)
だ」와 「苦手(にがて)だ」인데요, 그럼,
이 단어들의 차이점은 무엇일까요?
「上手(じょうず)だ」는 객관적인 판단이
나 평가에 대해서 쓰기 때문에 자신에
게는 쓸 수 없습니다. 반면 「得意(とく
い)だ」「下手(へた)だ」「苦手(にがて)
だ」는 남과 자신 모두에게 쓸 수 있습
니다.

우리말의 '~을[를]'에 해당하는 말은 「を」인데, 「好(す)きだ」(좋아하다), 「嫌(きら)いだ」(싫어
하다), 「上手(じょうず)だ」(잘하다, 능숙하다), 「下手(へた)だ」(잘 못하다, 서투르다), 「得意(とく
い)だ」(잘하다, 자신 있다), 「苦手(にがて)だ」(잘 못하다, 서투르다)와 같은 な형용사는 반드시
「が」와 함께 씁니다. 이 표현들은 무조건 통째로 외워 두셔야 합니다.

- 私(わたし)は 肉(にく)が 好(す)きです。 ↔ 私(わたし)は 肉(にく)が 嫌(きら)いです。
  저는 고기를 좋아합니다.   저는 고기를 싫어합니다.
- 彼(かれ)は 歌(うた)が 上手(じょうず)です。 ↔ 彼(かれ)は 歌(うた)が 下手(へた)です。
  그는 노래를 잘합니다.   그는 노래를 잘 못합니다.
- 私(わたし)は 歌(うた)が 得意(とくい)です。 ↔ 私(わたし)は 歌(うた)が 苦手(にがて)です。
  저는 노래를 잘합니다.   저는 노래를 잘 못합니다.

03

えき　なか　しず
駅の 中は 静かでは ありませんでした。

에끼　노　나까　와　시즈　까　데 와　아 리 마　센　데 시 따

역　(의)　안　은　조용　　　　　　하지 않았습니다.

なか
中

안, 속

駅(えき) 역
静(しず)かだ 조용하다
きれいだ 깨끗하다

「中(なか)」는 '안, 속'이라는 뜻으로, 반대말은 「外(そと)」(밖)입니다.

みせ　なか
- あの 店の 中は きれいでは ありませんでした。
  저 가게(의) 안은 깨끗하지 않았습니다.

な형용사의 어간 + では ありませんでした

~하지 않았습니다

「では ありませんでした」 대신 「じゃ あ
りませんでした」, 「では なかったで
す」, 「じゃ なかったです」라고 말해도
같은 뜻인데, 후자로 갈수록 더 친밀한
말투로 '회화체'에서 많이 씁니다.

な형용사의 어간에 「では ありませんでした」를 붙이면 '~하지 않았습니다'라는 뜻의 과거부정
표현이 됩니다. 참고로 회화체에서는 「じゃ ありませんでした」라고 말합니다.

みせ
- あの 店は きれいだ。 저 가게는 깨끗하다.

「きれいだ」(깨끗하다)도 사전에 「きれ
い」(깨끗함)로만 실려 있기 때문에 い형
용사라고 생각하시는 분이 많은데요, な
형용사입니다. 그리고 참고로 「きれい
だ」에는 '아름답다, 예쁘다'라는 뜻도 있
습니다.

みせ
- あの 店は きれいでは ありませんでした。
  저 가게는 깨끗하지 않았습니다.

みせ
- あの 店は きれいじゃ ありませんでした。
  저 가게는 깨끗하지 않았습니다. 회화체예요.

음원 32

01 ～합니다

旅行が 료꼬- 가	好き す 스 끼	です。 데 스	여행을 좋아합니다.
街は まち 마찌 와	にぎやか 니 기 야 까	です。 데 스	거리는 번화합니다.

02 ～하지 않습니다

旅行が 료꼬- 가	好き す 스 끼	では ありません。 데 와 아리마 셍	여행을 좋아하지 않습니다.
旅行が 료꼬- 가	好き す 스 끼	じゃ ありません。 쟈 아리마 셍	여행을 좋아하지 않습니다.
街は 마찌 와	にぎやか 니 기 야 까	では ありません。 데 와 아리마 셍	거리는 번화하지 않습니다.
街は 마찌 와	にぎやか 니 기 야 까	じゃ ありません。 쟈 아리마 셍	거리는 번화하지 않습니다.

03 ～하지 않았습니다

旅行が 료꼬- 가	好き す 스 끼	では ありませんでした。 데 와 아리마 셴 데시 따	여행을 좋아하지 않았습니다.
旅行が 료꼬- 가	好き す 스 끼	じゃ ありませんでした。 쟈 아리마 셴 데시 따	여행을 좋아하지 않았습니다.
街は 마찌 와	にぎやか 니 기 야 까	では ありませんでした。 데 와 아리마 셴 데시 따	거리는 번화하지 않았습니다.
街は 마찌 와	にぎやか 니 기 야 까	じゃ ありませんでした。 쟈 아리마 셴 데시 따	거리는 번화하지 않았습니다.

단어

旅行(りょこう) 여행　好(す)きだ 좋아하다　街(まち) 거리　にぎやかだ 번화하다

음원 33

01 　~합니다

旅行が　好き _____。　여행을 좋아합니다.
료꼬-가　스끼

街は　にぎやか _____。　거리는 번화합니다.
마찌 와　니 기 야 까

02 　~하지 않습니다

旅行が　好き _____。　여행을 좋아하지 않습니다.
료꼬-가　스끼

旅行が　好き _____。　여행을 좋아하지 않습니다.
료꼬-가　스끼

街は　にぎやか _____。　거리는 번화하지 않습니다.
마찌 와　니 기 야 까

街は　にぎやか _____。　거리는 번화하지 않습니다.
마찌 와　니 기 야 까

03 　~하지 않았습니다

旅行が　好き _____。　여행을 좋아하지 않았습니다.
료꼬-가　스끼

旅行が　好き _____。　여행을 좋아하지 않았습니다.
료꼬-가　스끼

街は　にぎやか _____。　거리는 번화하지 않았습니다.
마찌 와　니 기 야 까

街は　にぎやか _____。　거리는 번화하지 않았습니다.
마찌 와　니 기 야 까

회화하기

음원 34

Ⓐ 日本の 電車は どうですか。
にほん でんしゃ
니혼노 덴샤와 도－데스까

Ⓑ とても 便利です。
べんり
토떼모 벤리데스

Ⓐ ああ、そうですか。
아－ 소－데스까

Ⓑ でも、乗り換えは 便利では ありません。
の か べんり
데모 노리까에와 벤리데와 아리마 셍

Ⓐ 電車の 中の 雰囲気は どうでしたか。
でんしゃ なか ふんいき
덴 샤노 나까노 홍이끼와 도－데시따까

Ⓑ 静かです。
しず
시즈까데스

しかし 駅の 中は 静かでは ありませんでした。
えき なか しず
시 까시 에끼노 나까와 시즈까데와 아리마 센 데시따

> Ⓐ 일본 전철은 어떻습니까?
> Ⓑ 매우 편리합니다.
> Ⓐ 아-, 그렇습니까?
> Ⓑ 하지만 환승은 편리하지 않습니다.
> Ⓐ 전철 안의 분위기는 어땠습니까?
> Ⓑ 조용합니다.
> 그러나 역 안은 조용하지 않았습니다.

단어

日本(にほん) 일본　電車(でんしゃ) 전철　どうですか 어떻습니까?　とても 매우　便利(べんり)だ 편리하다　そうですか 그렇습니까?
でも 하지만　乗(の)り換(か)え 갈아탐, 환승　中(なか) 안, 속　雰囲気(ふんいき) 분위기　どうでしたか 어땠습니까?
静(しず)かだ 조용하다　駅(えき) 역

연습문제

◉ 보기와 같이 바꿔 보세요.

01

보기	交通·便利だ ➡ 交通が 便利です。

① 駅員・親切だ ➡ _____

② 部屋・きれいだ ➡ _____

02

보기	町・静かだ ➡ A 町は 静かですか。 B いいえ、静かでは ありません。

① お酒・好きだ ➡ A _____

B _____

② 野菜・嫌いだ ➡ A _____

B _____

03

보기	父・元気だ ➡ 父は 元気では ありませんでした。

① ここ・にぎやかだ ➡ _____

② 刺身・新鮮だ ➡ _____

단어

駅員(えきいん) 역무원　部屋(へや) 방　きれいだ 깨끗하다　町(まち) 마을, 동네　お酒(さけ) 술　好(す)きだ 좋아하다
野菜(やさい) 야채, 채소　嫌(きら)いだ 싫어하다　父(ちち) (자신의) 아버지　元気(げんき)だ 건강하다　ここ 여기
にぎやかだ 번화하다　刺身(さしみ) 생선회　新鮮(しんせん)だ 신선하다

덴샤는 표를 어떻게 살까?

일본에서 '덴샤'(電車(でんしゃ), 전철)나 '치까떼쯔'(地下鉄(ちかてつ), 지하철)를 이용할 때 현금으로 표를 사도 되지만, 교통카드를 이용하면 할인되므로 유용합니다. 일본의 교통카드는 'IC카드'라고 하는데요, '스이카'(Suica)와 '파스모'(PASMO) 두 가지가 있습니다. '스이카'는 '덴샤'인 JR선 역에서, '파스모'는 '치까떼쯔'인 메트로 역에서 구입할 수 있습니다. '스이카'가 JR선의 상징색인 '미도리'(みどり(緑), 녹색)라면 '파스모'는 '핑쿠'(ピンク, 분홍)입니다. 모든 라인의 '덴샤', '치까떼쯔', '바스'(バス, 버스), 다 '스이카'와 '파스모'로 이용 가능합니다.

'IC카드'의 '코-뉴-'(購入(こうにゅう), 구입) 및 '쥬-뎅'(充電(じゅうでん), 충전)은 자동발매기를 이용하시면 되는데요, '킵푸우리바'(きっぷ(切符)売(う)り場(ば), 표 파는 곳)라고 되어 있는 곳에 가면 여러 대의 기계가 있습니다. '쥬-뎅'은 '챠-지'(チャージ)라고도 많이 하니까 참고로 알아 두세요. '표'도 '킵푸'(きっぷ(切符))보다는 영어식 표현인 '치켓토'(チケット)라는 단어를 많이 쓰니까 알아 두시면 좋겠죠.

규모가 큰 역에는 '미도리노마도구찌'(みどり(緑)の窓口(まどぐち))라고 해서 직원이 승차권에 대해서 친절히 상담해 주고 발매를 해 주는 곳도 있습니다. 특정 구간 '덴샤표'도 구입할 수 있으며, 교통카드 구입 및 환불도 가능하고, 공항으로 가는 '스카이라이너'(Skyliner)나 '넥스'(Nex) 같은 차편의 표를 구입할 수 있는 곳이니 잘 이용하면 좋겠죠.

자, 교통카드 충전을 언제 했더라…. 막상 카드를 대고 나가려니 금액이 부족합니다! 이런 경우에는 보통 '카이사쯔구찌'(改札口(かいさつぐち), 개찰구)를 나가기 전에 근처에 '쥬-뎅'이 가능한 기계가 있으니 당황하지 마시고 충전한 후 나가세요. 단, '카이사쯔구찌'에 들어가기 전의 기계에선 500엔부터 '쥬-뎅'이 가능하지만, '카이사쯔구찌' 안의 기계는 1,000엔부터 가능하답니다. '카이사쯔구찌'로 드나들 때 'IC센요-'(IC専用(アイシーせんよう), IC전용)라고 되어 있는 곳은 말 그대로 'IC카드 전용 개찰구'라서 '킵푸'를 넣는 구멍이 없습니다.

UNIT
06

 동영상 7 음원 35

교토는 유명한 곳입니까?

きょう と　　　　　ゆうめい　　　　　ところ
京都は 有名な 所ですか。

쿄－또 와　유－메－ 나　토꼬로데 스 까

 핵심 표현

01 교토는 유명한 곳입니까?

きょうと　　　ゆうめい　ところ
京都は 有名な 所ですか。

쿄－또 와　유－메－나　토꼬로데 스 까

02 편리했습니다만, 도쿄보다는 불편했습니다.

べん り　　　　　　　　とうきょう　　　　　ふ べん
便利でしたが、東京よりは 不便でした。

벤 리 데 시 따 가　토－꾜－요 리 와　후 벤 데 시 따

03 자연이 아름다워서 매우 좋았습니다.

し ぜん
自然が きれいで、とても よかったです。

시 젱 가　키 레－데　토 떼 모　요 깟 따데스

温泉
^{おんせん}
온 셍

온천

きれいだ
키 레 – 다

아름답다, 예쁘다

真面目だ
^{まじめ}
마 지 메 다

성실하다

ハンサムだ
한 사 무 다

핸섬하다, 잘생기다

素敵だ
^{すてき}
스 떼끼 다

멋있다

公園
^{こうえん}
코– 엥

공원

● 일본 스케치 ●

일본의 전통이 살아 숨쉬는 곳, '쿄–또'(京都(きょうと), 교토)!

'쿄–또'는 794년부터 1868년까지 약 천 년 동안 일본의 수도였던 곳으로, 천년고도라는 말이 딱 들어맞는 도시입니다. 가장 일본다운 전통과 문화가 살아 숨쉬고 있어서 옛 궁성을 비롯해 1,650개의 절과 400개의 신사, 그리고 60개에 이르는 절의 정원이 보존되어 있습니다. 관광 명소로는 3대 사찰인 '킨까꾸지'(金閣寺(きんかくじ), 금각사), '깅까꾸지'(銀閣寺(ぎんかくじ), 은각사), '키요미즈데라'(清水寺(きよみずでら), 청수사) 등이 있습니다.

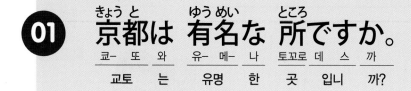

01

京都は 有名な 所ですか。

쿄ー또와	유-메-나	토꼬로데스까
교토 는	유명 한	곳 입니 까?

な형용사의 어간 + な + 명사   ~한

▼

京都(きょうと) 교토 * 일본의 지명
有名(ゆうめい)だ 유명하다
所(ところ) 곳, 장소
温泉(おんせん) 온천
食(た)べ物(もの) 음식, 먹을 것
好(す)きだ 좋아하다

▼

↓

| 有名
유명 | + | な
한 | + | 温泉
온천 |

▼

예외적으로 「同(おな)じだ」(같다)는 명사를 꾸며 줄 때 「同(おな)じ+な+명사」가 아닌, 「同(おな)じ+명사」의 형태를 취하므로 주의하세요.
예 同(おな)じ ホテル 같은 호텔

い형용사는 명사를 꾸며 줄 때 기본형에 명사만 이어 주면 되는데, な형용사는 어미 「だ」를 「な」로 바꾸고 명사를 이어 줍니다.

- 温泉が 有名だ。 → 有名な 温泉だ。
  온천이 유명하다.   유명한 온천이다.

- 食べ物が 好きだ。 → 好きな 食べ物だ。
  음식을 좋아하다.   좋아하는 음식이다.

참고로 い형용사는 명사를 꾸며 줄 때 「おいしい うどん」과 같이 어미 「い」가 변하지 않고 그대로 유지되기 때문에 'い형용사'라고 합니다. 반면 な형용사는 명사를 꾸며 줄 때 「有名(ゆうめい)な 温泉(おんせん)」과 같이 어미 「だ」가 「な」로 변하기 때문에 'な형용사'라고 하는 것입니다.

02 便利でしたが、東京よりは 不便でした。

벤리데시따가 토-꾜-요리와 후벤데시따

편리 했습니다 만, 도쿄 보다 는 불편 했습니다.

便利(べんり)だ 편리하다
東京(とうきょう) 도쿄 * 일본의 지명
～より ～보다
不便(ふべん)だ 불편하다
交通(こうつう) 교통
交通費(こうつうひ) 교통비
高(たか)い 비싸다
部屋(へや) 방
静(しず)かだ 조용하다
はい 예
うん 응

静かだ 조용하다 + でした ～했습니다

～が   ～(지)만

「が」는 앞에 명사가 오면 '～이[가]'의 뜻을 나타내지만, 문장 끝에 오면 '～(지)만, ～인데'라는 뜻으로, 서로 상반되는 내용의 두 문장을 이어 줍니다.

- 交通が 便利でした。 교통이 편리했습니다. ☞ '～이[가]'의 뜻이에요.
- 交通は 便利でしたが、交通費が 高かったです。

  교통은 편리했습니다만, 교통비가 비쌌습니다. ☞ '～(지)만'의 뜻이에요.

な형용사의 어간 + でした   ～했습니다

な형용사의 어간에 「でした」를 붙이면 '～했습니다'라는 뜻의 과거표현이 됩니다. '～했습니까?'라는 뜻의 의문표현을 만들려면 「でした」에 의문의 뜻을 나타내는 「か」(～까?)를 붙여서 「でしたか」라고 하면 됩니다. 그리고 「でした」의 반말표현은 「だった」(～했다)입니다.

- 部屋は 静かだ。 방은 조용하다.
- A 部屋は 静かでしたか。 방은 조용했습니까?
- B1 はい、静かでした。 예. 조용했습니다.
- B2 うん、静かだった。 응. 조용했어. ☞ 반말이에요.

自然が きれいで、とても よかったです。
しぜん

시 젱 가 　 키 레 – 데 　 토 떼 모 　 요 깟 따 데 스

자연 이　아름다워 서　매우　　좋았　습니다.

な형용사의 어간 + で

~하고, ~해서

▼

自然(しぜん) 자연
きれいだ 아름답다, 예쁘다
とても 매우
いい 좋다
彼(かれ) 그, 그 사람
親切(しんせつ)だ 친절하다
おもしろい 재미있다

| 親切(だ)
しんせつ
친절하다 | + | で
① ~하고
② ~해서 |

な형용사의 어간에 「で」를 붙이면 문맥에 따라서 ①'~하고'(나열), ②'~해서'(원인 · 이유)라는 뜻을 나타냅니다.

- 彼は 親切だ。 + おもしろいです。
かれ　　しんせつ
  그는 친절하다.　　　　　재미있습니다.

→ 彼は 親切で、おもしろいです。
かれ　　しんせつ
  그는 친절하고 재미있습니다. ✍ 나열

- 彼は 親切だ。 + いいです。
かれ　　しんせつ
  그는 친절하다.　　　　좋습니다.

→ 彼は 親切で、いいです。
かれ　　しんせつ
  그는 친절해서 좋습니다. ✍ 원인·이유

패턴연습 1

01　〜한

彼女は (かのじょ) 카노죠 와	真面目 (まじめ) 마지메	な 人です。(ひと) 나 히또 데 스	그녀는 성실한 사람입니다.
富士山は (ふじさん) 후지상 와	有名 (ゆうめい) 유–메–	な 山です。(やま) 나 야마 데 스	후지산은 유명한 산입니다.
東京は (とうきょう) 토–꾜– 와	にぎやか 니 기 야 까	な 所です。(ところ) 나 토꼬로 데 스	도쿄는 번화한 곳입니다.

02　〜했습니다

友達は 旅行が (ともだち) (りょこう) 토모다찌 와 료꼬– 가	好き (す) 스 끼	でした。데 시 따	친구는 여행을 좋아했습니다.
私は 登山が (わたし) (とざん) 와따시 와 토 장 가	嫌い (きら) 키 라 이	でした。데 시 따	저는 등산을 싫어했습니다.
彼は 料理が (かれ) (りょうり) 카레 와 료–리 가	上手 (じょうず) 죠– 즈	でした。데 시 따	그는 요리를 잘했습니다.

03　〜하고, 〜해서

あの 店は (みせ) 아 노 미세 와	親切 (しんせつ) 신 세쯔	で、おいしいです。데 오 이 시 –데 스	저 가게는 친절하고 맛있습니다.
彼は (かれ) 카레 와	ハンサム 한 사 무	で、明るい 人です。(あか)(ひと) 데 아까 루 이 히또 데 스	그는 잘생기고 (성격이) 밝은 사람입니다.
電車は (でんしゃ) 덴 샤 와	便利 (べんり) 벤 리	で、いいです。데 이 –데 스	전철은 편리해서 좋습니다.

단어

彼女(かのじょ) 그녀　真面目(まじめ)だ 성실하다　人(ひと) 사람　富士山(ふじさん) 후지산　山(やま) 산　にぎやかだ 번화하다
所(ところ) 곳, 장소　友達(ともだち) 친구　好(す)きだ 좋아하다　登山(とざん) 등산　嫌(きら)いだ 싫어하다
彼(かれ) 그, 그 사람　料理(りょうり) 요리　上手(じょうず)だ 잘하다, 능숙하다　ハンサムだ 핸섬하다, 잘생기다
明(あか)るい (성격이) 밝다　電車(でんしゃ) 전철　便利(べんり)だ 편리하다

패턴연습 2

음원 38

01 ～한

| 彼女は
かのじょ
카노죠 와 | 真面目
まじめ
마지메 | ＿＿＿ 人です。
ひと
히또 데 스 | 그녀는 성실한 사람입니다. |

| 富士山は
ふ じ さん
후 지 상 와 | 有名
ゆうめい
유– 메– | ＿＿＿ 山です。
やま
야마 데 스 | 후지산은 유명한 산입니다. |

| 東京は
とうきょう
토–꾜– 와 | にぎやか
니 기 야 까 | ＿＿＿ 所です。
ところ
토꼬로 데 스 | 도쿄는 번화한 곳입니다. |

02 ～했습니다

| 友達は 旅行が
ともだち　りょこう
토모다찌 와　료꼬– 가 | 好き
す
스 끼 | ＿＿＿＿＿＿。 | 친구는 여행을 좋아했습니다. |

| 私は 登山が
わたし　と ざん
와따시와　토 장 가 | 嫌い
きら
키라 이 | ＿＿＿＿＿＿。 | 저는 등산을 싫어했습니다. |

| 彼は 料理が
かれ　りょう り
카레 와　료– 리 가 | 上手
じょう ず
죠– 즈 | ＿＿＿＿＿＿。 | 그는 요리를 잘했습니다. |

03 ～하고, ～해서

| あの 店は
みせ
아 노 미세 와 | 親切
しんせつ
신 세쯔 | ＿＿＿、 おいしいです。
오 이 시 –데 스 | 저 가게는 친절하고
맛있습니다. |

| 彼は
かれ
카레 와 | ハンサム
한　사 무 | ＿＿＿、 明るい 人です。
あか　　　ひと
아까 루 이 히또 데 스 | 그는 잘생기고 (성격이) 밝은
사람입니다. |

| 電車は
でんしゃ
덴 샤 와 | 便利
べん り
벤 리 | ＿＿＿、 いいです。
이 –데 스 | 전철은 편리해서 좋습니다. |

회화하기

음원 39

Ⓐ 京都は 有名な 所ですか。
쿄-또와 유-메-나 토꼬로데스까

Ⓑ はい、観光地で、とても 有名な 所です。
하이 캉꼬-찌데 토떼모 유-메-나 토꼬로데스

Ⓐ ああ、そうですか。
아- 소-데스까

交通は どうでしたか。
코-쯔-와 도-데시따까

Ⓑ 便利でしたが、東京よりは 不便でした。
벤리데시따가 토-꾜-요리와 후벤데시따

Ⓐ 京都で 一番 よかった ことは 何ですか。
쿄-또데 이찌방 요 깟따 코또와 난데스까

Ⓑ 自然が きれいで、とても よかったです。
시젱가 키레-데 토떼모 요 깟 따데스

> Ⓐ 교토는 유명한 곳입니까?
> Ⓑ 예, 관광지로 매우 유명한 곳입니다.
> Ⓐ 아-, 그래요?
> 교통은 어땠습니까?
> Ⓑ 편리했습니다만, 도쿄보다는 불편했습니다.
> Ⓐ 교토에서 가장 좋았던 것은 무엇입니까?
> Ⓑ 자연이 아름다워서 매우 좋았습니다.

단어

京都(きょうと) 교토 *일본의 지명   有名(ゆうめい)だ 유명하다   所(ところ) 곳, 장소   はい 예   観光地(かんこうち) 관광지
~で ~로(서) *사정·상태   とても 매우   交通(こうつう) 교통   便利(べんり)だ 편리하다   ~より ~보다   不便(ふべん)だ 불편하다
一番(いちばん) 제일, 가장   こと 것, 사항   何(なん) 무엇   自然(しぜん) 자연   きれいだ 아름답다, 예쁘다

연습문제

◉ 보기와 같이 바꿔 보세요.

01

보기	これ・得意だ・料理 ➡ これは 得意な 料理です。

① ここ・静かだ・公園 ➡ _____

② あれ・有名だ・建物 ➡ _____

02

보기	トイレ・きれいだ ➡ トイレは きれいでした。

① 交通・不便だ ➡ _____

② あの 街・にぎやかだ ➡ _____

03

보기	木村さん・親切だ・真面目だ ➡ 木村さんは 親切で、真面目な 人です。

① 金さん・ハンサムだ・素敵だ

➡ _____

② 田中さん・きれいだ・元気だ

➡ _____

得意(とくい)だ 잘하다, 자신 있다 ここ 여기 静(しず)かだ 조용하다 公園(こうえん) 공원 あれ 저것 建物(たてもの) 건물
トイレ 화장실 きれいだ 깨끗하다 街(まち) 거리 にぎやかだ 번화하다 木村(きむら) 기무라 • 일본인의 성(姓)
真面目(まじめ)だ 성실하다 ハンサムだ 핸섬하다, 잘생기다 素敵(すてき)だ 멋있다 田中(たなか) 다나카 • 일본인의 성(姓)
きれいだ 아름답다, 예쁘다 元気(げんき)だ 건강하다

우리와는 조금 다른 일본의 덴샤 풍경!

일본이라고 '덴샤'(電車(でんしゃ), 전철) 예절이 우리와 크게 다르진 않습니다. 사람이 지켜야 할 매너는 세계 어느 곳에서도 공통되겠지요. 그래도 우리나라와는 좀 다른 분위기가 느껴지는데요, 우선 '유−센세끼'(優先席(ゆうせんせき), 노약자 보호석)에 젊은이들이 마음 편히 앉아 있는 풍경을 자주 봅니다. 우리는 노약자분들이 없어도 '유−센세끼'는 비워 두거나 되도록 앉지 않는 문화가 정착된 듯한데요, 일본은 비어 있으면 누구든 앉습니다.

노약자분들이 굳이 '유−센세끼' 쪽으로 가지도 않고, 우리나라보다는 자리를 '유즈리'(讓(ゆず)り, 양보)하는 모습도 많이 보이지 않습니다. 특히 자리를 양보하면 상대방이 자기를 노약자 취급한다고 오히려 기분 상해하지 않을까 걱정하는 분위기도 있어요. 나이가 지긋하신 '오또시요리'(お年寄(としよ)り, 노인)분들 중에서도 자리를 양보하면 절대 사양하시는 분들이 많으세요. 저도 경험했답니다. 하지만 그래도 일단 어르신이 보이면 자리에 앉으시라고 말을 걸어 봅시다! 어렵지 않아요. 일어서면서 '도−조'(どうぞ)라

고 말하면 충분히 뜻이 전해집니다. 사실 이 '도−조'는 마법의 말인데요, 일본의 '3대 마법의 말'은 p.129를 봐 주세요.

자, 일본 '덴샤'의 좀 다른 모습은 승하차 시에도 느낄 수 있는데요, 처음 일본에서 '덴샤'를 탔을 때 사람이 너무 많아서 '도대체 내가 내리고자 하는 역에서 제대로 내릴 수 있을까?'하고 공포감을 느꼈던 적이 많아요. 결론부터 말하자면 '덴샤' 안 어느 위치에 있었다 하더라도 내리고자 하는 역에서 못 내리는 경우는 없습니다. 승객이 충분히 내리고 탈 수 있도록 '도아'(ドア, 도어, 문)를 열어 두기도 하고, 사람이 많은 경우 출입문 쪽 사람들은 기본적으로 문이 열리면 일단 내렸다 다시 타기 때문이기도 하죠. 그래도 앞에 사람들이 꽉 막혀 있다 싶으면 '오리마스'(降(お)ります, 내립니다)라고 말하며 헤쳐 나갑시다. 다시 한 번 말씀 드리지만 절대 못 내리는 경우는 없으니까 불안해하지 마세요~!!

승차 시에 조심할 것은 뭐니 뭐니 해도 문이 닫히려고 하는 순간 달려들어 타려는 행동일 텐데요, 일본에서도 문이 닫히려는 순간에 타는 사람들이 많습니다. 일본어로는 '카께꼬미죠−샤'(か(駆)けこ(込)み乗車(じょうしゃ))라고 하는데요. 플랫폼에 들어섰는데 안내 방송에서 '도아가 시마리마스'(ドアが 閉(し)まります, 문이 닫힙니다)라는 말이 들리면 과감히 포기하고 다음 열차를 기다립시다. '아부나이데스!'(危(あぶ)ないです, 위험합니다!).

UNIT 07

8,000엔입니다.

8,000円です。
핫 셍 엔 데 스

 핵심 표현

01 8,000엔입니다.
8,000円です。
핫 셍 엔 데 스

02 4월 12일부터 14일까지 부탁드립니다.
4月 12日から 14日まで お願いします。
시가쯔 쥬-니니찌 까 라 쥬-욕까 마 데 오 네가 이 시 마 스

03 10시 30분입니다.
10時 30分です。
쥬- 지 산줍 뿐 데 스

음원 41

~円
えん
엥

~엔

いくら
이 꾸 라

얼마

~月
がつ
가쯔

~월

~日
にち
니찌

~일

~時
じ
지

~시

~分
ふん・ぷん
홍・뿡

~분

● 일본 스케치 ●

일본 사람이 좋아하는 숫자는 '8'!

우리나라 사람은 '럭키 세븐'이라고 해서 '7'이라는 숫자를 좋아하죠. 그럼 일본 사람은 어떨까요? 일본 사람은 '8'이라는 숫자를 좋아합니다. 그 이유는 '8'(はち, 하찌)을 한자로 쓰면 「八」인데, 아랫부분이 부채꼴로 퍼져 있어서 점점 번창해 나간다는 것을 의미하기 때문이라고 해요. 여기서 잠깐 꺼리는 숫자도 궁금하시죠? 꺼리는 숫자는 '4'(し, 시)와 '9'(く, 쿠)인데요, '4'는 '죽을 사(死)'와 발음이 같아서 싫어한답니다. '4'도 「し」(시), '죽을 사(死)'도 「し」(시)라고 읽거든요. 그리고 '9'도 '괴로울 고(苦)'가 '9'의 발음인 「く」(쿠)와 같아서 꺼린다고 합니다.

01 8,000円です。

はっ せん えん
8,000円です。
핫 센 엔 데 스
8,000 엔 입니다.

숫자 말하기

~円(えん) ~엔 · 일본의 화폐 단위
これ 이것
いくら 얼마

읽는 법이 두 가지인 숫자는 첫 번째에 있는 것이 더 많이 쓰입니다. 그리고 '300', '600', '800', '3,000', '8,000'은 읽기에 주의해야 하고, 특히 '10,000'은 반드시 「いち」를 붙여서 「いちまん」이라고 해야 합니다.

0	ゼロ・れい	7	なな・しち	14	じゅうよん・じゅうし
1	いち	8	はち	15	じゅうご
2	に	9	きゅう・く	16	じゅうろく
3	さん	10	じゅう	17	じゅうなな・じゅうしち
4	よん・し	11	じゅういち	18	じゅうはち
5	ご	12	じゅうに	19	じゅうきゅう・じゅうく
6	ろく	13	じゅうさん	20	にじゅう

30	さんじゅう	100	ひゃく	1,000	せん
40	よんじゅう	200	にひゃく	2,000	にせん
50	ごじゅう	300	さんびゃく	3,000	さんぜん
60	ろくじゅう	400	よんひゃく	4,000	よんせん
70	ななじゅう・しちじゅう	500	ごひゃく	5,000	ごせん
80	はちじゅう	600	ろっぴゃく	6,000	ろくせん
90	きゅうじゅう	700	ななひゃく	7,000	ななせん
		800	はっぴゃく	8,000	はっせん
		900	きゅうひゃく	9,000	きゅうせん
				10,000	いちまん

● A これは いくらですか。이것은 얼마입니까?

さんびゃくえん
B 300円です。300엔입니다.

02

しがつ	じゅうににち		じゅうよっか		ねが	
4月	**12日から**		**14日まで**		**お願いします。**	
시 가쯔	쥬-니 니찌 까 라		쥬-욕까 마 데		오 네가 이 시 마 스	
4 월	12 일 부터		14일 까지		부탁드립니다.	

날짜 말하기

▼

~月(がつ) ~월
~日(にち) ~일
~から ~부터
~まで ~까지
お願(ねが)いします 부탁드립니다
今日(きょう) 오늘
何月(なんがつ) 몇 월
何日(なんにち) 며칠

▼

'월'을 말할 때는 「숫자+月(がつ)」(~월)의 형태로 말하면 되는데, '4월', '7월', '9월'은 읽기에 주의해야 합니다.

▼

'1일'부터 '10일'까지는 특수하게 읽으므로 따로 외워야 합니다. '11일'부터 '31일'까지는 '월'과 마찬가지로, 「숫자+日(にち)」(~일)의 형태로 말하면 되는데, '14일', '20일', '24일'은 특수하게 읽으므로 주의해야 합니다.

| 월 읽기 |

1月	いちがつ	6月	ろくがつ	11月	じゅういちがつ
2月	にがつ	7月	しちがつ	12月	じゅうにがつ
3月	さんがつ	8月	はちがつ	何月	なんがつ(몇 월)
4月	しがつ	9月	くがつ		
5月	ごがつ	10月	じゅうがつ		

| 일 읽기 |

1日	ついたち	12日	じゅうににち	23日	にじゅうさんにち
2日	ふつか	13日	じゅうさんにち	24日	にじゅうよっか
3日	みっか	14日	じゅうよっか	25日	にじゅうごにち
4日	よっか	15日	じゅうごにち	26日	にじゅうろくにち
5日	いつか	16日	じゅうろくにち	27日	にじゅうしちにち
6日	むいか	17日	じゅうしちにち	28日	にじゅうはちにち
7日	なのか	18日	じゅうはちにち	29日	にじゅうくにち
8日	ようか	19日	じゅうくにち	30日	さんじゅうにち
9日	ここのか	20日	はつか	31日	さんじゅういちにち
10日	とおか	21日	にじゅういちにち	何日	なんにち(며칠)
11日	じゅういちにち	22日	にじゅうににち		

● A 　今日(きょう)は 何月(なんがつ) 何日(なんにち)ですか。오늘은 몇 월 며칠입니까?
　 B 　9月(くがつ) 20日(はつか)です。9월 20일입니다.

03

<ruby>じゅう<rt></rt></ruby><ruby>じ<rt></rt></ruby> <ruby>さんじゅっぷん<rt></rt></ruby>
10時 30分です。

쥬― 지 산줍 뿐 데 스

10 시 30 분 입니다.

시간 말하기

~時(じ) ~시
~分(ふん・ぷん) ~분
今(いま) 지금
何時(なんじ) 몇 시

'시'를 말할 때는 「숫자+時(じ)」,(~시)의 형태로 말하면 되는데, '4시', '7시', '9시'는 읽기에 주의해야 합니다.

'분'도 '시'과 마찬가지로, 「숫자+分(ふん・ぷん)」,(~분)의 형태로 말하면 되는데, 10단위의 분은 「じゅっぷん」이라고 해도 되고, 「じっぷん」이라고 해도 됩니다.

| 시 읽기 |

1時	いちじ	6時	ろくじ	11時	じゅういちじ
2時	にじ	7時	しちじ	12時	じゅうにじ
3時	さんじ	8時	はちじ	何時	なんじ(몇 시)
4時	よじ	9時	くじ		
5時	ごじ	10時	じゅうじ		

| 분 읽기 |

1分	いっぷん	7分	ななふん	40分	よんじ(ゅ)っぷん
2分	にふん	8分	はっぷん	50分	ごじ(ゅ)っぷん
3分	さんぷん	9分	きゅうふん	60分	ろくじ(ゅ)っぷん
4分	よんぷん	10分	じ(ゅ)っぷん	何分	なんぷん(몇 분)
5分	ごふん	20分	にじ(ゅ)っぷん		
6分	ろっぷん	30分	さんじ(ゅ)っぷん・半(はん)		

● **A** <ruby>今<rt>いま</rt></ruby> <ruby>何時<rt>なんじ</rt></ruby>ですか。 지금 몇 시입니까?

B1 <ruby>2時<rt>にじ</rt></ruby> <ruby>30分<rt>さんじゅっぷん</rt></ruby>です。 2시 30분입니다.

B2 <ruby>2時<rt>にじ</rt></ruby> <ruby>半<rt>はん</rt></ruby>です。 2시 반입니다. ☞ '30분'은 실제 회화에서는 「<ruby>半<rt>はん</rt></ruby>」(반)을 많이 써요.

패턴연습 1

01 숫자 말하기

음원 42

これは 코 레 와	よんひゃく **400** 욘햐꾸	えん **円です。** 엔 데 스	이것은 400엔입니다.
それは 소 레 와	ろくせんはっぴゃく **6,800** 록센합빠꾸	えん **円です。** 엔 데 스	그것은 6,800엔입니다.
あれは 아 레 와	いちまんごせん **15,000** 이찌망고셍	えん **円です。** 엔 데 스	저것은 15,000엔입니다.

02 날짜 말하기

きょう **今日は** 쿄- 와	いちがつ ようか **1月 8日** 이찌가쯔 요-까	**です。** 데 스	오늘은 1월 8일입니다.
あした **明日は** 아시따 와	はちがつじゅうくにち **8月 19日** 하찌가쯔 쥬-꾸니찌	**です。** 데 스	내일은 8월 19일입니다.
あさって **明後日は** 아삿떼 와	じゅうにがつ にじゅうごにち **12月 25日** 쥬-니가쯔 니쥬-고니찌	**です。** 데 스	모레는 12월 25일입니다.

03 시간 말하기

いま **今** 이마	よじ **4時** 요지	**です。** 데 스	지금 4시입니다.
いま ごぜん **今 午前** 이마 고 젠	しちじ さんじゅうななふん **7時 37分** 시찌 지 산쥬-나나훈	**です。** 데 스	지금 오전 7시 37분입니다.
いま ごご **今 午後** 이마 고 고	じゅういちじ よんじゅっぷん **11時 40分** 쥬-이찌지 욘쥽 뿐	**です。** 데 스	지금 오후 11시 40분입니다.

단 어

今日(きょう) 오늘　明日(あした) 내일　明後日(あさって) 모레　午前(ごぜん) 오전　午後(ごご) 오후

01 숫자 말하기

これは _____ 円です。   이것은 400엔입니다.
코 레 와   엔 데 스

それは _____ 円です。   그것은 6,800엔입니다.
소 레 와   엔 데 스

あれは _____ 円です。   저것은 15,000엔입니다.
아 레 와   엔 데 스

02 날짜 말하기

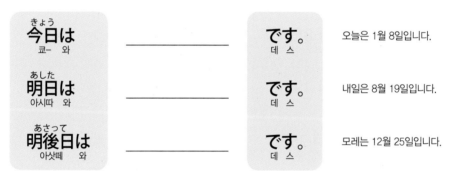

今日は _____ です。   오늘은 1월 8일입니다.
쿄ー 와   데 스

明日は _____ です。   내일은 8월 19일입니다.
아시따 와   데 스

明後日は _____ です。   모레는 12월 25일입니다.
아삿떼 와   데 스

03 시간 말하기

今 _____ です。   지금 4시입니다.
이마   데 스

今 午前 _____ です。   지금 오전 7시 37분입니다.
이마 고 젠   데 스

今 午後 _____ です。   지금 오후 11시 40분입니다.
이마 고 고   데 스

음원 44

A すみません。
스 미 마 셍

シングルルームは いくらですか。
싱 구루루–무와 이꾸라데스까

B 8,000円です。
핫 셍 엔 데 스

A じゃ、4月 12日から 14日まで お願いします。
쟈 시가쯔 쥬–니니찌 까 라 쥬–욕까 마 데 오 네가이 시 마 스

B はい。
하 이

A チェックアウトは 何時ですか。
첵 쿠아우토와 난지데스까

B 10時 30分です。
쥬–지 산줍 뿐데스

> **A** 실례합니다.
> 싱글룸은 얼마입니까?
> **B** 8,000엔입니다.
> **A** 그럼, 4월 12일부터 14일까지 부탁드립니다.
> **B** 예.
> **A** 체크아웃은 몇 시입니까?
> **B** 10시 30분입니다.

ホテル

단어

すみません 실례합니다   シングルルーム 싱글룸   いくら 얼마   じゃ 그럼   お願(ねが)いします 부탁드립니다   はい 예
チェックアウト 체크아웃   何時(なんじ) 몇 시

◉ 보기와 같이 바꿔 보세요.

01

보기 鉛筆^{えんぴつ}・70円 ➡ A この 鉛筆^{えんぴつ}は いくらですか。

B ななじゅうえんです。

① ペン・600円 ➡ A _____

B _____

② 靴^{くつ}・2,800円 ➡ A _____

B _____

02

보기 2月 3日・7日 ➡ にがつ みっかから なのかまで お願^{ねが}いします。

① 7月 2日・6日 ➡ _____

② 11月 17日・20日 ➡ _____

03

보기 3時 15分 ➡ A 今^{いま} 何時^{なんじ}ですか。

B さんじ じゅうごふんです。

① 6時 28分 ➡ _____

② 9時 14分 ➡ _____

단어

鉛筆(えんぴつ) 연필 ペン 펜 靴(くつ) 신, 신발, 구두 今(いま) 지금

아하, 그렇구나! 생생 일본

100엔이 천 원이라고요?!

일본에 여행을 가면 적응하기 힘든 것 중 하나가 바로 돈인데요, 일본은 우리보다 '코잉'(コイン, 동전)의 종류도 많고 실제로 많이 쓰입니다. 우리나라에서는 이제 1원이나 10원은 돈 취급(?)도 안 하는 실정인데요, 일본은 '이찌엥'(1円(いちえん), 1엔)이 우리의 '10원'에 해당하고, '고엥'(5円(ごえん), 5엔)이 '50원', '쥬-엥'(10円(じゅうえん), 10엔)이 '100원', '고쥬-엥'(50円(ごじゅうえん), 50엔)이 '500원', '햐꾸엥'(100円(ひゃくえん), 100엔)이 '천 원', '고햐꾸엥'(500円(ごひゃくえん), 500엔)이 '5천 원'입니다. 생긴 건 우리나라의 동전과

비슷한데 뒤에 0이 하나 더 붙는 금액이 되는 거라 가치가 다릅니다. 지난번 일본에 갔을 때 '햐꾸엥' 동전을 주웠는데요, 아무 생각 없이 우리나라 돈 100원으로 생각하고 '오~, 100원 주웠다!'하고 좋아하다가, '아, 이거 우리나라 돈으로는 천 원이지?!'라고 깨닫는 순간 어찌나 행복하던지~, 맛있는 거 사 먹었습니다.

'지폐'는 '사쯔'(札(さつ))라고 하는데요 '셍엥'(千円(せんえん), 1,000엔)이 '만 원', '고셍엥'(五千円(ごせんえん), 5,000엔)이 '5만 원', '망엥'(壱万円(いちまんえん), 10,000엔)이 '10만 원', 이렇게 세 가지가 제일 많이 쓰입니다. '니셍엥'(弐千円(にせんえん), 2,000엔, 2만 원) 지폐도 가끔 볼 때가 있긴 한데, 요즘은 거의 쓰이지 않습니다. 귀하니까 혹시 '니셍엥' 지폐를 손에 넣으셨다면 기념으로 간직해 두세요.

일본에서는 동전을 많이 사용하기 때문에 계산할 때 동전을 열심히 세고 있어도 계산원이나 뒤에 줄 서 있는 다른 손님들이 눈치를 주지 않습니다. 마음 편히 계산하세요. '망엥' 지폐도 많이 쓰이니까 척 하고 내셔도 잔돈을 잘 거슬러 줍니다.

'고햐꾸엥'짜리 물건을 사고 '망엥' 지폐로 계산을 한다고 칩시다. 이럴 때 점원이 자주 쓰는 말이 있습니다. 우선 거스름돈 지폐가 '셍엥' 9장이거나 '고셍엥' 1장에 '셍엥' 4장일 텐데요, 먼저 지폐를 한 장 한 장 세어서 확인시켜 줍니다. 이때 보통 '마즈 오-끼- 호-까라 오까에시시마스'(まず 大(おお)きい 方(ほう)から お返(かえ)しします)라고 하는데요, '오-끼-(大(おお)きい)'가 '크다'라는 뜻의 い형용사이고, '카에스'(返(かえ)す)가 '돌려주다'라

는 뜻의 동사입니다. 즉, '금액이 큰 돈부터 세어서 돌려드리겠다'라는 뜻입니다. 그리고 나머지 잔돈인 동전 '고햐꾸엥'을 건네주면서 아마 '코찌라 고햐꾸엥노 오까에시[오쯔리]데고자이마스'(こちら 500円(ごひゃくえん)の お返(かえ)し[お釣(つ)り]でございます)라고 할 텐데요, '여기 500엔 거스름돈입니다'의 매우 공손한 표현입니다. 여기서 '오카에시'(お返(かえ)し)와 '오쯔리'(お釣(つ)り)는 '거스름돈'을 뜻합니다.

동영상 9

음원 45

신주쿠에서 쇼핑을 합니다.

新宿で 買い物を します。

신 쥬꾸데 카 이모노오 시 마 스

핵심
표현

01 신주쿠에서 쇼핑을 합니다.
新宿で 買い物を します。
신 쥬꾸데 카 이모노오 시 마 스

02 어제도 쇼핑을 했습니까?
昨日も 買い物を しましたか。
키 노-모 카 이모노오 시 마 시 따 까

03 아니요, 어제는 쇼핑을 하지 않았습니다.
いいえ、昨日は 買い物を しませんでした。
이 - 에 키 노-와 카 이모노오 시 마 센 데시 따

음원 46

する
스 루

하다

見る
み
미 루

보다

会う
あ
아 우

만나다

話す
はな
하나 스

이야기하다

食べる
た
타 베 루

먹다

乗る
の
노 루

(탈것에) 타다

● 일본 스케치 ●

영화 대사로 유명한 '오겡끼데스까?'(お元気(げんき)ですか)!

여러분 이와이 슌지감독의 '라브레타~'(ラブレター, 러브레터)라는 영화 아시죠. 혹시 맨 마지막 장면 기억 나세요? 여주인공인 나카야마 미호가 세상을 떠난 연인을 향해 하늘을 쳐다보며 '오겡끼데스까?'라고 애절하게 외치는데요. 여기서 '겡끼다'(元気(げんき)だ)가 '건강하다'라는 뜻이라는 것, 앞에서 배우셨죠? 여기서는 우리말로는 '잘 지내세요?, 별고 없으시죠?' 정도의 의미로 해석하시면 됩니다. 즉, 한동안 못 본 사람에게 건네는 인사말로, 어제 본 사람에게 '오겡끼데스까?'라고 한다면 상대방은 고개를 갸우뚱하겠죠.

01

しんじゅく か もの
新宿で 買い物を します。
신 쥬꾸 데　카 이 모노 오　시 마 스

신주쿠 에서　쇼핑 을　합 니다.

일본어 동사

新宿(しんじゅく) 신주쿠 * 도쿄의 지역명
~で ~에서 * 장소
買(か)い物(もの) 쇼핑
~を ~을[를]

일본어 동사는 세 종류가 있습니다. 모든 동사는 기본형 어미가 「う」단(う、く、ぐ、す、つ、ぬ、ぶ、む、る), 즉 [u]모음으로 끝나는데요, 모양에 따라 1그룹, 2그룹, 3그룹으로 나눕니다.

모양은 '2그룹 동사'인데, 예외적으로 '1그룹 동사'로 취급하는 동사가 있습니다. 이를 '예외 1그룹 동사'라고 하는데요, 이런 동사들은 나올 때 마다 외워두는 수밖에 없습니다.
예 帰(かえ)る 돌아개[오]다
　　入(はい)る 들어개[오]다
　　知(し)る 알다
　　走(はし)る 달리다
　　切(き)る 자르다

1그룹 동사	어미가 「る」로 끝나지 않는 동사
	会う 만나다　　　話す 이야기하다　　　遊ぶ 놀다 書く (글씨를) 쓰다　　待つ 기다리다　　飲む 마시다 泳ぐ 수영하다　　死ぬ 죽다
	어미가 「る」로 끝나고, 「る」 바로 앞이 [a], [u], [o]모음인 동사
	ある (식물·사물이) 있다　作る 만들다　　乗る (탈것에) 타다
2그룹 동사	어미가 「る」로 끝나고, 「る」 바로 앞이 [i], [e]모음인 동사
	見る 보다　　　食べる 먹다
3그룹 동사	불규칙 활용을 하는 동사로, 2개밖에 없습니다.
	来る 오다　　　する 하다

동사의 ます형

~(합)니다

「ます형」이란 동사에 「ます」가 연결될 때 나타나는 어미 형태 변화를 말합니다.

동사에 「ます」를 붙이면 '~(합)니다'라는 뜻으로 존댓말이 되는데요, 그룹별로 만드는 방법이 다릅니다.

1그룹 동사	어미 [u]모음을 [i]모음으로 바꾸고 + 「ます」
	会う 만나다 → 会います 만납니다 書く (글씨를) 쓰다 → 書きます (글씨를) 씁니다 乗る (탈것에) 타다 → 乗ります (탈것에) 탑니다

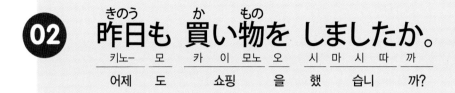

02 昨日(きのう)も 買(か)い物(もの)を しましたか。

키노- 모 카이 모노 오 시 마 시 따 까

어제 도 쇼핑 을 했 습니 까?

昨日(きのう) 어제
〜も 〜도
映画(えいが) 영화
明日(あした) 내일
どこ 어디
駅(えき) 역
前(まえ) 앞

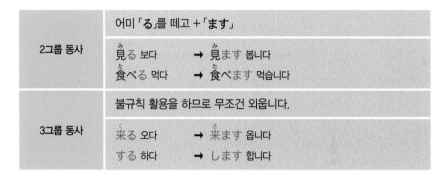

2그룹 동사	어미 「る」를 떼고 + 「ます」
	見る 보다 ➡ 見ます 봅니다 食べる 먹다 ➡ 食べます 먹습니다
3그룹 동사	불규칙 활용을 하므로 무조건 외웁니다.
	来る 오다 ➡ 来ます 옵니다 する 하다 ➡ します 합니다

한편 일본어에는 미래형이 없기 때문에 현재형이 미래를 대신합니다. 따라서 「明日(あした)」 (내일) 등과 같이 미래와 관련된 말이 「ます」와 같이 쓰이면 '〜(할) 겁니다, 〜(하)겠습니다'라고 미래로 해석해야 합니다.

● 映画を 見ます。 영화를 봅니다. ⤳ 현재

● 明日 映画を 見ます。 내일 영화를 볼 겁니다. ⤳ 미래

1그룹 동사

2그룹 동사

3그룹 동사
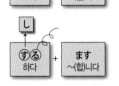

동사의 ます형 + ました   〜(했)습니다

「ます」(〜(합)니다)를 '〜(했)습니다'라는 뜻의 과거표현으로 만들려면 「ます」 대신 「ました」만 붙이면 됩니다. '〜(했)습니까?'라는 뜻의 의문표현을 만들려면 「ました」에 의문의 뜻을 나타내는 「か」(〜까?)를 붙여서 「ましたか」라고 하면 됩니다.

● A どこで 会いましたか。 어디에서 만났습니까?
   B 駅の 前で 会いました。 역 앞에서 만났습니다.

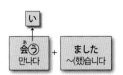

03 いいえ、昨日は 買い物を しませんでした。
きのう　　　　　　か　　もの

이 – 에　키노– 와　카 이 모노 오　시 마 센 데 시 따

아니요,　어제 는　쇼핑 을 하　지 않았습니다.

동사의 ます형 + ません 〜(하)지 않습니다

▼

いいえ 아니요

友達(ともだち) 친구

▼

'〜을[를] 만나다'라고 할 때는 「〜を 会(あ)う」라고 하지 않고, 반드시 「に」를 써서 「〜に 会(あ)う」(〜을[를] 만나다)라고 해야 합니다. 또한 '(탈것에) 타다'라는 뜻의 「乗(の)る」도 반드시 「に」를 써서 「〜に 乗(の)る」(〜을[를] 타다)라고 한다는 것도 함께 기억해 두세요.

「ます」(〜(합)니다)를 '〜(하)지 않습니다'라는 뜻의 부정표현으로 만들려면 「ます」 대신 「ません」만 붙이면 됩니다.

- 友達に 会う。 친구를 만나다.
  ともだち　あ
- 友達に 会います。 친구를 만납니다.
  ともだち　あ
- 友達に 会いません。 친구를 만나지 않습니다.
  ともだち　あ

동사의 ます형 + ませんでした 〜(하)지 않았습니다

「ます」(〜(합)니다)를 '〜(하)지 않았습니다'라는 뜻의 과거부정표현으로 만들려면 「ます」 대신 「ませんでした」만 붙이면 됩니다.

- 友達に 会う。 친구를 만나다.
  ともだち　あ
- 友達に 会います。 친구를 만납니다.
  ともだち　あ
- 友達に 会いませんでした。 친구를 만나지 않았습니다.
  ともだち　あ

패턴연습 1

음원 47

01 ～(합)니다

日本語で (にほんご) 니홍고데 話し (はな) 하나시 ます。 마스 일본어로 이야기합니다.

ご飯を (はん) 고항오 食べ (た) 타베 ます。 마스 밥을 먹습니다.

ホテルの 予約を (よやく) 호테루노 요야꾸오 し 시 ます。 마스 호텔 예약을 합니다.

02 ～(했)습니다

電車に (でんしゃ) 덴샤니 乗り (の) 노리 ました。 마시따 전철을 탔습니다.

映画を (えいが) 에-가오 見 (み) 미 ました。 마시따 영화를 봤습니다.

勉強を (べんきょう) 벵꾜-오 し 시 ました。 마시따 공부를 했습니다.

03 ～(하)지 않았습니다

お酒は (さけ) 오사께 와 飲み (の) 노미 ませんでした。 마센데시따 술은 마시지 않았습니다.

窓を (まど) 마도 오 開け (あ) 아께 ませんでした。 마센데시따 창문을 열지 않았습니다.

バスが 바스 가 来 (き) 키 ませんでした。 마센데시따 버스가 오지 않았습니다.

단어

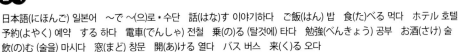

日本語(にほんご) 일본어 ～で ～(으)로・수단 話(はな)す 이야기하다 ご飯(はん) 밥 食(た)べる 먹다 ホテル 호텔
予約(よやく) 예약 する 하다 電車(でんしゃ) 전철 乗(の)る (탈것에) 타다 勉強(べんきょう) 공부 お酒(さけ) 술
飲(の)む (술을) 마시다 窓(まど) 창문 開(あ)ける 열다 バス 버스 来(く)る 오다

08 신주쿠에서 쇼핑을 합니다. 105

패턴연습 2

 음원 48

01 ～(합)니다

日本語で にほんご 니홍고데	話し はな 하나 시	_____。	일본어로 이야기합니다.
ご飯を はん 고항오	食べ た 타베	_____。	밥을 먹습니다.
ホテルの 予約を よやく 호테루노 요야꾸오	し 시	_____。	호텔 예약을 합니다.

02 ～(했)습니다

電車に でんしゃ 덴샤니	乗り の 노리	_____。	전철을 탔습니다.
映画を えいが 에-가 오	見 み 미	_____。	영화를 봤습니다.
勉強を べんきょう 벵꾜-오	し 시	_____。	공부를 했습니다.

03 ～(하)지 않았습니다

お酒は さけ 오 사께 와	飲み の 노미	_____。	술은 마시지 않았습니다.
窓を まど 마도 오	開け あ 아 께	_____。	창문을 열지 않았습니다.
バスが 바스 가	来 き 키	_____。	버스가 오지 않았습니다.

회화하기

음원 49

A 今日は 何を しますか。
쿄- 와 나니오 시마스 까

B 新宿で 買い物を します。
신 쥬꾸 데 카 이모노 오 시마스

A 昨日も 買い物を しましたか。
키노- 모 카 이모노오 시마시 따 까

B いいえ、昨日は 買い物を しませんでした。
이 - 에 키노- 와 카이모노오 시마 센 데시 따

A じゃ、明日は 何を しますか。
쟈 아시따 와 나니오 시마스 까

B 明日は 部屋で 休みます。
아시따 와 헤야데 야스미마스

A 오늘은 무엇을 합니까?
B 신주쿠에서 쇼핑을 합니다.
A 어제도 쇼핑을 했습니까?
B 아니요, 어제는 쇼핑을 하지 않았습니다.
A 그럼, 내일은 무엇을 할 겁니까?
B 내일은 방에서 쉴 겁니다.

단어

今日(きょう) 오늘   何(なに) 무엇   ~で ~에서 * 장소   買(か)い物(もの) 쇼핑   いいえ 아니요   部屋(へや) 방   休(やす)む 쉬다

연습문제

◉ 보기와 같이 바꿔 보세요.

01

보기	明日(あした)・本(ほん)・読(よ)む ➡ A 明日(あした)は 何(なに)を しますか。 B 本(ほん)を 読(よ)みます。

① 明日(あした)・釣(つ)り・する ➡ A _____ B _____

② 今日(きょう)・映画(えいが)・見(み)る ➡ A _____ B _____

02

보기	買(か)い物(もの)・する ➡ A 買(か)い物(もの)を しましたか。 B はい、しました。

① お土産(みやげ)・買(か)う ➡ A _____ B _____

② お茶(ちゃ)・飲(の)む ➡ A _____ B _____

03

보기	昨日(きのう)・休(やす)む ➡ A 昨日(きのう)は 休(やす)みましたか。 B いいえ、休(やす)みませんでした。

① 歌(うた)・歌(うた)う ➡ A _____ B _____

② 友達(ともだち)・来(く)る ➡ A _____ B _____

단어

読(よ)む 읽다　釣(つ)り 낚시　お土産(みやげ) (여행지 등에서 사오는 간단한) 선물　買(か)う 사다　お茶(ちゃ) 차　飲(の)む 마시다
歌(うた) 노래　歌(うた)う (노래를) 부르다　友達(ともだち) 친구　来(く)る 오다

계산하려는데 뭔가를 자꾸 물어봐….

세상에서 쉬우면서도 어려운 게 물건을 사는 일일지도 모르겠네요. 일본에서 물건을 살 때 어떤 말을 듣게 될까요? 그냥 물건을 계산대 위에 올려놓으면 알아서 계산해서 잔돈만 주면 좋은데, 점원들이 뭔가를 물어봅니다. 아, 진짜 곤란곤란!

우선 첫 난관은 이런 게 있을 수 있어요. '콤비니'(コンビニ, 편의점)에 갔는데, 손님이 뜸한 시간대라 그런지 계산대에 사람이 없습니다?! 이럴 땐 알바생이 혼자여서 어딘가에서 물건을 진열하고 있는 상황일 텐데요. 그럴 땐 '오까이께– 오네가이시마스!'(お会計(かいけい) お願(ねが)します, 계산 부탁드립니다)라고 외칩시다. '오까이께–'(お会計(かいけい))는 '(가게 등에서의) 계산'을 말합니다. 우리말의 '계산'(計算)과 똑같은 말이 일본어에도 있긴 한데요, 일본어에서 '계산'(計算(けいさん), 케–상)은 정말 숫자의 계산만을 의미하며, 가게에서의 계산은 '오까이께–'라고 하니까 알아 두세요.

일본 '콤비니'에서 파는 '오벤또–'(お弁当(べんとう), 도시락) 맛있죠? 그래서 많은 분들이 사 드실 텐데요, 여러분이 샌드위치와 '카라아게(唐揚(からあ)げ, 튀김옷을 입히지 않고 튀기는 것) 오벤또–'와 '아이스쿠리무'(アイスクリーム, 아이스크림)를 샀다면 점원이 이렇게 말할 거예요. '후꾸로 와께마스까?'(袋(ふくろ)、分(わ)けますか). 헉, 이게 무슨 말이지? 네, 직역하면 '봉지 나눌까요?'인데요, '뜨거운 음식과 차가운 음식이 있으니 따로따로 봉지에 넣어 드릴까요?'라는 뜻입니다. 원하시면 '오네가이시마스'(お願(ねが)いします), 원하지 않으시면 '다이죠–부데스'(大丈夫(だいじょうぶ)です)라고 말하시면 됩니다.

그리고 백화점에 가면 '고지따꾸요–데스까?'(ご自宅用(じたくよう)ですか)라는 말을 듣게 됩니다. '고지따꾸'(ご自宅(じたく))는 우리말로 '자택'을 뜻하는데, 본인이나 가족이 집에서 쓸 것인지, 선물할 것인지 묻는 것입니다. '하이'(はい, 예)라고 말하면 평범하게 포장해서 물건을 건네줍니다. 선물용이면 '오꾸리모노데스'(贈(おく)り物(もの)です)라고 말하세요. 그러면 예쁘게 포장해 줄 겁니다. 유료 포장이 있는 경우는 무료 포장과 유료 포장에 대해서 설명해 주니까 선택하시면 됩니다.

동영상 10

음원 50

젊은이들의 거리를 보고 싶습니다만….

若者の 街を 見たいですが…。

와까 모노 노　마찌 오　미 따 이 데 스 가

핵심
표현

01 젊은이들의 거리를 보고 싶습니다만….

若者の 街を 見たいですが…。
와까모노 노　마찌 오　미 따 이 데 스 가

02 그럼, 내일 시부야에라도 가지 않겠습니까?

じゃ、明日 渋谷にでも 行きませんか。
쟈　　아시따 시부야 니 데 모　이 끼 마 셍 　까

03 맛있는 레스토랑에 먹으러 갑시다.

おいしい レストランに 食べに 行きましょう。
오 이 시 -　레 스 토 란 니 타 베 니 이 끼 마 쇼 -

음원 51

若者
わかもの
와까 모노

젊은이(들)

レストラン
레 스 토 랑

레스토랑

海
うみ
우미

바다

払う
はら
하라 우

지불하다

ドライブ
도 라 이 부

드라이브

祭り
まつ
마쯔 리

축제, 마쓰리

• 일본 스케치 •

별거 아닙니다만…?!

우리는 남에게 뭔가를 선물할 때 '별거 아닙니다만…'이라고 말하면서 건네는 경우가 많죠.
일본 사람도 선물할 때 '츠마라나이 모노데스가…'(つまらない ものですが…)라는 표현을
씁니다. 여기서 '츠마라나이'(つまらない)는 '보잘것없다, 하찮다'라는 뜻으로, '츠마라나이
모노데스가…'라는 말에는 본인 나름대로는 성의껏 고른 것이지만, 훌륭한 당신에게는 하찮
은 것일지도 모른다고 생각한다는 겸손의 의미와 상대방이 선물에 대한 부담을 느끼지 않도
록 배려하는 마음이 담겨 있다고 합니다.

01 若者の 街を 見たいですが…。

わかもの　まち　み

와까 모노 노　마찌 오　미 따이 데 스 가

젊은이들　의　거리　를　보　고싶　습니다　만….

동사의 **ます**형 + **たいです**

～(하)고 싶습니다

若者(わかもの) 젊은이(들)
街(まち) 거리
見(み)る 보다
コーヒー 커피
飲(の)む 마시다

동사의 **ます**형에 「たい」를 붙이면 '～(하)고 싶다'라는 뜻으로, 말하는 사람의 개인적인 욕구나 희망을 나타냅니다. 「たい」에 「です」(~입니다)를 붙여서 「たいです」라고 하면 '～(하)고 싶습니다'라는 공손한 표현이 됩니다.

- コーヒーを 飲む。 커피를 마시다.
- コーヒーを 飲みます。 커피를 마십니다.
- コーヒーを 飲みたい。 커피를 마시고 싶다.
- コーヒーを 飲みたいです。 커피를 마시고 싶습니다.

한편 희망하는 대상을 강조해서 말할 때는 「を」(~을[를])를 「が」(~이[가])로 바꿉니다.

- コーヒーが 飲みたいです。 커피가 마시고 싶습니다.

그리고 「たい」는 い형용사는 아니지만 활용방법이 い형용사와 같습니다. 따라서 어미 「い」를 떼고 「かったです」(~았[었]습니다), 「く ありません」(~지 않습니다), 「く ありませんでした」(~지 않았습니다)를 붙이면 과거표현, 부정표현, 과거부정표현이 됩니다.

- コーヒーを 飲みたい。 커피를 마시고 싶다.
- コーヒーを 飲みたかったです。 커피를 마시고 싶었습니다.
- コーヒーを 飲みたく ありません。 커피를 마시고 싶지 않습니다.
- コーヒーを 飲みたく ありませんでした。 커피를 마시고 싶지 않았습니다.

02

じゃ、明日 渋谷にでも 行きませんか。

じゃ	明日 (あした)	渋谷 (しぶや)	にでも	行きませんか (い)
쟈	아시따	시부야	니 데 모	이 끼 마 셍 까
그럼,	내일	시부야	에라도	가 지 않겠습니까?

동사의 **ます**형 + **ませんか**

~(하)지 않겠습니까?,
~(하)지 않을래요?

じゃ 그럼
明日(あした) 내일
渋谷(しぶや) 시부야＊도쿄의 지역명
～にでも ～에라도
行(い)く 가다
映画(えいが) 영화
ええ 네
～よ ～요
ちょっと 좀

見る 보다 + ませんか
~(하)지 않겠습니까?,
~(하)지 않을래요?

일본 사람은 상대방의 권유를 거절할 때「いいえ」(아니요)라고 딱 잘라 거절하지 않습니다.「～は ちょっと…」(~은[는] 좀…)라는 표현을 써서 말끝을 흐립니다.

동사의 **ます**형에 「**ませんか**」를 붙이면 '~(하)지 않습니까?'라는 뜻의 부정표현이지만, '~(하)지 않겠습니까?, ~(하)지 않을래요?'라는 뜻으로, 상대방에게 뭔가를 권유하거나 의향을 묻는 표현으로 많이 쓰입니다.

- 映画を 見る。 영화를 보다.
- 映画を 見ます。 영화를 봅니다.
- 映画を 見ませんか。 영화를 보지 않겠습니까?

상대방의 권유에 대한 대답은 이렇게 하면 됩니다.

| 권유를 받아들일 때 |

- A 明日、映画を 見ませんか。 내일 영화를 보지 않겠습니까?

  B ええ、いいですよ。 네, 좋아요.

| 권유를 거절할 때 |

- A 明日、映画を 見ませんか。 내일 영화를 보지 않겠습니까?

  B あ、明日は ちょっと…。 아, 내일은 좀….

03 # おいしい レストランに 食(た)べに 行(い)きましょう。

오 이 시 - 　레 스 토 란 　 니 타 베 니 이 끼 마 쇼 -

맛있는　　　레스토랑　　　에　먹으 러　갑　　시다.

おいしい 맛있다
レストラン 레스토랑
~に ~에・장소
食(た)べる 먹다
友達(ともだち) 친구
会(あ)う 만나다
買(か)い物(もの) 쇼핑
ご飯(はん) 밥

동사의 ます형 + に　　~(하)러

동사의 ます형에 「に」를 붙이면 '~(하)러'라는 뜻으로, 동작의 목적을 나타냅니다.

- 友達(ともだち)に 会(あ)う。 친구를 만나다.
- 友達(ともだち)に 会(あ)います。 친구를 만납니다.
- 友達(ともだち)に 会(あ)いに 来(き)ました。 친구를 만나러 왔습니다.

또한 「買(か)い物(もの)」(쇼핑), 「旅行(りょこう)」(여행), 「ドライブ」(드라이브), 「食事(しょくじ)」(식사) 등과 같이 동작의 뜻을 지닌 명사를 '동작성 명사'라고 하는데, 이런 동작성 명사에 「に」를 붙여도 '~하러'라는 뜻을 나타냅니다.

- 友達(ともだち)と 買(か)い物(もの)に 行(い)きます。 친구와 쇼핑하러 갑니다.

동사의 ます형 + ましょう　　~(합)시다

동사의 ます형에 「ましょう」를 붙이면 '~(합)시다'라는 뜻으로, 비교적 직접적으로 상대방에게 무언가를 권유할 때 쓰는 표현입니다. 따라서 손윗사람에게는 사용해서는 안 됩니다.

- ご飯(はん)を 食(た)べる。 밥을 먹다.
- ご飯(はん)を 食(た)べます。 밥을 먹습니다.
- ご飯(はん)を 食(た)べましょう。 밥을 먹읍시다.

음원 52

01 ～(하)고 싶습니다

海で
うみ で
우미 데

泳ぎ
およ ぎ
오요 기

たいです。
따 이 데 스

바다에서 수영하고 싶습니다.

カードで
카 - 도 데

払い
はら い
하라 이

たいです。
따 이 데 스

카드로 지불하고 싶습니다.

寿司を
す し を
스 시 오

食べ
た べ
타 베

たいです。
따 이 데 스

초밥을 먹고 싶습니다.

02 ～(하)지 않겠습니까?, ～(하)지 않을래요?

3時に
さん じ に
산 지 니

会い
あ い
아 이

ませんか。
마 셍 까

3시에 만나지 않겠습니까?

カラオケに
카 라 오 케 니

行き
い き
이 끼

ませんか。
마 셍 까

노래방에 가지 않겠습니까?

映画でも
えい が で も
에- 가 데 모

見
み
미

ませんか。
마 셍 까

영화라도 보지 않겠습니까?

03 ～(하)러

電車に
でんしゃ に
덴 샤 니

乗り
の り
노 리

に 行きましょう。
い
니 이 끼 마 쇼 -

전철을 타러 갑시다.

お弁当を
べんとう
오 벤 또- 오

買い
か い
카 이

に 行きましょう。
い
니 이 끼 마 쇼 -

도시락을 사러 갑시다.

明日
あした
아시따

ドライブ
도 라 이 부

に 行きましょう。
い
니 이 끼 마 쇼 -

내일 드라이브하러 갑시다.

단 어

海(うみ) 바다　～で ① ～에서(장소) ② ～(으)로(수단)　泳(およ)ぐ 수영하다　カード 카드　寿司(すし) 초밥　カラオケ 노래방
～でも ～(이)라도　乗(の)る (탈것에) 타다　お弁当(べんとう) 도시락　買(か)う 사다　ドライブ 드라이브

음원 53

패턴연습 2

01 　～(하)고 싶습니다

海で
うみ
우미 데　　泳ぎ
およ
오요 기　　_____。　　바다에서 수영하고 싶습니다.

カードで
카 - 도 데　　払い
はら
하라 이　　_____。　　카드로 지불하고 싶습니다.

寿司を
す し
스 시 오　　食べ
た
타 베　　_____。　　초밥을 먹고 싶습니다.

02 　～(하)지 않겠습니까?, ～(하)지 않을래요?

3時に
さん じ
산 지 니　　会い
あ
아 이　　_____。　　3시에 만나지 않겠습니까?

カラオケに
카 라 오 케 니　　行き
い
이 끼　　_____。　　노래방에 가지 않겠습니까?

映画でも
えい が
에- 가 데 모　　見
み
미　　_____。　　영화라도 보지 않겠습니까?

03 　～(하)러

電車に
でんしゃ
덴 샤 니　　乗り
の
노 리　　____ 行きましょう。
い
이 끼마 쇼 -　　전철을 타러 갑시다.

お弁当を
べんとう
오 벤 또- 오　　買い
か
카 이　　____ 行きましょう。
い
이 끼마 쇼 -　　도시락을 사러 갑시다.

明日
あした
아시따　　ドライブ
도 라 이 부　　____ 行きましょう。
い
이 끼마 쇼 -　　내일 드라이브하러 갑시다.

음원 54

Ⓐ 若者の 街を 見たいですが…。
와까모노 노 마찌오 미따이데스가

Ⓑ じゃ、明日 渋谷にでも 行きませんか。
쟈 아시따 시부야니데모 이끼마 셍 까

渋谷は 若者の 街で 有名な 所です。
시부 야 와 와까모노 노 마찌 데 유 메 나 토꼬로데 스

Ⓐ ええ、いいですよ。
에 — 이 — 데스 요

渋谷に おいしい レストランも ありますか。
시부 야니 오 이시 — 레스토 람 모 아리마스까

Ⓑ はい、もちろん あります。
하 이 모 찌 롱 아리마스

おいしい レストランに 食べに 行きましょう。
오 이시 — 레스토 란니 타 베니 이끼마 쇼 —

Ⓐ 젊은이들의 거리를 보고 싶습니다만….
Ⓑ 그럼, 내일 시부야에라도 가지 않겠습니까?
시부야는 젊은이들의 거리로 유명한 곳입니다.
Ⓐ 네, 좋아요.
시부야에 맛있는 레스토랑도 있습니까?
Ⓑ 예, 물론 있습니다.
맛있는 레스토랑에 먹으러 갑시다.

단 어

街(まち) 거리　有名(ゆうめい)だ 유명하다　所(ところ) 곳, 장소　いい 좋다　おいしい 맛있다　〜も 〜도　ある (식물・사물이) 있다
もちろん 물론

연습문제

◉ 보기와 같이 바꿔 보세요.

01

보기 音楽・聞く ➡ A 今 何を したいですか。
　　　　　　　　　　 B 音楽を 聞きたいです。

① 歌・歌う ➡ _____

② 映画・見る ➡ _____

02

보기 買い物・する ➡ A 一緒に 買い物でも しませんか。
　　　　　　　　　　　 B ええ、いいですよ。

① お茶・飲む ➡ _____

② ご飯・食べる ➡ _____

03

보기 お土産を 買う ➡ A どこへ 行きますか。
　　　　　　　　　　　 B お土産を 買いに 行きます。

① 友達に 会う ➡ _____

② 祭りを 見る ➡ _____

단어

今(いま) 지금　何(なに) 무엇　する 하다　音楽(おんがく) 음악　聞(き)く 듣다　歌(うた) 노래　歌(うた)う (노래를) 부르다
一緒(いっしょ)に 같이, 함께　買(か)い物(もの) 쇼핑　お茶(ちゃ) 차　お土産(みやげ) (여행지 등에서 사오는 간단한) 선물
祭(まつ)り 축제, 마쓰리

커피 한 잔 드셔야죠!

밥을 먹고 나면 꼭 생각나는 후식인 커피나 음료! 일본에서는 어떻게 사먹으면 될까요? '커피'는 '코-히-'(コーヒー(珈琲))입니다. 영어의 'coffee'를 일본식 발음으로 표기한 외래어죠.

종종 간판에 한자어로 '코-히-뗑'(珈琲店(コーヒーてん))이라고 쓴 곳을 볼 수 있는데요, 역시 '커피숍'입니다. 일반적으로 '커피숍'은 '킷사뗑'(喫茶店(きっさてん))이라고 부릅니다.

메뉴는 어떻게 말할까요? 예를 들어 블랙커피를 주문할 때 따뜻한 것이라면 '홋토코-히-'(ホットコーヒー), 차가운 것이라면 '아이스코-히-'(アイスコーヒー)라고 하면 됩니다. '홋토'(ホット)는 영어 '핫'(hot)의 일본어 표기이고요, '아이스'는 영어 '아이스'(ice)의 일본어 표기입니다.

파는 매장과 커피의 종류에 따라 '블랙커피'는 '브란도코-히-'(ブランドコーヒー, 블랜드커피), '도립푸코-히-'(ドリップコーヒー, 드립커피), '아메리카노(코-히-)'(アメリカーノ(コーヒー), 아메리카노(커피)) 등으로 부릅니다. '브란도코-히-' 따뜻한 걸 원하시면 '브란도코-히- 홋토데 오네가이시마스'(ブランドコーヒー、ホットで お願(ねが)いします)라고 하시면 됩니다.

대표적인 메뉴 몇 가지를 알려 드리자면 '카페라떼'는 '카훼라떼'(カフェラテ), '마키아토'는 '마키아-토'(マキアート), '카푸치노'는 '카푸치노'(カプチーノ)입니다. '녹차라떼'는 '맛쨔라떼'(抹茶(まっちゃ)ラテ)라고 합니다.

'사이즈'(サイズ, 크기)는 '보통'은 '레규라-'(レギュラー, 레귤러), '큰 것'은 '라-지'(ラージ, 라지)라고 하는데 대부분 영어도 같이 써 있으니까 잘 모르시겠으면 카운터에 붙어 있는 메뉴판에서 손가락으로 가리키며 주문합시다! '한 잔'이면 '히또쯔'(一(ひと)つ, 하나), '두 잔'이면 '후따쯔'(二(ふた)つ, 둘)라고 하면 됩니다.

그리고 매장 안에서도 마실 수 있고 포장도 가능한 커피숍에서는 주문을 하고 나면 점원이 '텐나이 고리요-데스까?'(店内(てんない)、ご利用(りよう)ですか)라고 묻는데요, 매장 안에서 마실 거냐고 묻는 거예요. 매장에서 마신다면 '하이'(はい, 예),

포장이면 '모찌까에리데스'(持(も)ち帰(かえ)りです, 포장입니다)라고 하면 됩니다.

또 매장 안에 사람이 많은 경우 점원이 '오세끼와 카꾸호 사레마시따까?'(お席(せき)は 確保(かくほ)されましたか)라고 묻는 경우가 있는데요, 직역하면 '자리는 확보하셨습니까?'라는 뜻으로, 손님이 많으니까 매장 안에서 마실 거라면 우선 빈자리가 있는지 알아보고 오라는 뜻입니다. '오세끼'가 '자리', '카꾸호'가 '확보'라는 뜻이니까 눈치껏 고고~!

동영상 11

음원 55

사용법이 정말로 간단하네요.

使い方が 本当に 簡単ですね。

츠까 이 까따 가　　혼 또ー니　　칸 딴 데 스 네

핵심
표현

01 사용법이 정말로 간단하네요.
　　使い方が 本当に 簡単ですね。
　　츠까 이 까따 가　혼 또ー니　칸 딴 데 스 네

02 글자도 커서 메일도 읽기 쉽습니다.
　　字も 大きくて メールも 読みやすいです。
　　지 모 오ー끼 꾸떼　메ー루모　요 미 야 스 이 데 스

03 거리를 걸으면서 쇼핑이라도 할까요?
　　街を 歩きながら、買い物でも しましょうか。
　　마찌오 아루끼 나 가 라　카 이 모노데 모　시 마 쇼 ー 까

음원 56

^{つか}
使う
츠까 우

사용하다

^{ある}
歩く
아루 꾸

걷다

^{おく}
送る
오꾸 루

보내다

^{そだ}
育てる
소다 떼 루

키우다, 기르다

^{おぼ}
覚える
오보 에 루

외우다

^{そうじ}
掃除
소- 지

청소

● 일본 스케치 ●

일본의 정취가 가득, '료깡'(旅館(りょかん), 여관, 료칸)!

일본은 세계에서 손꼽히는 온천국가로, 온천으로 유명한 지역에는 '료깡'이라 불리는 전통 여관이 많이 있습니다. 아름다운 풍경을 바라보며 온천을 즐길 수 있는 '로뗌부로'(露天風呂(ろてんぶろ), 노천온천)를 갖추고 있습니다. 또한 '료깡'은 다다미방으로 되어 있고, '유까 따'(浴衣(ゆかた), 유카타)라는 무명 홑옷이 비치되어 있습니다. 이 '유까따'는 온천을 한 후 입습니다. 금강산도 식후경, 이젠 뭘 좀 먹어야겠죠? '료깡'에서는 '카이세끼료-리'(会席料 理(かいせきりょうり))라고 해서 우리의 한정식과 비슷한 코스 요리를 제공합니다.

01 使い方が 本当に 簡単ですね。

つか い かた が　ほん とう に　かん たん
츠까 이 까따 가　혼 또-니　칸 딴 데 스 네
사용 법 이　정말로　간단 하네요.

동사의 ます형 + 方　～(하)는 방법

簡単(かんたん)だ 간단하다
アプリ 앱, 어플리케이션, 어플
知(し)る 알다
동사의 ます형+たい ～(하)고 싶다
作(つく)る 만들다
おにぎり 주먹밥
うれしい 기쁘다
暑(あつ)い 덥다

동사의 ます형에 「方(かた)」가 붙으면 '～(하)는 방법'이라는 뜻으로, 방법이나 수단을 나타내는 표현이 됩니다.

- 使う 사용하다 + 方 ～(하)는 방법
→ 使います 사용합니다 + 方 ～(하)는 방법 → 使い方 사용법
- アプリの 使い方を 知りたいです。 앱 사용법을 알고 싶습니다.
- 作る 만들다 + 方 ～(하)는 방법
→ 作ります 만듭니다 + 方 ～(하)는 방법 → 作り方 만드는 법
- おにぎりの 作り方は 簡単です。 주먹밥 만드는 법은 간단합니다.

本当に　정말로

「本当(ほんとう)に」는 '정말로, 참으로'라는 뜻으로, '마음으로부터 그렇게 생각하는 모양'을 나타내는 말입니다.

- 本当に うれしいです。 정말로 기쁩니다.
- 今日は 本当に 暑いですね。 오늘은 정말로 덥네요.

02 字も 大きくて メールも 読みやすいです。
지 모 오- 끼 꾸데 메-루모 요미야스이데스
글자 도 커 서 메일 도 읽 기 쉽습니다.

字(じ) 글자
〜も 〜도
大(おお)きい 크다
メール 메일, 이메일
読(よ)む 읽다
靴(くつ) 신, 신발, 구두
軽(かる)い 가볍다
ハイヒール 하이힐

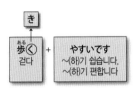

동사의 ます형 + やすいです

〜(하)기 쉽습니다,
〜(하)기 편합니다

원래 「やすい」는 '(값이) 싸다'라는 뜻의 い형용사인데, 동사의 ます형에 붙으면 '〜(하)기 쉽다, 〜(하)기 편하다'라는 뜻을 나타냅니다. 「やすい」에 「です」(〜입니다)를 붙여서 「やすいです」라고 하면 '〜(하)기 쉽습니다, 〜(하)기 편합니다'라는 공손한 표현이 됩니다.

- 歩く 걷다
→ 歩きます 걷습니다
→ 歩きやすいです。 걷기 편합니다.
- この 靴は 軽くて 歩きやすいです。 이 신발은 가벼워서 걷기 편합니다.

동사의 ます형 + にくいです

〜(하)기 어렵습니다,
〜(하)기 힘듭니다

동사의 ます형에 「にくい」를 붙이면 '〜(하)기 어렵다, 〜(하)기 힘들다'라는 뜻을 나타냅니다. 「にくい」에 「です」(〜입니다)를 붙여서 「にくいです」라고 하면 '〜(하)기 어렵습니다, 〜(하)기 힘듭니다'라는 공손한 표현이 됩니다.

- ハイヒールは 歩きにくいです。 하이힐은 걷기 힘듭니다.

03

街を 歩きながら、買い物でも しましょうか。
まち　を　ある　　　　　　　か　もの

마찌 오　아루 끼 나 가 라　　카 이 모노 데 모　시 마 쇼 ― 까

거리 를　걸으　　면서　　　쇼핑　　이라도　할　　까요?

동사의 **ます형** + **ながら**　　〜(하)면서

街(まち) 거리
〜でも 〜(이)라도
ご飯(はん) 밥
食(た)べる 먹다
友達(ともだち) 친구
〜と 〜왜[과]
話(はな)す 이야기하다
ちょっと 좀
休(やす)む 쉬다
コーヒー 커피

동사의 **ます형**에 「**ながら**」를 붙이면 '〜(하)면서'라는 뜻으로, 두 가지 동작을 동시에 할 때 사용합니다. 「**ながら**」 앞에 있는 동작보다 뒤에 있는 동작에 중점이 맞춰져 있습니다.

- ご飯を 食べる。 밥을 먹다.　友達と 話す。 친구와 이야기하다.
  はん　　た　　　　　　　　　ともだち　　はな

→ ご飯を 食べます。 + 友達と 話します。
  はん　　た　　　　　　ともだち　　はな
  밥을 먹습니다.　　　　　친구와 이야기합니다.

→ ご飯を 食べながら、友達と 話します。
  はん　　た　　　　　ともだち　　はな
  밥을 먹으면서 친구와 이야기합니다. ← 밥을 먹는 것보다 친구와 이야기하는 것에 중점이 맞춰져 있어요.

동사의 **ます형** + **ましょうか**　　〜(할)까요?

「**ましょう**」(〜(합)시다)에 의문의 뜻을 나타내는 「**か**」(〜까?)를 붙여서 「**ましょうか**」라고 하면 '〜(할)까요?'라는 뜻으로, 상대방의 의향을 묻는 표현이 됩니다.

- ちょっと 休みましょうか。 좀 쉴까요?
  やす

- コーヒーでも 飲みましょうか。 커피라도 마실까요?
  の

패턴연습 1

음원 57

01 ～(하)는 방법

スープの 스 - 푸 노	作り 츠꾸 리	方は 簡単です。 까따 와 칸 딴 데스	수프 만드는 법은 간단합니다.
メールの 메 - 루 노	送り 오꾸 리	方は 簡単です。 까따 와 칸 딴 데스	메일 보내는 법은 간단합니다.
サボテンの 사 보 텐 노	育て 소다 떼	方は 簡単です。 까따 와 칸 딴 데스	선인장 키우는 법은 간단합니다.

02 ～(하)기 쉽습니다, ～(하)기 편합니다

この 機械は 코 노 키 까이 와	使い 츠까 이	やすいです。 야 스 이 데 스	이 기계는 사용하기 쉽습니다.
この ペンは 코 노 펜 와	書き 카 끼	やすいです。 야 스 이 데 스	이 펜은 쓰기 편합니다.
この 漢字は 코 노 칸 지 와	覚え 오보 에	やすいです。 야 스 이 데 스	이 한자는 외우기 쉽습니다.

03 ～(하)면서

友達と 話し 토모 다찌 또 하나 시	ながら、ご飯を 食べます。 나 가 라 고 항오 타 베 마스	친구와 이야기하면서 밥을 먹습니다.
ご飯を 食べ 고 항오 타 베	ながら、電話を します。 나 가 라 뎅 와오 시 마 스	밥을 먹으면서 전화를 합니다.
電話を し 뎅 와오 시	ながら、街を 歩きます。 나 가 라 마찌오 아루 끼 마스	전화를 하면서 거리를 걷습니다.

단 어

スープ 수프 作(つく)る 만들다 簡単(かんたん)だ 간단하다 メール 메일 送(おく)る 보내다 サボテン 선인장
育(そだ)てる 키우다, 기르다 この 이 機械(きかい) 기계 使(つか)う 사용하다 ペン 펜 書(か)く (글씨를) 쓰다
漢字(かんじ) 한자 覚(おぼ)える 외우다 電話(でんわ) 전화 する 하다 歩(ある)く 걷다

패턴연습 2

음원 58

01 ～(하)는 방법

スープの 스 - 푸 노	作り 츠꾸 리	＿＿＿ は 簡単です。 와 칸 딴 데 스	수프 만드는 법은 간단합니다.
メールの 메 - 루 노	送り 오꾸 리	＿＿＿ は 簡単です。 와 칸 딴 데 스	메일 보내는 법은 간단합니다.
サボテンの 사 보 텐 노	育て 소다 떼	＿＿＿ は 簡単です。 와 칸 딴 데 스	선인장 키우는 법은 간단합니다.

02 ～(하)기 쉽습니다, ～(하)기 편합니다

この 機械は 코 노 키 까이 와	使い 츠까 이	＿＿＿＿＿＿＿。	이 기계는 사용하기 쉽습니다.
この ペンは 코 노 펜 와	書き 카 끼	＿＿＿＿＿＿＿。	이 펜은 쓰기 편합니다.
この 漢字は 코 노 칸 지 와	覚え 오보 에	＿＿＿＿＿＿＿。	이 한자는 외우기 쉽습니다.

03 ～(하)면서

友達と 話し 토모 다찌 또 하나 시	＿＿＿、 ご飯を 食べます。 고 항오 타베 마스	친구와 이야기하면서 밥을 먹습니다.
ご飯を 食べ 고 항오 타 베	＿＿＿、 電話を します。 뎅 와오 시 마스	밥을 먹으면서 전화를 합니다.
電話を し 뎅 와오 시	＿＿＿、 街を 歩きます。 마찌 오 아루 끼 마스	전화를 하면서 거리를 걷습니다.

음원 59

A この ケータイ、いいですね。
코노 케-타이 이-데스네

B 先週、買いました。
센슈- 카이마시따

A 使い方が 本当に 簡単ですね。
츠까이까따가 혼또-니 칸딴데스네

B 字も 大きくて メールも 読みやすいです。
지모 오-끼꾸떼 메-루모 요미야스이데스

A 私も 買いたいな。
와따시모 카이따이나

B じゃ、街を 歩きながら、買い物でも しましょうか。
쟈 마찌오 아루끼나가라 카이모노데모 시마쇼-까

A 이 휴대전화, 좋네요.

B 지난주에 샀습니다.

A 사용법이 정말로 간단하네요.

B 글자도 커서 메일도 읽기 쉽습니다.

A 나도 사고 싶네.

B 그럼, 거리를 걸으면서 쇼핑이라도 할까요?

단어

ケータイ 휴대전화 いい 좋다 ～ね ～군요, ～네요 先週(せんしゅう) 지난주 買(か)う 사다 本当(ほんとう)に 정말로
字(じ) 글자 大(おお)きい 크다 読(よ)む 읽다 私(わたし) 나, 저 동사의 ます형+たい ～(하)고 싶다 ～な ～네 * 감탄·바람을 나타냄
じゃ 그럼 買(か)い物(もの) 쇼핑 ～でも ～(이)라도

연습문제

◉ 보기와 같이 바꿔 보세요.

01

> **보기** 切符・買う ➡ 切符の 買い方を 知りたいです。

① バス・乗る ➡ _____

② 漢字・読む ➡ _____

02

> **보기** パン・食べる ➡ Ａ この パンは 食べやすいですね。
> Ｂ 本当ですね。

① 町・住む ➡ _____

② 靴・はく ➡ _____

03

> **보기** テレビを 見る・ビールを 飲む
> ➡ テレビを 見ながら、ビールを 飲みます。

① 音楽を 聞く・勉強を する ➡ _____

② 歌を 歌う・掃除を する ➡ _____

단 어

切符(きっぷ) 표 バス 버스 乗(の)る (탈것에) 타다 漢字(かんじ) 한자 パン 빵 本当(ほんとう)だ 정말이다 町(まち) 마을, 동네
住(す)む 살다, 거주하다 はく 신다 テレビ 텔레비전, TV ビール 맥주 飲(の)む (술을) 마시다 音楽(おんがく) 음악
聞(き)く 듣다 勉強(べんきょう) 공부 掃除(そうじ) 청소

꼭 알아 두어야 할 3대 마법의 일본어!

'꼭 알아 두어야 할 3대 마법의 일본어'라는 제목에서 벌써 연상되는 표현이 있으실 것 같은데요, 알아 두면 두루두루 유용하게 쓸 수 있는 일본어로는 무엇이 있을까요? 네, '스미마셍'(すみません), '도─조'(どうぞ), '오네가이시마스'(お願(ねが)いします)입니다.

'스미마셍'(すみません)은 '죄송합니다', '실례합니다'라는 뜻인데요, 예를 들어 길을 가다가 누군가와 부딪혔을 때 '아, 스미마셍'(あ、すみません)이라고 하면 '아, 죄송합니다'라는 뜻이에요, 길에 사람은 많고 난 바쁘고, 이럴 때 '스미마셍, 토─리마스'(すみません、通(とお)ります)라고 하면 '실례합니다, 지나가겠습니다'라는 말이 됩니다.
음식점에서 주문을 하려고 점원을 부를 때 '스미마셍'이라고 하면 '여기요'라는 뜻입니다. 가게에서도 물건에 대해 물어보기 위해서 점원을 부를 때도 '스미마셍'이라고 하면 됩니다. 누군가에게 실례를 범했을 때, 양해를 구하고자 할 때, 모르는 사람에게 말을 걸거나 질문을 하거나 도움을 청하고자 할 때 두루두루 쓸 수 있는 표현입니다.

'도─조'(どうぞ)는 직역하면 '아무쪼록, 부디'라는 뜻인데요, 상대방에게 무엇인가를 권하거나 상대방이 허락을 구할 때 승낙하는 대답으로 많이 쓰이는 말입니다. 음식을 권할 때 '도─조'하면 '드세요'라는 말이 됩니다. 누군가가 내 쪽에 있는 물건을 집어서 건네 달라고 할 때 말없이 불쑥 내미는 것보다는 '하이, 도─조'(はい、どうぞ、예, 여기요)하면서 건네면 훨씬 친절해 보이겠죠.

엘리베이터에서도 '먼저 내리세요'라고 말하고 싶으면 '도─조'라고 한마디만 하면 되고요, '이쪽으로 오세요'라고 할 때는 '고찌라에 도─조'(こちらへ どうぞ), '언제든지 괜찮아요'라고 할 때는 '이쯔데모 도─조'(いつでも どうぞ), '편히 쉬세요'라고 할 때는 '고육꾸리 도─조'(ごゆっくり どうぞ)라고 하면 됩니다. 무료로 무엇인가를 나눠 주거나 할 때도 '마음대로 가져가세요'의 뜻으로, '고지유─니 도─조'(ご自由(じゆう)に どうぞ)라고 하는 등 '도─조'라는 말은 실로 그 쓰임이 다양합니다.

'오네가이시마스'(お願(ねが)いします, 부탁드립니다)는 부탁할 때 쓰는 말입니다. 영어로 치면 'Please' 정도 될까요? 이 '오네가이시마스'는 '요로시꾸 오네가이시마스'(よろしく お願(ねが)いします)의 형태로 많이 쓰이는데요, 여기서 '요로시꾸'(よろしく)는 '잘' 정도의 뜻으로 이해하시면 돼요.
누군가를 처음 만나서 인사를 나눈 후 '아무쪼록 잘 부탁드립니다'라고 하고 싶을 때는 '도─조 요로시꾸 오네가이시마스'(どうぞ よろしく お願(ねが)いします)라고 하면 됩니다.

UNIT 11

11시까지 열려 있습니다.

11時^{じゅういちじ}まで 開^あいて います。

쥬-이찌 지 마 데 아 이 떼 이 마 스

핵심
표현

01 11시까지 열려 있습니다.
　　 11時^{じゅういちじ}まで 開^あいて います。
　　 쥬-이찌 지 마 데 아 이 떼 이 마 스

02 그 모퉁이를 오른쪽으로 돌아주세요.
　　 その 角^{かど}を 右^{みぎ}に 曲^まがって ください。
　　 소 노 카도오 미기니 마 갓 떼 쿠 다 사 이

03 돌고 나서 조금 걸으면 바로입니다.
　　 曲^まがってから、少^{すこ}し 歩^{ある}くと すぐです。
　　 마 갓 떼 까 라 스꼬시 아루꾸 또 스 구 데 스

음원 61

開く
아 꾸

열리다

曲がる
마 가 루

돌다

洗う
아라 우

씻다

寝る
네 루

자다

出かける
데 까께 루

외출하다, 나가다

ノック
녹 쿠

노크

● 일본 스케치 ●

시원한 물 주세요?!

음식점에 가서 시원한 물을 마시고 싶을 때는 뭐라고 할까요? '시원하다'에 해당하는 い형용사는 '스즈시-'(涼(すず)しい)와 '츠메따이'(冷(つめ)たい)가 있는데요, '스즈시-'(涼(すず)しい)는 공기나 바람 등의 기체에 대해서 쓰는 말로, '스즈시- 카제'(涼(すず)しい 風(かぜ), 시원한 바람)와 같이 쓰고, '츠메따이'(冷(つめ)たい)는 온도 등이 낮아서 '시원하다, 차다'라고 할 때 씁니다. 따라서 '시원한 물'이라고 할 때는 '츠메따이 미즈'(冷(つめ)たい 水(みず))라고 해야 합니다. 그러므로 '시원한 물 주세요'는 '츠메따이 미즈 쿠다사이'(冷(つめ)たい 水(みず) ください)라고 하면 되겠죠.

01 11時まで 開いて います。

쥬-이찌 지 마 데　　아 이 떼 이 마 스

11　시　까지　　열　　려 있습니다.

동사의 て형 　 ~(하)고, ~(해)서

동사에 「て」를 붙이면 '~(하)고, ~(해)서'라는 뜻으로, 동작을 나열하거나 뒤에 오는 말의 원인·이유를 나타내는 표현을 만들 수 있습니다. 그룹별로 만드는 방법이 다릅니다.

～まで ~까지

開(あ)く 열리다

「て」형이란 동사에 「て」가 연결될 때 나타나는 어미 형태 변화를 말합니다.

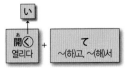

「行(い)く」(가다)는 어미가 「く」로 끝나지만 예외적으로 「行(い)って」(가고, 가서)로 바뀝니다.

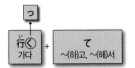

1그룹 동사	**어미가 「う、つ、る」로 끝나는 동사 → 「って」**
	会う 만나다　→ 会って 만나고, 만나서 待つ 기다리다　→ 待って 기다리고, 기다려서 乗る (탈것에) 타다 → 乗って (탈것에) 타고, 타서
	어미가 「ぬ、ぶ、む」로 끝나는 동사 → 「んで」
	死ぬ 죽다　→ 死んで 죽고, 죽어서 遊ぶ 놀다　→ 遊んで 놀고, 놀아서 飲む 마시다　→ 飲んで 마시고, 마셔서
	어미가 「く、ぐ」로 끝나는 동사 → 「いて、いで」
	書く (글씨를) 쓰다 → 書いて (글씨를) 쓰고, 써서 泳ぐ 수영하다　→ 泳いで 수영하고, 수영해서 行く 가다·예외 → 行って 가고, 가서
	어미가 「す」로 끝나는 동사 → 「して」
	話す 이야기하다　→ 話して 이야기하고, 이야기해서
2그룹 동사	**어미 「る」를 떼고 + 「て」**
	見る 보다　→ 見て 보고, 봐서 食べる 먹다　→ 食べて 먹고, 먹어서
3그룹 동사	**불규칙 활용을 하므로 무조건 외웁니다.**
	来る 오다　→ 来て 오고, 와서 する 하다　→ して 하고, 해서

02

その 角を 右に 曲がって ください。

<ruby>角<rt>かど</rt></ruby> <ruby>右<rt>みぎ</rt></ruby> <ruby>曲<rt>ま</rt></ruby>

소 노　카 도 오　미 기 니　마　갓　떼 쿠 다 사 이

그　모퉁이 를　오른쪽 으로　돌아　　주세요.

동사의 て형 + て います

> ~(하)고 있습니다, ~(해)져 있습니다

그 ○
その 그
角(かど) 모퉁이
右(みぎ) 오른쪽
~に ~(으)로 · 방향
曲(ま)がる 돌다
窓(まど) 창문
ちょっと 잠깐
待(ま)つ 기다리다

동사의 て형에「て います」를 붙이면 '~(하)고 있습니다'라는 뜻으로, 동작의 진행·반복을 나타내거나 '~(해)져 있습니다'라는 뜻으로, 결과의 상태를 나타냅니다.

- <ruby>今<rt>いま</rt></ruby> コーヒーを <ruby>飲<rt>の</rt></ruby>む。 지금 커피를 마시다.
→ <ruby>今<rt>いま</rt></ruby> コーヒーを <ruby>飲<rt>の</rt></ruby>んで います。 지금 커피를 마시고 있습니다. *동작의 진행·반복*

- <ruby>窓<rt>まど</rt></ruby>が <ruby>開<rt>あ</rt></ruby>く。 창문이 열리다.
→ <ruby>窓<rt>まど</rt></ruby>が <ruby>開<rt>あ</rt></ruby>いて います。 창문이 열려 있습니다. *결과의 상태*

동사의 て형 + て ください

> ~(해) 주세요

「て ください」(~(해) 주세요)는 일반적으로 많이 쓰이는 요청의 표현이지만 직접적인 '명령·의뢰'의 뜻이므로, 손윗사람에게는 쓰지 않는 것이 좋습니다.

원래「ください」는 '주세요'라는 뜻인데, 동사의 て형에 붙으면 '~(해) 주세요'라는 뜻을 나타냅니다. 요청·지시·명령을 할 때 쓰이는 표현으로, 어떤 사물을 달라고 요청할 때는 「を ください」(~을[를] 주세요)라고 하면 됩니다.

- ちょっと <ruby>待<rt>ま</rt></ruby>つ。 잠깐 기다리다.
→ ちょっと <ruby>待<rt>ま</rt></ruby>って ください。 잠깐 기다려 주세요.

- これを ください。 이것을 주세요. *회화체에서는 「を」를 생략하는 경우가 많아요.*

03

曲がってから、少し 歩くと すぐです。
ま　　　　　　　　　　すこ　　ある

마 갓 떼 까 라　　스꼬 시　아루 꾸 또　스 구 데 스
돌　　고 나서　　조금　　걸으 면　　바로　입니다.

동사의 て형 + てから   ～(하)고 나서

동사의 て형에 「てから」를 붙여서 「AてからB」라고 하면 'A하고 나서 B한다'라는 뜻으로, 어떤 일을 하고 나서 바로 무언가를 할 때 씁니다.

- 手を 洗う。+ ご飯を 食べる。
  て　あら　　　　　　　はん　　た
  손을 씻다.　　　　　밥을 먹다.

→ 手を 洗って います。+ ご飯を 食べます。
　て　あら　　　　　　　　　　　はん　　た
　손을 씻고 있습니다.　　　　　밥을 먹습니다.

→ 手を 洗ってから、ご飯を 食べます。
　て　あら　　　　　　　　はん　　た
　손을 씻고 나서 밥을 먹습니다.

동사의 기본형 + と   ～(하)면

동사의 기본형에 「と」를 붙이면 '～(하)면'이라는 뜻으로, 일반적인 사실이나 습관적, 반복적인 사실을 나타냅니다. 주로 길 안내, 자연현상, 생리적 현상 등과 같은 객관적인 설명문에서 자주 쓰입니다.

- この 道を まっすぐ 行くと、コンビニが あります。
  みち　　　　　　　い
  이 길을 똑바로 가면 편의점이 있습니다.

- この ボタンを 押すと、電源が 入ります。
  　　　　　　　お　　　でんげん　　はい
  이 버튼을 누르면 전원이 들어옵니다.

少(すこ)し 조금
歩(ある)く 걷다
すぐ 바로
手(て) 손
洗(あら)う 씻다
道(みち) 길
まっすぐ 곧장, 똑바로
コンビニ 편의점
ある (식물·사물이) 있다
ボタン 버튼
押(お)す 누르다
電源(でんげん) 전원
入(はい)る 들어오다

洗う → っ
あら
씻다
+ てから
～(하)고 나서

行く + と
い
가다　～(하)면

패턴연습 1

음원 62

01　～(하)고 있습니다, ～(해)져 있습니다

本<small>ほん</small>を 読<small>よ</small>ん 홍 오 욘	で います。 데 이마스	책을 읽고 있습니다.
公園<small>こうえん</small>を 散歩<small>さんぽ</small>し 코- 엥오 삼뽀시	て います。 떼 이마스	공원을 산책하고 있습니다.
ドアが 開<small>あ</small>い 도 아가 아이	て います。 떼 이마스	문이 열려 있습니다.

02　～(해) 주세요

部屋<small>へや</small>を 変<small>か</small>え 헤야오 카에	て ください。 떼 쿠다사이	방을 바꿔 주세요.
エアコンを 消<small>け</small>し 에아콩오 케시	て ください。 떼 쿠다사이	에어컨을 꺼 주세요.
タクシーを 呼<small>よ</small>ん 타쿠시-오 욘	で ください。 데 쿠다사이	택시를 불러 주세요.

03　～(하)고 나서

ご飯<small>はん</small>を 食<small>た</small>べ 고항오 타베	てから、歯<small>は</small>を 磨<small>みが</small>きます。 떼까라 하오 미가끼마스	밥을 먹고 나서 이를 닦습니다.
少<small>すこ</small>し 寝<small>ね</small> 스꼬시 네	てから、出<small>で</small>かけます。 떼까라 데까께마스	조금 자고 나서 외출합니다.
ノックをし 녹 쿠오 시	てから、ドアを 開<small>あ</small>けます。 떼까라 도아오 아께마스	노크를 하고 나서 문을 엽니다.

단 어

公園(こうえん) 공원　散歩(さんぽ)する 산책하다　ドア 문　エアコン 에어컨　消(け)す 끄다　タクシー 택시　呼(よ)ぶ 부르다
歯(は) 이　磨(みが)く (문질러) 닦다　寝(ね)る 자다　ノック 노크　開(あ)ける 열다

패턴연습 2

음원 63

01 ～(하)고 있습니다, ～(해)져 있습니다

本を 読ん
_{ほん} _よ
홍 오 욘
_____。
책을 읽고 있습니다.

公園を 散歩し
_{こうえん} _{さん ぽ}
코 - 엥 오 삼 뽀 시
_____。
공원을 산책하고 있습니다.

ドアが 開い
_あ
도 아 가 아 이
_____。
문이 열려 있습니다.

02 ～(해) 주세요

部屋を 変え
_{へ や} _か
헤 야 오 카 에
_____。
방을 바꿔 주세요.

エアコンを 消し
_け
에 아 콩 오 케 시
_____。
에어컨을 꺼 주세요.

タクシーを 呼ん
_よ
타 쿠 시 - 오 욘
_____。
택시를 불러 주세요.

03 ～(하)고 나서

ご飯を 食べ
_{はん} _た
고 항 오 타 베
_____、歯を 磨きます。
_は _{みが}
하 오 미가 끼 마 스
밥을 먹고 나서 이를 닦습니다.

少し 寝
_{すこ} _ね
스꼬 시 네
_____、出かけます。
_で
데 까 께 마 스
조금 자고 나서 외출합니다.

ノックを し
녹 쿠 오 시
_____、ドアを 開けます。
_あ
도 아 오 아 께 마 스
노크를 하고 나서 문을 엽니다.

음원 64

Ⓐ すみません。
스 미 마 셍

この 店は 何時まで 開いて いますか。
코 노 미세와 난지마데 아이떼 이마스 까

Ⓑ 11時まで 開いて います。
쥬-이찌지 마 데 아이떼 이 마 스

Ⓐ あ、そうですか。
아 소 - 데 스 까

駅までは どう やって 行きますか。
에끼마 데 와 도 - 얏 떼 이 끼마스 까

Ⓑ その 角を 右に 曲がって ください。
소 노 카도오 미기니 마 갓 떼 쿠 다 사 이

曲がってから、少し 歩くと すぐです。
마 갓 떼 까 라 스꼬시 아루꾸또 스 구 데 스

Ⓐ どうも ありがとうございます。
도 - 모 아 리 가 또 - 고 자 이 마 스

> Ⓐ 실례합니다.
> 이 가게는 몇 시까지 열려 있습니까?
> Ⓑ 11시까지 열려 있습니다.
> Ⓐ 아, 그렇습니까?
> 역까지는 어떻게 해서 갑니까?
> Ⓑ 그 모퉁이를 오른쪽으로 돌아주세요.
> 돌고 나서 조금 걸으면 바로입니다.
> Ⓐ 대단히 감사합니다.

단어

すみません 실례합니다 店(みせ) 가게 何時(なんじ) 몇 시 ～まで ～까지 開(あ)く 열리다 駅(えき) 역 どう 어떻게 やる 하다
角(かど) 모퉁이 右(みぎ) 오른쪽 ～に ～(으)로·방향 曲(ま)がる 돌다 少(すこ)し 조금 すぐ 바로 どうも 대단히
ありがとうございます 감사합니다

◉ 보기와 같이 바꿔 보세요.

01

> | 보기 | 新聞を 読む ➡ A 金さんは 今 何を して いますか。
> B 新聞を 読んで います。

① 食事を する ➡ _____

② 友達と 話す ➡ _____

02

> | 보기 | 使い方を 教える ➡ 使い方を 教えて ください。

① チケットを 見せる ➡ _____

② 山手線に 乗る ➡ _____

03

> | 보기 | ご飯を 食べる・テレビを 見る
> ➡ A 家に 帰って 何を しますか。
> B ご飯を 食べてから、テレビを 見ます。

① 散歩する・シャワーを 浴びる

➡ _____

② お風呂に 入る・寝る

➡ _____

단 어

新聞(しんぶん) 신문　食事(しょくじ) 식사　使(つか)い方(かた) 사용법　教(おし)える 가르치다　チケット 티켓, 표
見(み)せる 보이다　山手線(やまのてせん) 야마노테센 • 일본의 전철 노선　家(うち) 집　帰(かえ)る 돌아가[오]다
シャワーを 浴(あ)びる 샤워를 하다　お風呂(ふろ)に 入(はい)る 목욕하다　寝(ね)る 자다

아하, 그렇구나! 생생 일본

일본의 버스와 택시는 우리와 무엇이 다를까?

일본에서 '버스'는 '바스'(バス)라고 합니다. '버스 정류장'은 '바스 떼ー'(バス停(てい))라고 하는데요, 버스 타는 곳에는 보통 '바스노리 바'(バスの(乗)りば(場))라고 써 있습니다.

일본 버스는 우리 버스와 어떻게 다를까요? 일본에서 택시나 버스를 타 보신 분은 알겠지만 차의 운전석이 오른쪽에 있습니다. 그리고 버스 번호가 차 맨 앞과 맨 뒤에만 표시되어 있어 차가 선 다음에 뒤늦게 차의 몸체에서 버스 번호를 확인하려고 하면 보이지 않아서 매우 당황스러울 수 있습니다. 따라서 버스가 오면 일단 차 앞쪽 부분에서 자신이 타려는 버스가 맞는지 번호부터 확인하는 편이 좋습니다.

그럼, 일본 버스 안의 풍경은 어떨까요? 우선 제일 놀랐던 것은 내릴 정류장이 다가온다고 해도 미리 내릴 준비를 하지 않는다는 점이었습니다. 특히 자리에 앉아 있는 경우엔 버스가 정차할 때까지 아무도 일어나는 사람이 없는데요, 버스 안에는 실제로 이런 문구가 여러 곳에 붙어 있습니다. '토마루마데 세끼오 타따나이데 쿠다사이'(止(と)まるまで 席(せき)を 立(た)たないで 下(くだ)さい, (차가) 정차할 때까지 자리를 뜨지 마세요)라고요.

운뗀슈(運転手(うんてんしゅ), 운전기사)도 안내 방송으로 '테ー샤시떼까라 세끼오 오따찌꾸다사이'(停車(てい しゃ)してから、席(せき)をお立(た)ちください), 즉 '정차하고 나서 자리를 뜨세요'라고 말합니다. 버스가 정류장에 정차하면 그때 승객들은 자리에서 일어나서 내립니다. 서 있던 사람들도 정차하면 그 순간부터 문 쪽으로 이동합니다. 여러분도 혹시 버스를 타시게 되면 마지막 순간까지 있던 장소에 그대로 있다가 정차하고 문이 열리면 그때 내리세요. 버스 안에서 듣게 되는 일본어는 또 어떤 게 있을까요? 차가 출발할 때 '운뗀슈'가 '핫샤시마스'(発車(はっしゃ)します)라고 하는데요, 말 그대로 '발차합니다, 차가 출발합니다'라는 뜻입니다. 그리고 정차할 때는 '테ー샤시마스'(停車(ていしゃ)します)라고 합니다.

일본에서 '택시'는 '타쿠시ー'(タクシー)라고 하는데요, 일본 택시는 우리 택시와 큰 차이점이 있습니다. 바로 '지도ー도아'(自動(じどう)ドア, 자동문)로, 문이 자동으로 열리고 닫힙니다. 제가 그걸 모르고 처음에 진짜 여러 번 문을 열려고 하거나 닫으려고 했답니다. 그 버릇이 좀처럼 없어지지 않더라고요. 내릴 때도 요금을 내고 나서야 '운뗀슈'가 문을 열어 줍니다. 일행이 있어서 그 사람이 요금을 내고 있으니 나 먼저 내려야지 하고 문을 열려고 해도 문은 절대 열리지 않습니다. 요금 지불이 끝날 때까지 얌전히 기다립시다.

동영상 13

음원 65

UNIT 12

로비에서 담배를 피워도 됩니까?

ロビーで タバコを 吸^すっても いいですか。
로비-데 타바코오 슛 떼모 이-데스 까

핵심
표현

01 로비에서 담배를 피워도 됩니까?

ロビーで タバコを 吸^すっても いいですか。
로비-데 타바코오 슛 떼모 이-데스 까

02 담배를 피워서는 안 됩니다.

タバコを 吸^すっては いけません。
타바코오 슛 떼와 이께마 셍

03 짐은 여기에 놓아 두겠습니다.

荷物^{にもつ}は ここに 置^おいて おきます。
니모쯔와 코꼬니 오이떼 오끼마스

음원 66

吸う
す
스 우

(담배를) 피우다

座る
すわ
스와 루

앉다

置く
お
오 꾸

놓다, 두다

閉める
し
시 메 루

닫다

走る
はし
하시 루

뛰다, 달리다

冷やす
ひ
히 야 스

식히다, 차게 하다

● 일본 스케치 ●

벗은 신발은 돌려놓고, 에스컬레이터는 한쪽으로 붙어 서세요!

일본에는 '고-니 잇떼와 고-니 시따가에'(郷(ごう)に 入(い)っては 郷(ごう)に 從(した)がえ, 로마에 가면 로마법을 따르라)라는 속담이 있습니다. 우리와 다른 일본 사람의 생활 습관으로 는 되돌아 나갈 때 신기 편하도록 현관에서나 음식점에서나 신발을 벗는 순간 돌려놓는 습관이 있습니다. 심지어 화장실에서 공용으로 신는 슬리퍼도 반드시 돌려놓고 나옵니다. 또 전철 등의 에스컬레이터에서는 모두 한쪽으로 붙어 섭니다(지역에 따라 비워 두는 자리는 다릅니다). 그 자리는 바쁜 사람들을 위해 비워 두는 것입니다.

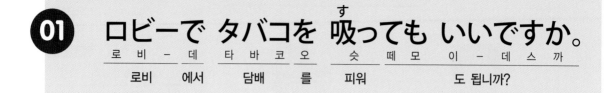

01 ロビーで タバコを 吸^すっても いいですか。
로 비 − 데　타 바 코 오　숫 떼 모 이 − 데 스 까
　로비　에서　담배　를　피워　　도 됩니까?

동사의 て형 + ても いいですか

～(해)도 됩니까?

ロビー 로비
～で ～에서・장소
タバコ 담배
吸(す)う (담배를) 피우다
ここ 여기
座(すわ)る 앉다
荷物(にもつ) 짐
置(お)く 놓다, 두다

동사의 て형에 「ても いいですか」를 붙이면 '～(해)도 됩니까?, ～(해)도 괜찮습니까?'라는 뜻으로, 상대방에게 허가를 구하는 표현입니다. 이때 쓰인 「いい」는 '좋다'의 의미가 아닌 '괜찮다, 된다'라는 뜻입니다.

● ここに 座^{すわ}る。 여기에 앉다.

→ ここに 座^{すわ}っても いいですか。 여기에 앉아도 됩니까?

상대방의 허가 요청에 대한 대답은 이렇게 하면 됩니다.

| 허가 요청을 수락할 때 |

「はい、～ても いいです」(예, ～(해)도 됩니다)나 「はい、いいです」(예, 괜찮습니다), 또는 3대 마법의 일본어 중 하나인 「どうぞ」를 써서 「はい、どうぞ」(예, 그러세요)라고 대답하면 됩니다.

● A ここに 荷物^{にもつ}を 置^おいても いいですか。 여기에 짐을 놓아도 됩니까?

B1 はい、置^おいても いいです。 예, 놓아도 됩니다.

B2 はい、いいです。 예, 괜찮습니다.

B3 はい、どうぞ。 예, 그러세요.

| 허가 요청을 거절할 때 |

「すみません。ちょっと…。」(죄송합니다. 좀…(곤란합니다))라고 말끝을 흐리면서 완곡하게 거절하는 편이 좋습니다.

● A ここに 荷物^{にもつ}を 置^おいても いいですか。 여기에 짐을 놓아도 됩니까?

B すみません。ちょっと…。 죄송합니다. 좀…(곤란합니다).

02 タバコを 吸っては いけません。

타 바 코 오 슷 떼 와 이 께 마 셍

담배 를 피워 서는 안 됩니다.

동사의 て형 + ては いけません   ~(해)서는 안 됩니다

食(た)べ物(もの) 음식, 먹을 것
写真(しゃしん) 사진
撮(と)る (사진을) 찍다

食べる + ては いけません
먹다   ~(해)서는 안 됩니다

동사의 て형에 「ては いけません」을 붙이면 '~(해)서는 안 됩니다'라는 뜻으로, 어떤 행위에 대한 강한 금지를 나타냅니다. 거리나 공공시설 등 공적인 장소에서의 규칙 위반과 같은 경우에 사용합니다.

● ここで 食べ物を 食べる。 여기에서 음식을 먹다.

→A ここで 食べ物を 食べても いいですか。
여기에서 음식을 먹어도 됩니까?

→B いいえ、食べ物を 食べては いけません。
아니요, 음식을 먹어서는 안 됩니다.

● ここで 写真を 撮る。 여기에서 사진을 찍다.

→A ここで 写真を 撮っても いいですか。
여기에서 사진을 찍어도 됩니까?

→B いいえ、写真を 撮っては いけません。
아니요, 사진을 찍어서는 안 됩니다.

참고로 「いいえ、~ては いけません」(아니요, ~(해)서는 안 됩니다)을 줄여서 「いいえ、いけません」(아니요, 안 됩니다)라고 해도 됩니다.

● いいえ、写真を 撮っては いけません。
아니요, 사진을 찍어서는 안 됩니다.

● いいえ、いけません。
아니요, 안 됩니다.

03 荷物は ここに 置いて おきます。

니 모쯔 와 코 꼬 니 오 이 떼 오 끼 마 스

짐 은 여기 에 놓 아 두겠습니다.

동사의 て형 + て おきます

~(해) 놓습니다, ~(해) 둡니다

閉(し)める 닫다
掃除(そうじ) 청소
来(く)る 오다
~前(まえ)に ~(하)기 전에
~から ~(이)니까
開(あ)ける 열다
飛行機(ひこうき) 비행기
チケット 티켓, 표
予約(よやく) 예약

원래 「置(お)く」는 '놓다, 두다'라는 뜻의 동사인데, 동사의 て형에 「て おきます」의 형태로 붙으면 '~(해) 놓습니다, ~(해) 둡니다'라는 뜻을 나타냅니다. 이루어진 결과나 동작의 상태를 그대로 유지한다는 의미와 앞으로의 일에 대비해서 미리 준비를 한다는 의미가 있습니다.

● 窓を 閉める。 창문을 닫다.

→ 寒いから、窓を 閉めて おきます。
추우니까 창문을 닫아 둡니다. ☞ 유지

● 掃除を する。 청소를 하다.

→ 友達が 来る 前に、部屋を 掃除して おきます。
친구가 오기 전에 방을 청소해 둡니다. ☞ 준비

한편 회화체에서는 「て おきます」를 줄여서 「ときます」라고도 합니다.

● 暑いから、窓を 開けて おきます。

→ 暑いから、窓を 開けときます。
더우니까 창문을 열어 둡니다.

● 飛行機の チケットを 予約して おきます。

→ 飛行機の チケットを 予約しときます。
비행기 티켓을 예약해 둡니다.

음원 67

01　〜(해)도 됩니까?

部屋に 헤야니	入っ 하잇	ても いいですか。 떼모 이-데스까	방에 들어가도 됩니까?
窓を 마도 오	開け 아 께	ても いいですか。 떼모 이-데스까	창문을 열어도 됩니까?
ケータイを 케-타이오	使っ 츠깟	ても いいですか。 떼모 이-데스까	휴대전화를 써도 됩니까?

02　〜(해)서는 안 됩니다

ここで 코 꼬 데	走っ 하싯	ては いけません。 떼와 이께마 셍	여기에서 뛰어서는 안 됩니다.
ここで 코 꼬 데	話し 하나 시	ては いけません。 떼와 이께마 셍	여기에서 이야기해서는 안 됩니다.
ここで 코 꼬 데	泳い 오요 이	では いけません。 데와 이께마 셍	여기에서 수영해서는 안 됩니다.

03　〜(해) 놓습니다, 〜(해) 둡니다

ビールを 비-루오	冷やし 히 야 시	て おきます。 떼 오끼마스	맥주를 차게 해 둡니다.
地図を 치 즈 오	見 미	て おきます。 떼 오끼마스	지도를 봐 둡니다.
ドアを 도 아 오	閉め 시 메	て おきます。 떼 오끼마스	문을 닫아 둡니다.

 단어

入(はい)る 들어가[오]다　ケータイ 휴대전화　走(はし)る 뛰다, 달리다　泳(およ)ぐ 수영하다　ビール 맥주
冷(ひ)やす 식히다, 차게 하다　地図(ちず) 지도　ドア 문

음원 68

01 ～(해)도 됩니까?

部屋に (へや) 헤야니 　 入っ (はい) 하잇 　 ＿＿＿＿＿＿＿＿＿＿。 　 방에 들어가도 됩니까?

窓を (まど) 마도 오 　 開け (あ) 아 께 　 ＿＿＿＿＿＿＿＿＿＿。 　 창문을 열어도 됩니까?

ケータイを 케 － 따이 오 　 使っ (つか) 츠깟 　 ＿＿＿＿＿＿＿＿＿＿。 　 휴대전화를 써도 됩니까?

02 ～(해)서는 안 됩니다

ここで 코 꼬 데 　 走っ (はし) 하싯 　 ＿＿＿＿＿＿＿＿＿＿。 　 여기에서 뛰어서는 안 됩니다.

ここで 코 꼬 데 　 話し (はな) 하나 시 　 ＿＿＿＿＿＿＿＿＿＿。 　 여기에서 이야기해서는 안 됩니다.

ここで 코 꼬 데 　 泳い (およ) 오요 이 　 ＿＿＿＿＿＿＿＿＿＿。 　 여기에서 수영해서는 안 됩니다.

03 ～(해) 놓습니다, ～(해) 둡니다

ビールを 비 － 루 오 　 冷やし (ひ) 히 야 시 　 ＿＿＿＿＿＿＿＿＿＿。 　 맥주를 차게 해 둡니다.

地図を (ちず) 치 즈 오 　 見 (み) 미 　 ＿＿＿＿＿＿＿＿＿＿。 　 지도를 봐 둡니다.

ドアを 도 아 오 　 閉め (し) 시 메 　 ＿＿＿＿＿＿＿＿＿＿。 　 문을 닫아 둡니다.

회화하기

음원 69

Ⓐ こちらの 部屋^{へや}です。
코찌라노 헤야데스

Ⓑ ありがとうございます。
아리가또- 고자이마스

あのう、ロビーで タバコを 吸^すっても いいですか。
아노- 로비-데 타바코오 슷떼모 이-데스까

Ⓐ いいえ、この 建物^{たてもの}は 全面禁煙^{ぜんめんきんえん}です。
이-에 코노 타떼모노와 젬멩 킹엔데스

タバコを 吸^すっては いけません。
타바코오 슷떼와 이께마 셍

Ⓑ あ、そうですか。わかりました。
아 소-데스까 와까리마시따

Ⓐ 荷物^{にもつ}は ここに 置^おいて おきます。
니모쯔와 코꼬니 오이떼 오끼마스

ごゆっくり どうぞ。
고 육 꾸리 도-조

> Ⓐ 이쪽 방입니다.
> Ⓑ 감사합니다.
> 저, 로비에서 담배를 피워도 됩니까?
> Ⓐ 아니요, 이 건물은 전면금연입니다.
> 담배를 피워서는 안 됩니다.
> Ⓑ 아, 그렇습니까? 알겠습니다.
> Ⓐ 짐은 여기에 놓아 두겠습니다.
> 편히 쉬세요.

단어

こちら 이쪽　あのう 저＊생각이나 말이 막힐 때 내는 소리　ロビー 로비　吸(す)う (담배를) 피우다　建物(たてもの) 건물
全面(ぜんめん) 전면　禁煙(きんえん) 금연　わかる 알다, 이해하다　置(お)く 놓다, 두다　ごゆっくり どうぞ 편히 쉬세요

◉ 보기와 같이 바꿔 보세요.

01

보기 ここで 食べ物を 食べる
　　➡ ここで 食べ物を 食べても いいです。

① ここに 車を 止める ➡ _____

② ここで 釣りを する ➡ _____

02

보기 ここで コーヒーを 飲む
　　➡ ここで コーヒーを 飲んでは いけません。

① ここに ゴミを 捨てる ➡ _____

② 芝生に 入る 　　　　➡ _____

03

보기 電気を つける ➡ 電気を つけて おきます。

① ガイドブックを 読む ➡ _____

② 冷蔵庫に 牛乳を 入れる ➡ _____

단어

車(くるま) 차　止(と)める 세우다　釣(つ)り 낚시　ゴミ 쓰레기　捨(す)てる 버리다　芝生(しばふ) 잔디밭　電気(でんき) 전등, 전기
つける 켜다　ガイドブック 가이드북, 여행 안내서　読(よ)む 읽다　冷蔵庫(れいぞうこ) 냉장고　牛乳(ぎゅうにゅう) 우유
入(い)れる 넣다

일본 호텔, 이렇게 이용합시다!

여행할 때 꼭 이용하게 되는 곳이 호텔이죠. 호텔을 예약할 때는 일단 '헤야'(部屋(へや), 방) 타입을 골라야겠죠? '벳도'(ベッド, 베드) 형태에 따라 '1인실'은 '싱구루'(シングル, 싱글), '2인실'은 큰 침대가 하나 있는 방은 '다부루'(ダブル, 더블), 침대가 2개 있는 방은 '쯔잉'(ツイン, 트윈)입니다. '3인실'은 '토리푸루'(トリプル, 트리플)라고 합니다. 그리고 '킹엔시쯔'(禁煙室(きんえんしつ), 금연실)인지 '키쯔엔시쯔'(喫煙室(きつえんしつ), 흡연실)인지도 꼭 구분해서 예약하도록 합시다. 참, 요즘은 전면금연인 호텔도 꽤 있으니까 그것도 미리 확인하세요.

보통 오후에 '첵쿠인'(チェックイン, 체크인)이 가능한데요, 비행기 시간이 이른 경우엔 '첵쿠인' 시간 이전에 호텔에 도착하게 되죠. 대부분의 호텔에서는 짐을 맡아 주니까, 우선 호텔 예약을 확인한 후 짐을 맡기고 볼일을 보고 돌아오도록 합시다.

'예약'은 '요야꾸'(予約(よやく))라고 하고요, '확인'은 '카꾸닝'(確認(かくにん))입니다. 여권을 보여 주면 알아서 확인해 주니까, 여권을 직원에게 건넵시다. '여권'은 '파스포-토'(パスポート)라고 합니다. '짐만 맡겨도 될까요?'라고 하고 싶으면 '니모쯔다께 아즈께떼모 이-데스까?'(荷物(にもつ)だけ 預(あず)けても いいですか)라고 하면 됩니다.

'첵쿠인'을 할 때는 다시 여권을 보여 주셔야 하고요, 이름과 방 타입을 확인하고 '레지카-도'(レジカード, 등록서)를 작성합니다. 이미 호텔비를 지불하셨으면 상관없지만, 호텔에서 지불하시게 될 경우에는 보통 '마에바라이'(前払(まえばら)い, 선불)니까 결제를 하도록 합니다. '레지카-도'에 '쇼메'(署名(しょめい), 서명)도 했고, 지불도 끝냈으면 '키-'(キー, 열쇠)를 받아서 방으로 가시면 됩니다.

방 안의 '레-조-꼬'(冷蔵庫(れいぞうこ), 냉장고)에 음료가 들어 있는 경우 무료인 경우와 유료인 경우가 있으니 잘 확인하고 드세요. '아이롱'(アイロン, 다리미)이나 '카시쯔끼'(加湿器(かしつき), 가습기) 등 물품이 필요한 경우라든가, '센따꾸'(洗濯(せんたく), 세탁)를 하고 싶은데 잘 모르겠으면 '후론토'(フロント, 프런트)에 물어봅시다.

또한 보통 호텔 와이파이는 무료니까 '코-도'(コード, 코드)와 '파스와-도'(パスワード, 비밀번호)도 물어봅시다. 그리고 '첵쿠아웃토'(チェックアウト, 체크아웃) 후에도 짐을 맡길 수 있습니다.

동영상 14

음원 70

아~, 배가 고프다.

ああ、お腹が 空いた。
아 – 오 나까 가 스 이 따

핵심
표현

01 아~, 배가 고프다.
ああ、お腹が 空いた。
아 – 오나까가 스이따

02 전에도 다이어트를 한 적이 있습니까?
前にも ダイエットを した ことが ありますか。
마에니모 다이 엣 토오 시따 코또가 아리마스 까

03 무리한 다이어트는 그만두는 편이 좋습니다.
無理な ダイエットは 止めた 方が いいです。
무리나 다이 엣 토와 야메따 호-가 이-데스

음원 71

空く
<small>す</small>
스 꾸

허기지다

ダイエット
다 이 엣 토

다이어트

辞書
<small>じ しょ</small>
지 쇼

사전

調べる
<small>しら</small>
시라 베 루

조사하다, 찾다

傘
<small>かさ</small>
카사

우산

風邪
<small>かぜ</small>
카 제

감기

• 일본 스케치 •

'오미꾸지'(おみくじ)가 뭐예요?

일본 여행에서 빼놓을 수 없는 곳이 신사와 절인데요, 신사나 절에서 길흉을 점쳐 보기 위해 뽑는 제비를 '오미꾸지'라고 합니다. '오미꾸지'를 뽑아서 '다이꾜-'(大凶(だいきょう), 대흉)가 나오면 '다이끼찌'(大吉(だいきち), 대길)가 나올 때까지 여러 번 뽑는 경우도 있답니다. 뽑은 '오미꾸지'의 내용이 좋으면 가져가고 좋지 않은 경우에는 보통 신사나 절에 묶어 두고 가는데, 나쁜 내용일지라도 자신에게 좋은 교훈으로 삼기 위해 가져가기도 하고, 좋은 내용이라도 신사나 절과 인연을 맺기 위해 묶어 놓고 가기도 한다네요.

기초문법

01 ああ、お腹が 空いた。

아~, 오 나까 가 스이 따

아~, 배 가 고프 다.

동사의 た형   ~았[었]다

お腹(なか) 배
空(す)く 허기지다

「た」형이란 동사에 「た」가 연결될 때 나타나는 어미 형태 변화를 말합니다.

「行(い)く」(가다)는 어미가 「く」로 끝나지만 예외적으로 「行(い)った」(갔다)로 바뀝니다.

동사에 「た」를 붙이면 '~았[었]다'라는 뜻으로, 과거형, 완료형을 만들 수 있습니다. 만드는 방법은 「て」형과 같습니다.

1그룹 동사	어미가 「う、つ、る」로 끝나는 동사 ➜ 「った」
	会う 만나다 ➜ 会った 만났다 待つ 기다리다 ➜ 待った 기다렸다 乗る (탈것에) 타다 ➜ 乗った (탈것에) 탔다
	어미가 「ぬ、ぶ、む」로 끝나는 동사 ➜ 「んだ」
	死ぬ 죽다 ➜ 死んだ 죽었다 遊ぶ 놀다 ➜ 遊んだ 놀았다 飲む 마시다 ➜ 飲んだ 마셨다
	어미가 「く、ぐ」로 끝나는 동사 ➜ 「いた、いだ」
	書く (글씨를) 쓰다 ➜ 書いた (글씨를) 썼다 泳ぐ 수영하다 ➜ 泳いだ 수영했다 行く 가다 · 예외 ➜ 行った 갔다
	어미가 「す」로 끝나는 동사 ➜ 「した」
	話す 이야기하다 ➜ 話した 이야기했다
2그룹 동사	어미 「る」를 떼고 ＋ 「た」
	見る 보다 ➜ 見た 봤다 食べる 먹다 ➜ 食べた 먹었다
3그룹 동사	불규칙 활용을 하므로 무조건 외웁니다.
	来る 오다 ➜ 来た 왔다 する 하다 ➜ した 했다

前にも ダイエットを した ことが ありますか。

마에 니 모　다 이 엣 토 오　시 따 코 또 가 아 리 마 스 까

전　에도　　다이어트　　를　한　　　적이 있습니　　　까?

前(まえ) 전
〜にも 〜에도
ダイエット 다이어트
新幹線(しんかんせん) 신칸센
乗(の)る (탈것에) 타다
富士山(ふじさん) 후지산
登(のぼ)る 오르다

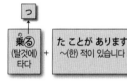

동사의 た형 + た ことが あります
〜(한) 적이 있습니다

동사의 た형에 「た ことが あります」를 붙이면 '〜(한) 적이 있습니다'라는 과거의 경험을 나타내는 표현이 됩니다. 단, 밥을 먹는 일과 같이 당연한 일이 아니라 현재와 어느 정도 시간적인 간격이 있는 과거의 일에 대해 표현할 때 씁니다.

- 新幹線に 乗る。 신칸센을 타다.
- → 新幹線に 乗った。 신칸센을 탔다.
- → 新幹線に 乗った ことが あります。 신칸센을 탄 적이 있습니다.

동사의 た형 + た ことが ありません
〜(한) 적이 없습니다

과거의 경험이 없을 때는 「あります」(있습니다)의 부정표현인 「ありません」(없습니다)을 써서 「た ことが ありません」(〜(한) 적이 없습니다)이라고 하면 됩니다.

- 富士山に 登る。 후지산에 오르다.
- → 富士山に 登った。 후지산에 올랐다.
- → 富士山に 登った ことが ありません。 후지산에 오른 적이 없습니다.

03

無理な ダイエットは 止めた 方が いいです。
무 리 나　　다 이 엣 토 와　야 메 따　호- 가　이 - 데 스
무리　한　　　다이어트　　는　그만두　　는 편이 좋습니다.

동사의 た형 + た 方が いいです

~(하)는 편이 좋습니다

無理(むり)だ 무리이다
止(や)める 그만두다, 중지하다
水(みず) 물
たくさん 많이
意見(いけん) 의견
従(したが)う 따르다

止める + た 方が いいです
그만두다　~(하)는 편이 좋습니다

동사의 た형에 「た 方(ほう)が いいです」를 붙이면 '~(하)는 편이 좋습니다'라는 뜻으로, 어느 정도 정확한 정보를 토대로 상대방에게 권유하거나 조언할 때 사용합니다. 주의할 것은 여기서 의 た형은 과거형이 아니라는 것입니다. 미래의 일에 대한 권유, 조언을 강조하는 뜻으로, 완료의 た형을 쓴 것입니다.

● 水を たくさん 飲む。
　물을 많이 마시다.

→ 水を たくさん 飲んだ。
　물을 많이 마셨다.

→ 水を たくさん 飲んだ 方が いいです。
　물을 많이 마시는 편이 좋습니다.

참고로, 동사의 기본형에 「方(ほう)が いいです」를 붙여도 '~(하)는 편이 좋습니다'라는 뜻인데, 동사의 た형에 붙였을 때가 더 강한 권유, 조언의 의미를 갖습니다.

● 彼の 意見に 従う 方が いいです。
　그의 의견에 따르는 편이 좋습니다.

음원 72

01 〜았[었]다

喫茶店で コーヒーを 킷 사 떼 데 코 ー 히 ー 오	飲ん 논	だ。 다	커피숍에서 커피를 마셨다.
辞書で 単語を 지 쇼 데 탕 고 오	調べ 시라 베	た。 따	사전에서 단어를 찾았다.
チケットの 予約を 치 켓 토 노 요 야꾸 오	し 시	た。 따	티켓 예약을 했다.

02 〜(한) 적이 있습니다

日本に 니 혼 니	行っ 잇	た ことが あります。 따 코 또 가 아 리 마 스	일본에 간 적이 있습니다.
寿司を 스 시 오	食べ 타 베	た ことが あります。 따 코 또 가 아 리 마 스	초밥을 먹은 적이 있습니다.
1年 前に 이찌넹 마에 니	来 키	た ことが あります。 따 코 또 가 아 리 마 스	1년 전에 온 적이 있습니다.

03 〜(하)는 편이 좋습니다

朝ご飯は 아사 고 항 와	食べ 타 베	た 方が いいです。 따 호ー가 이 ー 데 스	아침밥은 먹는 편이 좋습니다.
ゆっくり 육 꾸리	休ん 야슨	だ 方が いいです。 다 호ー가 이 ー 데 스	푹 쉬는 편이 좋습니다.
傘を 카사 오	持って 行っ 못 떼 잇	た 方が いいです。 따 호ー가 이 ー 데 스	우산을 가지고 가는 편이 좋습니다.

喫茶店(きっさてん) 커피숍 コーヒー 커피 辞書(じしょ) 사전 単語(たんご) 단어 調(しら)べる 조사하다, 찾다
チケット 티켓, 표 寿司(すし) 초밥 〜年(ねん) 〜년 前(まえ) 전 朝(あさ)ご飯(はん) 아침밥 ゆっくり 푹 休(やす)む 쉬다
傘(かさ) 우산 持(も)つ 가지다, (몸에) 지니다

패턴연습 2

음원 73

01 ~았[었]다

喫茶店で コーヒーを
きっさてん
킷 사 뗀 데 코 - 히 - 오

飲ん
の
논

_____。 커피숍에서 커피를 마셨다.

辞書で 単語を
じ しょ たん ご
지 쇼 데 탕 고 오

調べ
しら
시라 베

_____。 사전에서 단어를 찾았다.

チケットの 予約を
よ やく
치 켓 토 노 요 야꾸 오

し
시

_____。 티켓 예약을 했다.

02 ~(한) 적이 있습니다

日本に
に ほん
니 혼 니

行っ
い
잇

_____。 일본에 간 적이 있습니다.

寿司を
す し
스 시 오

食べ
た
타 베

_____。 초밥을 먹은 적이 있습니다.

1年 前に
いちねん まえ
이찌 넹 마에 니

来
き
키

_____。 1년 전에 온 적이 있습니다.

03 ~(하)는 편이 좋습니다

朝ご飯は
あさ はん
아사 고 항 와

食べ
た
타 베

_____。 아침밥은 먹는 편이 좋습니다.

ゆっくり
육 꾸 리

休ん
やす
야슨

_____。 푹 쉬는 편이 좋습니다.

傘を
かさ
카사 오

持って 行っ
も い
못 떼 잇

_____。 우산을 가지고 가는 편이 좋습니다.

회화하기

음원 74

A ああ、お腹が 空いた。
아 - 오나까가 스이따

B ご飯は まだですか。
고항와 마다데스까

A はい、今日から ダイエットを 始めました。
하이 쿄 - 까라 다이 엣 토오 하지메마시따

B そうですか。前にも ダイエットを した ことが
소 - 데스 까 마에니모 다이 엣 토오 시 따 코 또 가

ありますか。
아 리 마 스 까

A いいえ、初めてです。
이 - 에 하지메 떼 데 스

B 無理な ダイエットは 止めた 方が
무 리 나 다이 엣 토와 야메 따 호- 가

いいです。
이 - 데 스

A 아~, 배가 고프다.

B 밥은 아직입니까?

A 예, 오늘부터 다이어트를 시작했습니다.

B 그렇습니까? 전에도 다이어트를 한 적이 있습니까?

A 아니요, 처음입니다.

B 무리한 다이어트는 그만두는 편이 좋습니다.

단어

お腹(なか) 배 空(す)く 허기지다 ご飯(はん) 밥 まだ 아직 ~から ~부터 始(はじ)める 시작하다 初(はじ)めて 처음(으로)
無理(むり)だ 무리이다 止(や)める 그만두다, 중지하다

◉ 보기와 같이 바꿔 보세요.

01

보기 友達に 会って 話す ➡ 友達に 会って 話した。

① 電車に 乗って 行く

➡ _____

② 掃除を してから、お風呂に 入る

➡ _____

02

보기 日本の アニメを 見る
➡ 日本の アニメを 見た ことが あります。

① 日本の 音楽を 聞く ➡ _____

② 日本の 旅館に 泊まる ➡ _____

03

보기 病院に 行く
➡ A 風邪を 引きました。
B それじゃ、病院に 行った 方が いいです。

① 薬を 飲む ➡ _____

② 早く 帰る ➡ _____

단어

~てから ~(하)고 나서 お風呂(ふろ)に 入(はい)る 목욕하다 アニメ 애니메이션 泊(と)まる 묵다, 숙박하다
病院(びょういん) 병원 風邪(かぜ)を 引(ひ)く 감기에 걸리다 それじゃ 그럼 薬(くすり) 약 飲(の)む (약을) 먹다
早(はや)く 빨리 帰(かえ)る 돌아가[오]다

금지! 금지! 금지!

　일본에 갔을 때 매너 좋은 한국인으로 기억에 남을 수 있도록 일본의 '킨시'(禁止(きんし), 금지) 표현들을 살펴볼까요?

　대표적인 것은 '금연'으로, '킹엥'(禁煙(きんえん))이라고 하는데요, 담배를 피워도 되는 곳은 '키쯔엔죠'(喫煙所(きつえんじょ), 흡연소)라고 합니다.

　그럼, 금연에 관련된 금지 문구로는 무엇이 있을까요? 길을 걷다 보면 '로죠-키쯔엥킨시'(路上喫煙禁止(ろじょうきつえんきんし), 노상흡연금지)라는 문구를 볼 수 있는데, '길에서 담배를 피우면 안 된다'라는 의미입니다. 그리고 벽이나 전봇대에 많이 붙어 있는 '아루끼타바코킨시'(歩(ある)きタバコ禁止(きんし))라는 문구는 '걸으면서 담배를 피우지 말라'라는 뜻이고, '슈-지쯔킹엥'(終日禁煙(しゅうじつきんえん), 종일금연)은 '하루 종일 담배를 피울 수 없다', '포이스떼킨시'(ポイ捨(す)て禁止(きんし))는 '담배꽁초를 버리지 말라'라는 뜻입니다.

　그밖에 눈에 띄는 금지 문구로는 '타찌이리킨시'(立入禁止(たちいりきんし), 출입금지), '오-당킨시'(横断禁止(おうだんきんし), 횡단금지), '츄-샤킨시'(駐車禁止(ちゅうしゃきんし), 주차금지), '샤료-신뉴-킨시'(車両進入禁止(しゃりょうしんにゅうきんし), 차량진입금지), '사쯔에-킨시'(撮影禁止(さつえいきんし), 촬영금지)가 있습니다. '인쇼꾸킨시'(飲食禁止(いんしょくきんし))는 '음식금지', 즉 '마시고 먹는 것을 금지한다'라는 뜻이고요, '고미스떼킨시'(ゴミ捨(す)て禁止(きんし))는 '쓰레기 투기를 금지한다'라는 뜻입니다.

　휴대전화에 관련된 금지 문구로는 '스마호킨시'(スマホ禁止(きんし)), '야메마쇼-, 아루끼스마호'(やめましょう、歩(ある)きスマホ), '케-따이뎅와노 츠-와킨시'(携帯電話(けいたいでんわ)の 通話禁止(つうわきんし))가 있는데요, 각각 '스마트폰 금지', '그만둡시다, 걸으면서 스마트폰 사용', '휴대전화 통화금지'라는 뜻입니다. '휴대전화 통화금지'라는 문구는 보통 '덴샤'(電車(でんしゃ), 전철)나 '바스'(バス, 버스) 안에 붙어 있는데요, 안내 방송으로도 많이 나옵니다. 안내 방송에서는 '마나-모-도니 셋떼-노 우에, 츠-와와 고엔료꾸다사이'(マナーモードに 設定(せってい)の 上(うえ)、通話(つうわ)は ご遠慮(えんりょ)ください)라고 하는데요, '매너모드로 설정한 후 통화는 삼가 주십시오'라는 말입니다.

동영상 15　음원 75

슈트를 입지 않아도 됩니다.

スーツを 着^きなくても いいです。
스 - 츠오 키나꾸떼모 이 - 데 스

핵심
표현

01　슈트를 입지 않아도 됩니다.

　　スーツを 着^きなくても いいです。
　　스 - 츠오 키나꾸떼모 이 - 데 스

02　더우니까 입지 않는 편이 좋습니다.

　　暑^{あつ}いから 着^きない 方^{ほう}が いいです。
　　아쯔이까라 키나이 호-가 이 - 데 스

03　파티에 늦지 말아 주세요.

　　パーティーに 遅^{おく}れないで ください。
　　파 - 티 - 니 오꾸레나이데 쿠다사이

음원 76

遅れる
_{おく}
오꾸 레 루

늦다

起きる
_お
오 끼루

일어나다, 기상하다

脱ぐ
_ぬ
누 구

벗다

食べ過ぎ
_{た す}
타 베 스 기

과식

階段
_{かい だん}
카이 당

계단

触れる
_ふ
후 레 루

(손을) 대다, 만지다

• 일본 스케치 •

일본 사람의 선물 문화, '오까에시'(お返(かえ)し, 답례)!

일본 사람은 선물을 주고받는 것을 좋아하지만 이유 없는 선물은 꺼리는 편입니다. 친한 사람의 집이나 거래처 등을 방문할 때 또는 여행을 다녀왔을 때 보통 '오미야게'(お土産(みやげ), 선물)를 주는데요, 이 외에 '오쮸ー겡'(お中元(ちゅうげん), 오추겐, 여름 인사로 하는 선물)과 '오세ー보'(お歳暮(せいぼ), 오세이보, 연말 인사로 하는 선물), 생일 정도입니다. 그 외의 시기에 선물을 주면 '과연 무슨 의미일까?'하고 고민을 할지도 모릅니다. 일본 사람에게 있어서 선물을 받는다는 것은 일종의 '빚'이 생기는 것입니다. 그래서 일본 사람은 마음 편히 상대방과 친분을 유지하기 위해 받은 것에 상응하는 가격의 물건으로 '오까에시'를 하는 습관이 있습니다.

01 スーツを 着なくても いいです。
스 – 츠 오 키 나 꾸 떼 모 이 – 데 스
슈트 를 입 지 않아도 됩니다.

동사의 **ない**형 ~(하)지 않다

스ーツ 슈트
着(き)る (옷을) 입다

「ない」형이란 동사에 「ない」가 연결될 때 나타나는 어미 형태 변화를 말합니다.

동사에 「**ない**」를 붙이면 '~(하)지 않다'라는 부정표현으로, 그룹별로 만드는 방법이 다릅니다.

1그룹 동사	어미 [u]모음을 [a]모음으로 바꾸고 + 「ない」
	書く (글씨를) 쓰다 ➡ 書かない (글씨를) 쓰지 않다 乗る (탈것에) 타다 ➡ 乗らない (탈것에) 타지 않다 話す 이야기하다 ➡ 話さない 이야기하지 않다
2그룹 동사	어미 「る」를 떼고 + 「ない」
	見る 보다 ➡ 見ない 보지 않다 食べる 먹다 ➡ 食べない 먹지 않다
3그룹 동사	불규칙 활용을 하므로 무조건 외웁니다.
	来る 오다 ➡ 来ない 오지 않다 する 하다 ➡ しない 하지 않다

단, 「会(あ)う」(만나다)와 같이 어미가 「う」로 끝나는 동사는 「あ」가 아니라 「わ」로 바꾸고 「ない」를 붙입니다. 또한 「ある」((사물·식물이) 있다)라는 동사는 「あらない」가 아닌, 「ない」((사물·식물이) 없다)라는 단어를 씁니다.

● 会う 만나다 ➡ 会わない 만나지 않다
　買う 사다 ➡ 買わない 사지 않다
　使う 사용하다 ➡ 使わない 사용하지 않다

● ある (사물·식물이) 있다 ➡ ない (사물·식물이) 없다

02 暑いから 着ない 方が いいです。

<ruby>暑<rt>あつ</rt></ruby>いから <ruby>着<rt>き</rt></ruby>ない <ruby>方<rt>ほう</rt></ruby>が いいです。

아쯔이 까라　키 나이 호-가 이-데스

더우　니까　입　　지 않는 편이 좋습니다.

동사의 ない형 + なくても いいです ~(하)지 않아도 됩니다

동사의 **ない**형에 「**なくても いいです**」를 붙이면 '~(하)지 않아도 됩니다'라는 뜻으로, 상대방에게 그 동작을 할 필요가 없다는 뜻을 나타냅니다.

- <ruby>日本語<rt>に ほん ご</rt></ruby>で <ruby>話<rt>はな</rt></ruby>す。 일본어로 이야기하다.
- → <ruby>日本語<rt>に ほん ご</rt></ruby>で <ruby>話<rt>はな</rt></ruby>さない。 일본어로 이야기하지 않다.
- → <ruby>日本語<rt>に ほん ご</rt></ruby>で <ruby>話<rt>はな</rt></ruby>さなくても いいです。 일본어로 이야기하지 않아도 됩니다.

동사의 ない형 + ない 方が いいです ~(하)지 않는 편이 좋습니다

동사의 **ない**형에 「**ない 方(ほう)が いいです**」를 붙이면 '~(하)지 않는 편이 좋습니다'라는 뜻입니다. 「**た 方(ほう)が いいです**」(~(하)는 편이 좋습니다)와 마찬가지로 어느 정도 정확한 정보를 토대로 상대방에게 권유하거나 조언할 때 씁니다.

- <ruby>一人<rt>ひとり</rt></ruby>で <ruby>行<rt>い</rt></ruby>く。 혼자서 가다.
- → <ruby>一人<rt>ひとり</rt></ruby>で <ruby>行<rt>い</rt></ruby>かない。 혼자서 가지 않다.
- → <ruby>一人<rt>ひとり</rt></ruby>で <ruby>行<rt>い</rt></ruby>かない <ruby>方<rt>ほう</rt></ruby>が いいです。 혼자서 가지 않는 편이 좋습니다.

暑(あつ)い 덥다
~から ~(이)니까
話(はな)す 이야기하다
一人(ひとり)で 혼자서
行(い)く 가다

さ
<ruby>話<rt>はな</rt></ruby>す 이야기하다 + なくても いいです ~(하)지 않아도 됩니다

か
<ruby>行<rt>い</rt></ruby>く 가다 + ない 方が いいです ~(하)지 않는 편이 좋습니다

03 パーティーに 遅(おく)れないで ください。
파 ― 티 ― 니 오꾸 레 나 이 데 쿠 다 사 이

파티 에 늦 지 말아 주세요.

동사의 ない형 + ないで ください

～(하)지 말아 주세요

パーティー 파티
遅(おく)れる 늦다
窓(まど) 창문
開(あ)ける 열다
無理(むり) 무리

「ないで ください」(～(하)지 말아 주세
요)에는 직접적인 '금지 요청'의 뜻이 있
으므로, 되도록 손윗사람에게는 쓰지
않는 것이 좋습니다.

동사의 ない형에 「ないで ください」를 붙이면 '～(하)지 말아 주세요'라는 뜻으로, 상대방에게
어떤 행동을 하지 말 것을 부탁하거나 지시하는 금지 요청표현입니다.

- 窓(まど)を 開(あ)ける。 창문을 열다.
→ 窓(まど)を 開(あ)けない。 창문을 열지 않다.
→ 窓(まど)を 開(あ)けないで ください。 창문을 열지 말아 주세요.

- 無理(むり)を する。 무리를 하다.
→ 無理(むり)を しない。 무리를 하지 않다.
→ 無理(むり)を しないで ください。 무리를 하지 말아 주세요.

패턴연습 1

음원 77

01 ~(하)지 않아도 됩니다

税金を ぜいきん 제이 낑 오	払わ はら 하라 와	なくても いいです。 나 꾸 떼 모 이 - 데 스	세금을 지불하지 않아도 됩니다.
早く はや 하야 꾸	起き お 오 끼	なくても いいです。 나 꾸 떼 모 이 - 데 스	일찍 일어나지 않아도 됩니다.
無理して む り 무리 시 떼	来 こ 코	なくても いいです。 나 꾸 떼 모 이 - 데 스	무리해서 오지 않아도 됩니다.

02 ~(하)지 않는 편이 좋습니다

カードは 카 - 도 와	使わ つか 츠까 와	ない 方が いいです。 ほう 나 이 호- 가 이 - 데 스	카드는 사용하지 않는 편이 좋습니다.
お酒は さけ 오 사께 와	飲ま の 노 마	ない 方が いいです。 ほう 나 이 호- 가 이 - 데 스	술은 마시지 않는 편이 좋습니다.
無理を む り 무리 오	し 시	ない 方が いいです。 ほう 나 이 호- 가 이 - 데 스	무리를 하지 않는 편이 좋습니다.

03 ~(하)지 말아 주세요

タバコを 타 바 코 오	吸わ す 스 와	ないで ください。 나 이 데 쿠 다 사 이	담배를 피우지 말아 주세요.
写真を しゃしん 샤 싱 오	撮ら と 토 라	ないで ください。 나 이 데 쿠 다 사 이	사진을 찍지 말아 주세요.
ゴミを 고 미 오	捨て す 스 떼	ないで ください。 나 이 데 쿠 다 사 이	쓰레기를 버리지 말아 주세요.

 단어

税金(ぜいきん) 세금　払(はら)う 지불하다　早(はや)く 빨리　起(お)きる 일어나다, 기상하다　使(つか)う 사용하다
タバコ 담배　吸(す)う (담배를) 피우다　撮(と)る (사진을) 찍다　ゴミ 쓰레기　捨(す)てる 버리다

음원 78

01 ～(하)지 않아도 됩니다

税金を ぜいきん 제이 낑 오	払わ はら 하라 와	_____。	세금을 지불하지 않아도 됩니다.
早く はや 하야 꾸	起き お 오 끼	_____。	일찍 일어나지 않아도 됩니다.
無理して むり 무 리 시 떼	来 こ 코	_____。	무리해서 오지 않아도 됩니다.

02 ～(하)지 않는 편이 좋습니다

カードは 카 - 도 와	使わ つか 츠까 와	_____。	카드는 사용하지 않는 편이 좋습니다.
お酒は さけ 오 사께 와	飲ま の 노 마	_____。	술은 마시지 않는 편이 좋습니다.
無理を むり 무 리 오	し 시	_____。	무리를 하지 않는 편이 좋습니다.

03 ～(하)지 말아 주세요

タバコを 타 바 코 오	吸わ す 스 와	_____。	담배를 피우지 말아 주세요.
写真を しゃしん 샤 싱 오	撮ら と 토 라	_____。	사진을 찍지 말아 주세요.
ゴミを 고 미 오	捨て す 스 떼	_____。	쓰레기를 버리지 말아 주세요.

음원 79

Ⓐ 今日の パーティーでは スーツを 着なくても いいです。
코-노 파-티-데와 스-츠오 키나꾸떼모 이-데스

Ⓑ えっ、スーツを 着なくても いいですか。
엣 스-츠오 키나꾸떼모 이-데스까

Ⓐ はい、暑いから 着ない 方が いいです。
하이 아쯔이까라 키나이 호-가 이-데스

そして パーティーに 遅れないで ください。
소시떼 파-티-니 오꾸레나이데 쿠다사이

Ⓑ はい、わかりました。
하이 와까리마시따

Ⓐ 오늘 파티에서는 슈트를 입지 않아도 됩니다.
Ⓑ 네? 슈트를 입지 않아도 됩니까?
Ⓐ 예, 더우니까 입지 않는 편이 좋습니다.
그리고 파티에 늦지 말아 주세요.
Ⓑ 예, 알겠습니다.

단어

パーティー 파티 スーツ 슈트 着(き)る (옷을) 입다 えっ 네? * 뜻밖의 일로 놀라서 내는 소리 そして 그리고 遅(おく)れる 늦다
わかる 알다. 이해하다

◉ 보기와 같이 바꿔 보세요.

01

| 보기 | 電話を する　❖　電話を しなくても いいです。 |

① 日本語で 書く　❖　_____

② 靴を 脱ぐ　　　❖　_____

02

| 보기 | 今日 出かける　❖　今日 出かけない 方が いいです。 |

① 2、3日 お風呂に 入る　❖　_____

② 食べ過ぎを する　　　　❖　_____

03

| 보기 | 階段で 走る　❖　階段で 走らないで ください。 |

① 手を 触れる　❖　_____

② 床に 座る　　❖　_____

단어

書(か)く (글씨를) 쓰다　靴(くつ) 신, 신발, 구두　脱(ぬ)ぐ 벗다　出(で)かける 외출하다, 나가다　2、3日(にさんにち) 이삼일
お風呂(ふろ)に 入(はい)る 목욕하다　食(た)べ過(す)ぎ 과식　階段(かいだん) 계단　走(はし)る 뛰다, 달리다　手(て) 손
触(ふ)れる (손을) 대다, 만지다　床(ゆか) 바닥　座(すわ)る 앉다

화장품을 사 보자!

일본의 화장품(化粧品(けしょうひん), 케쇼-힝)은 우리나라의 화장품과 비슷하면서도 조금 달라요.

기초화장품은 보통 '스킨케아'(スキンケア, 스킨케어)라고 써 있는 코너에 있는데요, 우리의 '스킨'에 해당하는 것은 '케쇼-스이'(化粧水(けしょうすい), 화장수), '로션'은 '뉴-에키'(乳液(にゅうえき), 유액), '에센스'는 '비요-에끼'(美容液(びようえき), 미용액)라고 합니다.

'크림'은 '쿠리-무'(クリーム)인데요, '훼-스쿠리-무'(フェースクリーム, 페이스크림)라고도 합니다. '아이크림'은 뭐라고 할까요? 보통 제품 이

름에 '링쿠루'(リンクル, 링클)라는 단어와 '아이'(アイ, 눈)라는 단어가 있으면 눈가 주름 개선이나 눈 주위에 바르는 화장품이라는 의미입니다. '자외선 차단제'는 '히야께도메'(日焼止(ひやけど)め)라고 하는데요, '얼굴용'은 '카오요-'(顔用(かおよう)), '몸에 바르는 것'은 '보디-요-'(ボディー用(よう))입니다.

색조화장품을 사려면 '메-쿠압푸'(メークアップ, 메이크업) 코너에 가면 되는데요, 외래어가 많아서 가타카나로 써 있습니다. '아이부로-'(アイブロー, 아이브로), '아이라이나-'(アイライナー, 아이라이너), '마스카라'(マスカラ), '아이샤도-'(アイシャドー, 아이섀도), '치-쿠'(チーク, 볼터치), '마니큐아'(マニキュア, 매니큐어) 등입니다.

참, 일본에서 '립스틱'만은 외래어로 많이 안 쓰고 보통 '쿠찌베니'(口紅(くちべに))라고 해요. 하지만 '립글로스'는 역시 외래어로 '립푸구로스'(リップグロス)입니다. '파운데이션'은 '환데-숑'(ファンデーション)이라고 합니다.

화장은 하는 것보다 지우는 게 더 중요하다고 하죠. '클렌징 제품'은 일본어로 '클렌징구'(クレンジング)라고 합니다. '오이루'(オイル, 오일), '미루쿠'(ミルク, 밀크), '제루'(ジェル, 젤), '리킷도'(リキッド, 리퀴드) 등 다양한 종류가 있습니다. 그리고 '클렌징 폼' 종류는 카테고리가 좀 다른데요, '셍간료-'(洗顔料(せんがんりょう), 세안료)라고 합니다. '셍간섹껭'(洗顔石鹸(せんがんせっけん), 세안비누), '셍간훠-무'(洗顔(せんがん)フォーム, 세안폼), '셍감파우다-'(洗顔(せんがん)パウダー, 세안 파우더) 등이 있습니다. 화장품 이름은 사실 가타카나만 알면 쉽게 알 수 있습니다. 가타카나는 외울 때는 어렵지만 잘 익혀 두면 정말 실용적이랍니다.

동영상 16

음원 80

실은 아침밥을 먹지 않아서….

実は 朝ご飯を 食べなくて…。
じつ　あさ　はん　た

지쯔 와 아사 고 항 오 타 베 나 꾸 떼

핵심
표현

01 실은 아침밥을 먹지 않아서….

実は 朝ご飯を 食べなくて…。
じつ　あさ　はん　た

지쯔 와 아사고 항 오 타 베 나 꾸 떼

02 건강을 위해서 아침밥은 먹지 않으면 안 됩니다[어야 합니다].

健康の ために、朝ご飯は 食べなければ なりません。
けんこう　　　　あさ　はん　た

켕꼬-노 타 메 니 아사고 항 와 타 베 나 께 레 바 나 리 마 셍

03 쇼핑하러 가지 말고 뭔가 먹읍시다.

買い物に 行かないで 何か 食べましょう。
か　もの　　い　　　　なに　た

카 이모노니 이 까 나 이 데 나니까 타 베 마 쇼 -

음원 81

忘れる
^{わす}

와스 레 루

잊다

病気
^{びょう き}

보- 끼

병

健康
^{けん こう}

켕 꼬-

건강

通じる
^{つう}

츠- 지 루

통하다

困る
^{こま}

코마 루

곤란하다, 난처하다

砂糖
^{さ とう}

사 또-

설탕

● 일본 스케치 ●

일본은 숟가락을 안 쓰나요?

일본의 식사 예절은 우리나라와 다소 차이가 있습니다. 우동과 같이 국물이 있는 음식이나 오므라이스, 카레라이스 등 떠먹어야 하는 음식을 제외하고는 젓가락으로 먹는 것이 일반적입니다. 젓가락을 사용할 때는 음식을 찔러서 집거나 밥에 꽂아 두거나 뒤적거리면서 골라 먹으면 안 되고, 젓가락으로 음식을 주고받거나 밥을 남의 밥그릇에 덜거나 하는 것도 금물입니다. 또한 밥그릇은 반드시 들고 먹어야 하고, 국물을 마실 때도 국그릇을 들고 입을 갖다 대고 마시며 밥을 국이나 물에 말아 먹거나 비벼 먹지도 않습니다.

01

じつ　あさ　はん　　　た
実は 朝ご飯を 食べなくて…。
지쯔 와　아사 고 항 오　타 베 나 꾸 데

실은　아침밥　을　먹 지 않아서….

じつ
実は　　　　실은, 사실은

「実(じつ)は」는 '실은, 사실은'이라는 뜻으로, 사실을 숨김없이 말하는 모양을 나타냅니다.

じつ　　　　　　　　わす
• 実は すっかり 忘れて いました。

실은 까맣게 잊고 있었습니다.

朝(あさ)ご飯(はん) 아침밥
食(た)べる 먹다
すっかり 완전히
忘(わす)れる 잊다
ご飯(はん) 밥
病気(びょうき) 병
〜に なる 〜이[가] 되다

동사의 **ない형** + **なくて**　　　〜(하)지 않아서

동사의 **ない형**에 「**なくて**」를 붙이면 '〜(하)지 않아서'라는 뜻으로, 앞 문장이 뒤 문장의 원인이
나 이유가 될 때 사용합니다.

はん　　た
• ご飯を 食べる。

밥을 먹다.

はん　　た　　　　　　びょうき
→ ご飯を 食べない。 + 病気に なる。

밥을 먹지 않다.　　　　　　병이 되다.

はん　　た　　　　　　びょうき
→ ご飯を 食べなくて 病気に なりました。

밥을 먹지 않아서 병이 되었습니다. ∽ 원인·이유

02 健康^{けんこう}の ために、朝^{あさ}ご飯^{はん}は 食^たべなければ なりません。

켕꼬-노 타 메 니　아사고항와　타 베 나 께 레 바 나 리 마 셍

건강　을 위해서　아침밥　은　먹　지 않으면 안 됩니다[어야 합니다].

健康(けんこう) 건강
ジョギング 조깅
アルバイト 아르바이트
友達(ともだち) 친구
待(ま)つ 기다리다

た
↑
待^まつ
기다리다
+
なければ なりません
~(하)지 않으면 안 됩니다.
~(해)야 합니다

~ために ~위해서

「ために」는 '~위해서'라는 뜻으로, 목적을 나타냅니다. 명사에 붙을 때는 「명사+の ために」의 형태로 '~을[를] 위해서'라고 해석하고, 동사에 붙을 때는 기본형에 접속해 '~하기 위해서'라고 해석합니다.

● 健康^{けんこう}の ために、ジョギングを して います。
건강을 위해서 조깅을 하고 있습니다. ☞ 명사에 붙을 때는 반드시 「の」를 넣어야 해요.

● 日本^{にほん}に 行^いく ために アルバイトを して います。
일본에 가기 위해서 아르바이트를 하고 있습니다. ☞ 동사에 붙을 때는 기본형에 붙어요.

동사의 ない형 + なければ なりません ~(하)지 않으면 안 됩니다. ~(해)야 합니다

동사의 ない형에 「なければ なりません」을 붙이면 '~(하)지 않으면 안 됩니다, ~(해)야 합니다'라는 뜻으로, 행위자의 의지와 관계없이 해야 하는 의무나 필요성을 나타냅니다.

● 友達^{ともだち}を 待^まつ。
친구를 기다리다.

→ 友達^{ともだち}を 待^またない。
친구를 기다리지 않다.

→ 友達^{ともだち}を 待^またなければ なりません。
친구를 기다리지 않으면 안 됩니다[기다려야 합니다].

03

買い物に 行かないで 何か 食べましょう。
카 이 모노 니　이 까 나 이 데　나니 까　타 베 마 쇼 ―
쇼핑　하러　가　지말고　뭔가　먹읍　시다.

동사의 ない형 + ないで　　〜(하)지 않고, 〜(하)지 말고

▼
동작성 명사+に 〜(하)러
飲(の)む 마시다
동사의 ます형+たい 〜(하)고 싶다

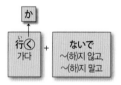

동사의 ない형에 「ないで」를 붙이면 '〜(하)지 않고, 〜(하)지 말고'라는 뜻으로, 앞 문장이 뒤 문장의 상황을 설명할 때 사용합니다.

- 買い物に 行く。
  쇼핑하러 가다.

→ 買い物に 行かない。 + ご飯を 食べる。
  쇼핑하러 가지 않다.　　　　　밥을 먹다.

→ 買い物に 行かないで ご飯を 食べました。
  쇼핑하러 가지 않고 밥을 먹었습니다. ⟋ 상황 설명

何か　　무엇인가, 뭔가

「何(なに)か」는 '무엇인가, 뭔가'라는 뜻으로, 확실하지 않은 사물을 가리킬 때 씁니다.

- 何か 飲みたいです。
  뭔가 마시고 싶습니다.

음원 82

01 ～(하)지 않아서

英語が 通じ 에ー고 가 츠ー지	なくて 나 꾸 떼	困りました。 코마 리 마시 따	영어가 통하지 않아서 곤란했습니다.
電車が 来 덴 샤 가 코	なくて 나 꾸 떼	困りました。 코마 리 마 시 따	전철이 오지 않아서 곤란했습니다.
予約を し 요 야꾸 오 시	なくて 나 꾸 떼	困りました。 코마 리 마 시 따	예약을 하지 않아서 곤란했습니다.

02 ～(하)지 않으면 안 됩니다, ～(해)야 합니다

環境を 守ら 캉 꾜ー오 마모 라	なければ なりません。 나 께 레 바 나 리 마 셍	환경을 지키지 않으면 안 됩니다 [지켜야 합니다].
朝早く 起き 아사하야 꾸 오 끼	なければ なりません。 나 께 레 바 나 리 마 셍	아침 일찍 일어나지 않으면 안 됩니다 [일어나야 합니다].
毎日 運動し 마이 니찌 운 도ー 시	なければ なりません。 나 께 레 바 나 리 마 셍	매일 운동하지 않으면 안 됩니다 [운동해야 합니다].

03 ～(하)지 않고, ～(하)지 말고

電気を 消さ 뎅 끼오 케 사	ないで 나 이 데	寝ました。 네 마 시 따	전등을 끄지 않고 잤습니다.
砂糖を 入れ 사 또ー오 이 레	ないで 나 이 데	飲みます。 노 미 마 스	설탕을 넣지 않고 마십니다.
外に 出 소또 니 데	ないで 나 이 데	家に いました。 우찌 니 이 마 시 따	밖에 나가지 않고 집에 있었습니다.

단어

英語(えいご) 영어　通(つう)じる 통하다　困(こま)る 곤란하다, 난처하다　環境(かんきょう) 환경　守(まも)る 지키다
電気(でんき) 전등, 전기　消(け)す 끄다　寝(ね)る 자다　砂糖(さとう) 설탕　入(い)れる 넣다　外(そと) 밖　出(で)る 나가다
家(うち) 집　いる (사람·생물이) 있다

음원 83

01 ～(하)지 않아서

英語が 通じ 에-고가 츠-지	＿＿＿	困りました。 코마리 마시따

영어가 통하지 않아서 곤란했습니다.

電車が 来 덴샤가 코	＿＿＿	困りました。 코마리 마시따

전철이 오지 않아서 곤란했습니다.

予約を し 요야꾸오 시	＿＿＿	困りました。 코마리 마시따

예약을 하지 않아서 곤란했습니다.

02 ～(하)지 않으면 안 됩니다, ～(해)야 합니다

環境を 守ら
캉꾜-오 마모라 ＿＿＿＿＿＿＿＿＿。

환경을 지키지 않으면 안 됩니다
[지켜야 합니다].

朝早く 起き
아사하야 꾸 오끼 ＿＿＿＿＿＿＿＿＿。

아침 일찍 일어나지 않으면 안 됩니다
[일어나야 합니다].

毎日 運動し
마이니찌 운도-시 ＿＿＿＿＿＿＿＿＿。

매일 운동하지 않으면 안 됩니다
[운동해야 합니다].

03 ～(하)지 않고, ～(하)지 말고

電気を 消さ 뎅끼오 케사	＿＿＿	寝ました。 네마시따

전등을 끄지 않고 잤습니다.

砂糖を 入れ 사또-오 이레	＿＿＿	飲みます。 노미마스

설탕을 넣지 않고 마십니다.

外に 出 소또니 데	＿＿＿	家に いました。 우찌니 이마시따

밖에 나가지 않고 집에
있었습니다.

회화하기

A 今日は 元気が ないですね。
쿄- 와 겡끼가 나이데스네

B 実は 朝ご飯を 食べなくて…。
지쯔 와 아사고항오 타베나꾸떼

A 健康の ために、朝ご飯は 食べなければ なりません。
켕꼬-노 타메니 아사고항와 타베나께레바 나리마 셍

B それは 知って いますが…。
소레와 싯떼 이마스가

A じゃ、買い物に 行かないで 何か 食べましょう。
쟈 카이모노니 이까나이데 나니까 타베마 쇼-

B はい、わかりました。
하이 와까리마시따

A 오늘은 기운이 없네요.
B 실은 아침밥을 먹지 않아서….
A 건강을 위해서 아침밥은 먹지 않으면 안 됩니다[먹어야 합니다].
B 그것은 알고 있습니다만….
A 그럼, 쇼핑하러 가지 말고 뭔가 먹읍시다.
B 예, 알겠습니다.

단어

元気(げんき) 기운   ない 없다   実(じつ)は 실은, 사실은   朝(あさ)ご飯(はん) 아침밥   健康(けんこう) 건강   知(し)る 알다   じゃ 그럼
何(なに)か 뭔가   わかる 알다, 이해하다

연습문제

◉ 보기와 같이 바꿔 보세요.

01

> **보기** 日本語が わかる ➡ A 日本旅行は どうでしたか。
> B 日本語が わからなくて 困りました。

① お金が 足りる ➡ ＿＿＿＿＿＿＿＿＿＿＿＿＿＿＿＿＿＿＿

② パスポートが 見つかる ➡ ＿＿＿＿＿＿＿＿＿＿＿＿＿＿＿＿

02

> **보기** 靴を 脱ぐ ➡ 靴を 脱がなければ なりません。

① 日本語で 書く ➡ ＿＿＿＿＿＿＿＿＿＿＿＿＿＿＿＿＿＿＿＿

② 税金を 払う ➡ ＿＿＿＿＿＿＿＿＿＿＿＿＿＿＿＿＿＿＿＿

03

> **보기** 買い物に 行く ➡ A 昨日も 買い物に 行きましたか。
> B いいえ、買い物に 行かないで 家で 休みました。

① お酒を 飲む ➡ A ＿＿＿＿＿＿＿＿＿＿＿＿＿＿＿＿＿＿

B ＿＿＿＿＿＿＿＿＿＿＿＿＿＿＿＿＿＿

② 花見を する ➡ A ＿＿＿＿＿＿＿＿＿＿＿＿＿＿＿＿＿

B ＿＿＿＿＿＿＿＿＿＿＿＿＿＿＿＿＿

단어

足(た)りる 족하다, 충분하다 パスポート 여권 見(み)つかる 발견되다 靴(くつ) 신, 신발, 구두 脱(ぬ)ぐ 벗다
税金(ぜいきん) 세금 払(はら)う 지불하다 家(うち) 집 休(やす)む 쉬다 花見(はなみ) 꽃구경, 꽃놀이

우리말과 비슷하면서도 다른 일본어!

일본어는 우리말과 어순이 같고 발음이 유사한 단어들도 많아서 어떤 외국어보다 많이 닮아 있는 것은 사실입니다. 하지만 막상 공부를 해 보면 '역시 외국어는 외국어구나'라는 생각이 들게 됩니다.

자, 음식점에 가서 물을 한 잔 받았는데요, 목이 말라서 다 마셔 버렸습니다. 물 한 잔 더 달라고 하고 싶을 때 '스미마셍'(すみません, 여기요!)하고 점원을 부른 후 '오미즈 쿠다사이'(お水(みず) ください, 물 주세요)나 좀 더 공손하게는 '오미즈 오네가이시마스'(お水(みず)、お願(ねが)いします, 물 부탁합니다)라고 하면 됩니다. 이때 점원이 '이죠-데 요로시-데스까?'(以上(いじょう)でよろしいですか)라고 물을지도 모르는데요, 직역하면 '이상으로 괜찮으십니까?'로, '더 필요한 것은 없으세요?'라는 말입니다. '요로시-데스까?'라고 물었으니 '요로시-데스'라고 대답하면 될 것 같지만, 이 말은 '괜찮으십니다'라는 뜻으로, 자신을 높이는 말이 되어 버립니다. 이런 경우에는 '다이죠-부데스'(大丈夫(だいじょうぶ)です, 괜찮습니다)라고 대답합시다.

일본에 갈 때 환전을 하게 되는데요, 환전(換錢)이니까 한자를 일본식으로 읽어서 '칸센'이라고 하면 되겠지라고 생각하시면 오산입니다. 일본어로 '환전'은 '료-가에'(両替(りょうがえ))라고 합니다. 금액이 큰 돈을 작은 돈이나 동전으로 바꿀 때도 '료-가에 오네가이시마스'(両替(りょうがえ)、お願(ねが)いします)라고 하면 됩니다.

그리고 '약속'은 '약소꾸'(約束(やくそく))라고 하는데요, '만날 약속'은 '마찌아와세'(待(ま)ち合(あ)わせ)라고 합니다. '어디에서 언제 만납니까?'라고 하고 싶으면 '도꼬데 난지니 마찌아와세오 시마스까?'(どこで 何時(なんじ)に 待(ま)ち合(あ)わせを しますか)라고 말하면 됩니다.

'할인'은 '와리비끼'(割引(わりびき))이고, '취소'는 '토리께시'(取(と)り消(け)し)라고 해요. 물론 '캰세루'(キャンセル)라는 가타카나어도 많이 씁니다. '접수'는 '우께쯔께'(受付(うけつけ)), '문의'는 '토이아와세'(問(と)い合(あ)わせ), '공휴일'은 '슈꾸지쯔'(祝日(しゅくじつ))라고 하니까 함께 익혀 두세요.

UNIT 16

이번 일요일에 무엇을 할 생각입니까?

こんど にちようび なに
今度の 日曜日に 何を する つもりですか。
콘 도 노 니찌요-비 니 나니오 스루 츠모리데스 까

---

01 이번 일요일에 무엇을 할 생각입니까?
こんど にちようび なに
今度の 日曜日に 何を する つもりですか。
콘 도 노 니찌요-비 니 나니오 스루 츠모리데스 까

02 가족과 홋카이도의 온천에 가려고 생각합니다.
か ぞく ほっかいどう おんせん い おも
家族と 北海道の 温泉に 行こうと 思います。
카 조꾸또 혹 까이도-노 온 센 니 이 꼬 - 또 오모이 마 스

03 좋은 온천이 있으면 가르쳐 주세요.
おんせん おし
いい 温泉が あったら、教えて ください。
이 - 온 셍가 앗 따라 오시에떼 쿠 다 사 이

음원 86

留学する
^{りゅうがく}

류-가꾸 스 루

유학하다

降る
^ふ

후 루

(비 · 눈 등이) 내리다, 오다

暇だ
^{ひま}

히마 다

한가하다

できる

데 끼 루

할 수 있다

習う
^{なら}

나라 우

배우다

取る
^と

토 루

(자격을) 따다

일본 스케치

'와리깡'(割(わ)り勘(かん), 각자 계산), 부담 없어서 좋아요!

일본 사람이 우리나라에 와서 이상하다고 느끼는 것 중 하나가 식사를 한 후 서로 계산하겠다고 나서는 모습이라고 합니다. 일본 사람은 특별한 경우가 아니면 잔돈까지 똑같이 나누어서 내기 때문이죠. 이를 '와리깡'이라고 하는데요, 그래서인지 일본 사람은 모임에 대한 부담이 적다고 합니다. 하지만 우리는 아직도 '와리깡'하자고 하면 왠지 모르게 야박하고 삭막하게 느끼는 경향이 있는 것이 사실입니다. 하지만 일본 사람은 우리의 이런 문화에 익숙하지 않습니다. 따라서 일본 사람과 만났을 때, 특별한 접대가 아니라면 '와리깡'으로 합시다!

01

今度(こんど)の 日曜日(にちようび)に 何(なに)を する つもりですか。

콘 도 노 / 니찌 요- 비 니 / 나니 오 / 스루 / 츠 모 리 데 스 / 까

이번 (의) / 일요일 에 / 무엇 을 / 할 / 생각입니 / 까?

今度(こんど) — 이번

- 週末(しゅうまつ) 주말
- スキー 스키
- 동작성 명사+に ~하러
- 楽(たの)しい 즐겁다
- 来年(らいねん) 내년
- 留学(りゅうがく)する 유학하다
- どこにも 아무 데도
- もう 이제

「今度(こんど)」는 '이번'이라는 뜻으로, 곧 다가오는 미래나 가까운 과거를 나타낼 때 씁니다.

- 今度(こんど)の 週末(しゅうまつ)、スキーに 行(い)きませんか。
  이번 주말에 스키 타러 가지 않겠습니까? ☞ 곧 다가오는 미래
- 今度(こんど)の 旅行(りょこう)は とても 楽(たの)しかったです。
  이번 여행은 매우 즐거웠습니다. ☞ 가까운 과거

동사의 기본형 + つもりです — ~(할) 생각[작정]입니다

行(い)く 가다 + つもりです ~(할) 생각[작정]입니다

行(い)く 가다 + か ない つもりです ~(하)지 않을 생각[작정]입니다

동사의 기본형에 「つもりです」를 붙이면 '~(할) 생각[작정]입니다'라는 뜻으로, 앞으로의 일에 대한 예정이나 계획, 결심을 나타냅니다. 반대되는 표현은 동사의 ない형에 「つもりです」를 붙여서 「ない つもりです」(~(하)지 않을 생각[작정]입니다)라고 하면 됩니다.

- 明日(あした)は 買(か)い物(もの)に 行(い)く つもりです。
  내일은 쇼핑하러 갈 생각[작정]입니다.
- 来年(らいねん) 日本(にほん)に 留学(りゅうがく)する つもりです。
  내년에 일본에 유학할 생각[작정]입니다.
- 今日(きょう)は どこにも 行(い)かない つもりです。
  오늘은 아무 데도 가지 않을 생각[작정]입니다.
- お酒(さけ)は もう 飲(の)まない つもりです。
  술은 이제 마시지 않을 생각[작정]입니다.

02 家族と 北海道の 温泉に 行こうと 思います。
かぞく　ほっかいどう　おんせん　い　　おも

카 조꾸 또　혹 까이 도- 노　온 센 니　이 꼬- 또　오 모 이 마 스

가족　과　홋카이도　의　온천　에　가　려고 생각합니다.

家族(かぞく) 가족
〜と 〜와[과]
温泉(おんせん) 온천
来週(らいしゅう) 다음 주
〜から 〜부터
ダイエット 다이어트

も

休む + うと 思います
쉬다 〜(하)려고 생각합니다
やす　　　　おも

동사의 의지형　〜(해)야지, 〜(하)자

동사에 「(よ)う」를 붙이면 '〜(해)야지, 〜(하)자'라는 뜻으로, 말하는 사람의 의지나 권유를 나타내는 표현을 만들 수 있습니다. 그룹별로 만드는 방법이 다릅니다.

	어미 [u]모음을 [o]모음으로 바꾸고 +「う」
1그룹 동사	会う 만나다 ➡ 会おう 만나야지, 만나자 書く (글씨를) 쓰다 ➡ 書こう (글씨를) 써야지, 쓰자 乗る (탈것에) 타다 ➡ 乗ろう (탈것에) 타야지, 타자
	어미 「る」를 떼고 +「よう」
2그룹 동사	見る 보다 ➡ 見よう 봐야지, 보자 食べる 먹다 ➡ 食べよう 먹어야지, 먹자
	불규칙 활용을 하므로 무조건 외웁니다.
3그룹 동사	来る 오다 ➡ 来よう 와야지, 오자 する 하다 ➡ しよう 해야지, 하자

동사의 의지형 + と 思います　〜(하)려고 생각합니다
おも

동사의 의지형에 「と 思(おも)います」를 붙이면 '〜(하)려고 생각합니다'라는 뜻으로, 자신의 계획이나 의지를 나타내는 표현입니다.

• 今日は 家で 休もうと 思います。
きょう　うち　やす　　　おも

　오늘은 집에서 쉬려고 생각합니다.

• 来週から ダイエットしようと 思います。
らいしゅう　　　　　　　　　　おも

　다음 주부터 다이어트하려고 생각합니다.

いい 温泉が あったら、教えて ください。
いー 온 셍 가 앗 따 라 오시 에 떼 쿠 다 사 이

좋은 온천 이 있으 면 가르쳐 주세요.

동사의 た형 + たら   ～(하)면

▼
教(おし)える 가르치다
雨(あめ) 비
降(ふ)る (비·눈 등이) 내리다. 오다
ピクニック 피크닉
中止(ちゅうし)する 중지하다

동사의 た형에 「たら」를 붙이면 '～(하)면'이라는 뜻으로, 아직 실현되지 않은 사항에 대해 가정해서 나타낼 때 씁니다. 주로 앞 문장이 성립한 때를 가정하여 그에 따른 결과를 말할 때 쓰고, 거의 모든 가정표현에 제약 없이 사용할 수 있습니다.

동사
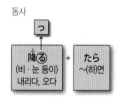

- 雨が 降る。+ ピクニックは 中止する。
  비가 오다.   피크닉은 중지한다.

→ 雨が 降った。+ ピクニックは 中止する。
  비가 왔다.   피크닉은 중지한다.

→ 雨が 降ったら、ピクニックは 中止する。
  비가 오면 피크닉은 중지한다.

또한 「たら」는 い형용사와 な형용사에도 붙습니다. い형용사는 어미 「い」를 떼고 어간에 「かったら」를 붙이면 됩니다.

い형용사

- 安い + 買う → 安かったら、買う。
  싸다   사다   싸면 산다.

な형용사는 어미 「だ」를 떼고 어간에 「だったら」를 붙이고, 명사는 바로 「だったら」를 붙이면 됩니다.

な형용사

- 暇だ + 行く → 暇だったら、行く。
  한가하다   가다   한가하면 간다.

명사

- 彼 + できる → 彼だったら、できる。
  그   할 수 있다   그라면 할 수 있다.

01 ～(할) 생각[작정]입니다

駅の 前で 会う えき まえ あ 에끼 노 마에 데 아우	つもりです。 츠 모 리 데 스	역 앞에서 만날 생각[작정]입니다.
ホラー映画を 見る えい が み 호 라 – 에 가 오 미 루	つもりです。 츠 모 리 데 스	공포영화를 볼 생각[작정]입니다.
来年 結婚する らいねん けっこん 라 이 넹 켁 꼰 스 루	つもりです。 츠 모 리 데 스	내년에 결혼할 생각[작정]입니다.

02 ～(하)려고 생각합니다

駅の 前で 会 えき まえ あ 에끼 노 마에 데 아	おうと 思います。 おも 오 – 또 오모 이 마 스	역 앞에서 만나려고 생각합니다.
ホラー映画を 見 えい が み 호 라 – 에 가 오 미	ようと 思います。 おも 요 – 또 오모 이 마 스	공포영화를 보려고 생각합니다.
来年 結婚し らいねん けっこん 라 이 넹 켁 꼰 시	ようと 思います。 おも 요 – 또 오모 이 마 스	내년에 결혼하려고 생각합니다.

03 ～(하)면

早く 起き はや お 하야 꾸 오 끼	たら、 따 라	ジョギングを します。 죠 깅 구 오 시 마 스	일찍 일어나면 조깅을 합니다.
もし 高 たか 모 시 타 까	かったら、 깟 따 라	買いません。 か 카 이 마 셍	만약 비싸면 사지 않습니다.
明日も 休み あした やす 아시따 모 야스 미	だったら、 닷 따 라	いい のに。 이 – 노 니	내일도 쉬는 날이면 좋을 텐데.

단어

会(あ)う 만나다　ホラー 호러, 공포　結婚(けっこん) 결혼　もし 만약　高(たか)い 비싸다　休(やす)み 쉼, 쉬는 날
～のに ～텐데, ～련만

음원 88

01 ~(할) 생각[작정]입니다

えき まえ あ
駅の 前で 会う
에끼 노 마에 데 아우

_____。 역 앞에서 만날 생각[작정]입니다.

えい が み
ホラー映画を 見る
호 라 ー 에ー가 오 미루

_____。 공포영화를 볼 생각[작정]입니다.

らいねん けっこん
来年 結婚する
라이 넹 켁 꼰 스루

_____。 내년에 결혼할 생각[작정]입니다.

02 ~(하)려고 생각합니다

えき まえ あ
駅の 前で 会
에끼 노 마에 데 아

_____。 역 앞에서 만나려고 생각합니다.

えい が み
ホラー映画を 見
호 라 ー 에ー가 오 미

_____。 공포영화를 보려고 생각합니다.

らいねん けっこん
来年 結婚し
라이 넹 켁 꼰 시

_____。 내년에 결혼하려고 생각합니다.

03 ~(하)면

はや お
早く 起き
하야 꾸 오 끼

____、

ジョギングを します。
죠 깅 구 오 시마스

일찍 일어나면
조깅을 합니다.

たか
もし 高
모 시 타까

____、

か
買いません。
카 이 마 셍

만약 비싸면
사지 않습니다.

あした やす
明日も 休み
아시따 모 야스 미

____、

いい のに。
이 ー 노 니

내일도
쉬는 날이면
좋을 텐데.

음원 89

A 今度の 日曜日に 何を する つもりですか。
콘 도 노　니찌요ー비니　나니오　스루　츠모리데스 까

B 家族と 北海道の 温泉に 行こうと 思います。
카 조꾸 또　혹 까이도ー노　온 센니　이 꼬ー또　오모이 마 스

A それは いいですね。
소 레와 이ー데스네

もしかして この 近くにも いい 温泉が あったら、
모 시 까 시 떼　코 노　치까꾸니모　이ー　온 셍가　앗 따라

教えて ください。
오시 에 떼　쿠 다 사 이

B そうですね。後で 調べて みます。
소ー데스네　아또 데　시 라 베 떼　미 마 스

A ありがとうございます。
아 리 가 또ー 고 자 이 마 스

A 이번 일요일에 무엇을 할 생각입니까?

B 가족과 홋카이도의 온천에 가려고 생각합니다.

A 그거 좋겠네요.

　혹시 이 근처에도 좋은 온천이 있으면

　가르쳐 주세요.

B 글쎄요, 나중에 찾아보겠습니다.

A 감사합니다.

단어

今度(こんど) 이번　もしかして 혹시　近(ちか)く 근처　教(おし)える 가르치다　そうですね 글쎄요　後(あと)で 나중에
調(しら)べる 조사하다, 찾다　〜てみる 〜해 보다　ありがとうございます 감사합니다

연습문제

● 보기와 같이 바꿔 보세요.

01

> 보기　友達と　昼ご飯を　食べる
> ➡ A 今日は　何を　する　つもりですか。
> 　　B 友達と　昼ご飯を　食べる　つもりです。

① 海に　行く　➡ _____

② 山に　登る　➡ _____

02

> 보기　水泳を　習う
> ➡ A 夏休みに　何を　する　つもりですか。
> 　　B 水泳を　習おうと　思います。

① バックパック旅行を　する　➡ _____

② 運転免許を　取る　　　　　➡ _____

03

> 보기　起きる　➡　起きたら、電話します。

① 忙しい　➡ _____

② 合格　➡ _____

단어

昼(ひる)ご飯(はん) 점심(밥)　海(うみ) 바다　山(やま) 산　登(のぼ)る 오르다　水泳(すいえい) 수영　習(なら)う 배우다
夏休(なつやす)み 여름방학, 여름휴가　バックパック旅行(りょこう) 배낭여행　運転免許(うんてんめんきょ) 운전면허
取(と)る (자격을) 따다　忙(いそが)しい 바쁘다　合格(ごうかく) 합격

188　YBM 일본어 첫걸음

우리와는 많이 다른 가족 호칭!

외국어를 배울 때 주의해서 알아 둘 것이 바로 호칭이죠! 일본어로 '나' 또는 '저'라고 할 때는 '와따시'(わたし(私))라고 합니다. 그런데 일본어에서는 남자냐 여자냐에 따라 '나'를 지칭할 때 쓰는 말이 다릅니다. '와따시'의 경우 남자, 여자 다 쓸 수 있는데, 남자는 두 가지 호칭을 더 사용합니다. '보꾸'(ぼく(僕))와 '오레'(おれ(俺))인데요, '보꾸'는 손윗사람에게 써도 무방합니다만 공적인 장소에서는 '와따시'를 쓰는 것이 좋습니다. 반면 '오레'는 동년배나 손아랫사람에게 쓰는 것으로, 손윗사람에게는 쓰지 않고 남자다움을 강조하는 느낌이 있습니다. '보꾸'와 '오레'는 여자는 절대로 쓰지 않는 호칭이니까 주의합시다.

그럼, '당신'은 뭐라고 할까요? 사전에서 '당신'을 찾으면 '아나따'(あなた)라고 나오지만, 사실 '아나따'는 일상생활에서 거의 쓰지 않습니다. 보통 부부 사이에서 부인이 남편에게 '여보, 당신'이라고 부를 때 '아나따'를 많이 쓰고요, 일반적으로 대화 중에 상대방을 지칭할 때는 이름을 부릅니다. 그러니까 누군가를 알게 되면 상대방의 이름을 꼭 외우셔야 합니다.

그리고 뒤에 '~상'(~さん, ~씨), '~쨩'(~ちゃん, ~야), '~꿍'(~君(くん), ~군) 등의 호칭을 붙이는데요, '~상'이 상대방의 나이에 상관없이 붙일 수 있는 제일 무난한 호칭이고요, 친한 사이의 친구라면 남녀 상관없이 '~쨩', 남자의 경우는 '~꿍'이라고도 많이 부르죠.

마지막으로 일본은 내 가족을 남에게 소개할 때와 남의 가족을 말할 때의 호칭이 다릅니다. 복잡하니까 잘 구분하셔야 해요.

내가 누군가에게 '제 아버지는~'이라고 할 때는 '와따시노 치찌와~'(私(わたし)の 父(ちち)は~)라고 하면 되고요, 상대방에게 '~씨의 아버지는~'이라고 할 때는 '~산노 오또-상와~'(~さんの お父(とう)さんは~)라고 하면 됩니다. 그리고 본인의 아버지를 직접 대면하고 부를 경우에는 '오또-상'(お父(とう)さん)이라고 합니다. 어머니일 경우는 차례대로 '와따시노 하하와~'(私(わたし)の 母(はは)は~), '~산노 오까-상와~'(~さんの お母(かあ)さんは~), '오까-상'(お母(かあ)さん)이 되는 것이죠. 즉, 남에게 자신의 가족에 대해 말할 때는 낮춰 부르고, 남의 가족에 대해 말할 때는 높여 부르고, 본인이 손위 가족을 직접 부를 때는 높여 부른다고 생각하면 됩니다.

부록

01 명사 활용형

	현재형	과거형
긍정표현	～です ～입니다	～でした ～(이)었습니다, ～였습니다
부정표현	～では ありません ～じゃ ありません ～이[가] 아닙니다	～では ありませんでした ～じゃ ありませんでした ～이[가] 아니었습니다

02 「こ・そ・あ・ど」(이・그・저・어느)

こ	そ	あ	ど
これ 이것	それ 그것	あれ 저것	どれ 어느 것
この + 명사 이	その + 명사 그	あの + 명사 저, 그	どの + 명사 어느
ここ 여기	そこ 거기	あそこ 저기, 거기	どこ 어디
こちら こっち 이쪽	そちら そっち 그쪽	あちら あっち 저쪽	どちら どっち 어느 쪽

03 의문사

何^{なん・なに} 무엇	だれ 누구	いつ 언제
いくつ 몇 개	いくら 얼마	どのくらい 어느 정도

04 때를 나타내는 말(1)

	日(날)	週(주)	月(달)	年(해)
과거	おととい 그저께	^{せんせんしゅう}先々週 지지난 주	^{せんせんげつ}先々月 지지난달	^{おととし・いっさくねん}一昨年 재작년
	^{きのう}昨日 어제	^{せんしゅう}先週 지난주	^{せんげつ}先月 지난달	^{きょねん　さくねん}去年・昨年 작년
현재	^{きょう}今日 오늘	^{こんしゅう}今週 이번 주	^{こんげつ}今月 이번 달	^{ことし}今年 올해
미래	^{あした・あす}明日 내일	^{らいしゅう}来週 다음 주	^{らいげつ}来月 다음 달	^{らいねん}来年 내년
	^{あさって}明後日 모레	^{さ らいしゅう}再来週 다다음 주	^{さ らいげつ}再来月 다다음 달	^{さ らいねん}再来年 내후년
매~	^{まいにち}毎日 매일	^{まいしゅう}毎週 매주	^{まいつき・まいげつ}毎月 매월, 매달	^{まいとし・まいねん}毎年 매년
기타 표현	^{やす}休み 쉼, 쉬는 날 ^{きゅうじつ}休日 휴일 ^{しゅくじつ　こうきゅう び}祝日・公休日 공휴일	^{しゅうまつ}週末 주말	^{はじ}初め 초 ^{しょじゅん　じょうじゅん}初旬・上旬 초순 ^{なか　ちゅうじゅん}半ば・中旬 중순 ^{げ じゅん}下旬 하순 ^お終わり 말	^{ねん し　ねんしょ}年始・年初 연시・연초 ^{とし　すえ　ねんまつ}年の末・年末 연말

05 때를 나타내는 말(2)

^{あさ}朝 아침	^{ひる}昼 점심	^{よる}夜 저녁
^{ご ぜん}午前 오전	^{ご ご}午後 오후	

06 위치를 나타내는 말

上 위	中 안, 속	下 아래	前 앞	後ろ 뒤
左 왼쪽	右 오른쪽	隣 옆	そば・近く 곁, 근처	周り 주위, 주변

07 신체 명칭

머리	頭	코	鼻	허벅지	もも
어깨	肩	입	口	무릎	ひざ
가슴	胸	이	歯	발목	足首
배	腹・お腹	뺨	ほお・ほっぺた	발뒤꿈치	かかと
손목	手首	턱	あご	눈썹	まゆ・まゆ毛
손가락	指	목	首	귀	耳
엉덩이	尻	팔	腕	입술	唇
발	足	겨드랑이	わき・わきの下	혀	舌
종아리	ふくらはぎ	팔꿈치	ひじ	이마	額
아킬레스건	アキレスけん	손	手	보조개	えくぼ
눈	目	손톱	つめ		

08 가족 호칭

뜻	부를 때	남에게 소개할 때	남의 가족을 높일 때
(외)할아버지	おじいさん	祖父(そふ)	おじいさん
(외)할머니	おばあさん	祖母(そぼ)	おばあさん
아버지	お父(とう)さん・パパ	父(ちち)	お父(とう)さん
어머니	お母(かあ)さん・ママ	母(はは)	お母(かあ)さん
부모	*	親(おや)・両親(りょうしん)	ご両親(りょうしん)
형, 오빠	お兄(にい)さん	兄(あに)	お兄(にい)さん
누나, 언니	お姉(ねえ)さん	姉(あね)	お姉(ねえ)さん
남동생	이름	弟(おとうと)	弟(おとうと)さん
여동생	이름	妹(いもうと)	妹(いもうと)さん
아들	이름	息子(むすこ)	息子(むすこ)さん
딸	이름	娘(むすめ)	娘(むすめ)さん・お嬢(じょう)さん
형제, 남매	이름	兄弟(きょうだい)	ご兄弟(きょうだい)
자식	이름	子供(こども)	子供(こども)さん・お子(こ)さん
손자, 손녀	이름	孫(まご)	お孫(まご)さん
사촌	이름	いとこ	いとこさん
남자 조카	이름	おい	おいごさん
여자 조카	이름	めい	めいごさん
남편	あなた	主人(しゅじん)・夫(おっと)	ご主人(しゅじん)
아내	おまえ	妻(つま)	奥(おく)さん・奥様(おくさま)
사위	이름さん・자녀 이름の お父(とう)さん	婿(むこ)	お婿(むこ)さん
며느리	이름さん・자녀 이름の お母(かあ)さん	嫁(よめ)	お嫁(よめ)さん

0	ゼロ・れい	80	はちじゅう
1	いち	90	きゅうじゅう
2	に	100	ひゃく
3	さん	200	にひゃく
4	よん・し	300	さんびゃく
5	ご	400	よんひゃく
6	ろく	500	ごひゃく
7	なな・しち	600	ろっぴゃく
8	はち	700	ななひゃく
9	きゅう・く	800	はっぴゃく
10	じゅう	900	きゅうひゃく
11	じゅういち	1,000	せん
12	じゅうに	2,000	にせん
13	じゅうさん	3,000	さんぜん
14	じゅうよん・じゅうし	4,000	よんせん
15	じゅうご	5,000	ごせん
16	じゅうろく	6,000	ろくせん
17	じゅうなな・じゅうしち	7,000	ななせん
18	じゅうはち	8,000	はっせん
19	じゅうきゅう・じゅうく	9,000	きゅうせん
20	にじゅう	10,000	いちまん
30	さんじゅう	100,000	じゅうまん
40	よんじゅう	1,000,000	ひゃくまん
50	ごじゅう	10,000,000	いっせんまん
60	ろくじゅう	100,000,000	いちおく
70	ななじゅう・しちじゅう		

いちがつ 1月	にがつ 2月	さんがつ 3月	しがつ 4月	ごがつ 5月
ろくがつ 6月	しちがつ 7月	はちがつ 8月	くがつ 9月	じゅうがつ 10月
じゅういちがつ 11月	じゅうにがつ 12月	なんがつ 何月		

ついたち 1日	ふつか 2日	みっか 3日	よっか 4日	いつか 5日
むいか 6日	なのか 7日	ようか 8日	ここのか 9日	とおか 10日
じゅういちにち 11日	じゅうににち 12日	じゅうさんにち 13日	じゅうよっか 14日	じゅうごにち 15日
じゅうろくにち 16日	じゅうしちにち 17日	じゅうはちにち 18日	じゅうくにち 19日	はつか 20日
にじゅういちにち 21日	にじゅうににち 22日	にじゅうさんにち 23日	にじゅうよっか 24日	にじゅうごにち 25日
にじゅうろくにち 26日	にじゅうしちにち 27日	にじゅうはちにち 28日	にじゅうくにち 29日	さんじゅうにち 30日
さんじゅういちにち 31日	なんにち 何日			

にちよう び **日曜日** 일요일	げつよう び **月曜日** 월요일	か よう び **火曜日** 화요일	すいよう び **水曜日** 수요일	もくよう び **木曜日** 목요일
きんよう び **金曜日** 금요일	ど よう び **土曜日** 토요일	なんよう び **何曜日** 무슨 요일		

⑪ 시간 말하기

	時(시)		分(분)/秒(초)
1	いちじ	1	いっぷん / いちびょう
2	にじ	2	にふん / にびょう
3	さんじ	3	さんぷん / さんびょう
4	よじ	4	よんぷん / よんびょう
5	ごじ	5	ごふん / ごびょう
6	ろくじ	6	ろっぷん / ろくびょう
7	しちじ	7	ななふん / ななびょう
8	はちじ	8	はっぷん / はちびょう
9	くじ	9	きゅうふん / きゅうびょう
10	じゅうじ	10	じ(ゅ)っぷん / じゅうびょう
11	じゅういちじ	20	にじ(ゅ)っぷん / にじゅうびょう
12	じゅうにじ	30	さんじ(ゅ)っぷん / さんじゅうびょう
何	なんじ	40	よんじ(ゅ)っぷん / よんじゅうびょう
		50	ごじ(ゅ)っぷん / ごじゅうびょう
		60	ろくじ(ゅ)っぷん / ろくじゅうびょう
		何	なんぷん / なんびょう

12 조수사(1)

	고유수	個(개)	杯(잔)	本(병·자루)	回(회·번)
1	ひと 一つ	いっ こ 一個	いっぱい 一杯	いっぽん 一本	いっかい 一回
2	ふた 二つ	に こ 二個	に はい 二杯	に ほん 二本	に かい 二回
3	みっ 三つ	さん こ 三個	さんばい 三杯	さんぼん 三本	さんかい 三回
4	よっ 四つ	よん こ 四個	よんはい 四杯	よんほん 四本	よんかい 四回
5	いつ 五つ	ご こ 五個	ご はい 五杯	ご ほん 五本	ご かい 五回
6	むっ 六つ	ろっ こ 六個	ろっぱい 六杯	ろっぽん 六本	ろっかい 六回
7	なな 七つ	なな こ 七個	ななはい 七杯	ななほん 七本	ななかい 七回
8	やっ 八つ	はっ こ・はちこ 八個	はっぱい 八杯	はちほん・はっぽん 八本	はちかい・はっかい 八回
9	ここの 九つ	きゅう こ 九個	きゅうはい 九杯	きゅうほん 九本	きゅうかい 九回
10	とお 十	じ(ゅ)っ こ 十個	じ(ゅ)っぱい 十杯	じ(ゅ)っぽん 十本	じ(ゅ)っかい 十回
11	*	じゅういっ こ 十一個	じゅういっぱい 十一杯	じゅういっぽん 十一本	じゅういっかい 十一回
何	いくつ	なん こ 何個	なんばい 何杯	なんぼん 何本	なんかい 何回

⑬ 조수사(2)

	人(명)	台(대)	冊(권)	歳(세·살)	枚(장)
1	ひとり 一人	いちだい 一台	いっさつ 一冊	いっさい 一歳	いちまい 一枚
2	ふたり 二人	にだい 二台	にさつ 二冊	にさい 二歳	にまい 二枚
3	さんにん 三人	さんだい 三台	さんさつ 三冊	さんさい 三歳	さんまい 三枚
4	よにん 四人	よんだい 四台	よんさつ 四冊	よんさい 四歳	よんまい 四枚
5	ごにん 五人	ごだい 五台	ごさつ 五冊	ごさい 五歳	ごまい 五枚
6	ろくにん 六人	ろくだい 六台	ろくさつ 六冊	ろくさい 六歳	ろくまい 六枚
7	しちにん 七人	ななだい 七台	ななさつ 七冊	ななさい 七歳	ななまい 七枚
8	はちにん 八人	はちだい 八台	はっさつ 八冊	はっさい 八歳	はちまい 八枚
9	きゅうにん 九人	きゅうだい 九台	きゅうさつ 九冊	きゅうさい 九歳	きゅうまい 九枚
10	じゅうにん 十人	じゅうだい 十台	じ(ゅ)っさつ 十冊	じ(ゅ)っさい 十歳	じゅうまい 十枚
11	じゅういちにん 十一人	じゅういちだい 十一台	じゅういっさつ 十一冊	じゅういっさい 十一歳	じゅういちまい 十一枚
何	なんにん 何人	なんだい 何台	なんさつ 何冊	なんさい 何歳・いくつ	なんまい 何枚

	番(번)	階(층)	号室(호실)	円(엔)	泊(박)
1	いちばん 一番	いっかい 一階	いちごうしつ 一号室	いちえん 一円	いっぱく 一泊
2	に ばん 二番	に かい 二階	に ごうしつ 二号室	に えん 二円	に はく 二泊
3	さんばん 三番	さんがい 三階	さんごうしつ 三号室	さんえん 三円	さんぱく 三泊
4	よんばん 四番	よんかい 四階	よんごうしつ 四号室	よ えん 四円	よんはく 四泊
5	ご ばん 五番	ご かい 五階	ご ごうしつ 五号室	ご えん 五円	ご はく 五泊
6	ろくばん 六番	ろっかい 六階	ろくごうしつ 六号室	ろくえん 六円	ろっぱく 六泊
7	ななばん 七番	ななかい 七階	ななごうしつ 七号室	ななえん 七円	ななはく 七泊
8	はちばん 八番	はちかい・はっかい 八階	はちごうしつ 八号室	はちえん 八円	はっぱく 八泊
9	きゅうばん 九番	きゅうかい 九階	きゅうごうしつ 九号室	きゅうえん 九円	きゅうはく 九泊
10	じゅうばん 十番	じゅっかい 十階	じゅうごうしつ 十号室	じゅうえん 十円	じゅっぱく 十泊
11	じゅういちばん 十一番	じゅういっかい 十一階	じゅういちごうしつ 十一号室	じゅういちえん 十一円	じゅういっぱく 十一泊
何	なんばん 何番	なんがい・なんかい 何階	なんごうしつ 何号室	いくら	なんぱく 何泊

⑮ い형용사 · な형용사 활용표

	기본형 ~다 / ~하다	정중형 ~(습)니다 / ~합니다	명사 수식형 ~한 / ~한	중지형 ~고, ~애[어]서 / ~하고, ~해서
い형용사	おいしい 맛있다	おいしいです	おいしい	おいしくて
	寒い 춥다	寒いです	寒い	寒くて
	いい[よい] 좋다	いいです[よいです]	いい[よい]	よくて
	ほしい 갖고 싶다	ほしいです	ほしい	ほしくて
い형용사형 조동사	たい ~하고 싶다	たいです	たい	たくて
な형용사	有名だ 유명하다	有名です	有名な	有名で
	静かだ 조용하다	静かです	静かな	静かで
	親切だ 친절하다	親切です	親切な	親切で
	きれいだ 깨끗하다, 예쁘다	きれいです	きれいな	きれいで
	*同じだ 같다	同じです	同じ	同じで

*활용에 주의해야 할 な형용사

과거정중형 ～았[었]습니다 / ～했습니다	현재부정형 ～지 않습니다 / ～하지 않습니다	현재부정형 ～지 않았습니다 / ～하지 않았습니다
おいしかったです	おいしく ありません	おいしく ありませんでした
<ruby>寒<rt>さむ</rt></ruby>かったです	<ruby>寒<rt>さむ</rt></ruby>く ありません	<ruby>寒<rt>さむ</rt></ruby>く ありませんでした
よかったです	よく ありません	よく ありませんでした
ほしかったです	ほしく ありません	ほしく ありませんでした
たかったです	たく ありません	たく ありませんでした
<ruby>有名<rt>ゆうめい</rt></ruby>でした	<ruby>有名<rt>ゆうめい</rt></ruby>では ありません <ruby>有名<rt>ゆうめい</rt></ruby>じゃ ありません	<ruby>有名<rt>ゆうめい</rt></ruby>では ありませんでした <ruby>有名<rt>ゆうめい</rt></ruby>じゃ ありませんでした
<ruby>静<rt>しず</rt></ruby>かでした	<ruby>静<rt>しず</rt></ruby>かでは ありません <ruby>静<rt>しず</rt></ruby>かじゃ ありません	<ruby>静<rt>しず</rt></ruby>かでは ありませんでした <ruby>静<rt>しず</rt></ruby>かじゃ ありませんでした
<ruby>親切<rt>しんせつ</rt></ruby>でした	<ruby>親切<rt>しんせつ</rt></ruby>では ありません <ruby>親切<rt>しんせつ</rt></ruby>じゃ ありません	<ruby>親切<rt>しんせつ</rt></ruby>では ありませんでした <ruby>親切<rt>しんせつ</rt></ruby>じゃ ありませんでした
きれいでした	きれいでは ありません きれいじゃ ありません	きれいではありませんでした きれいじゃ ありませんでした
<ruby>同<rt>おな</rt></ruby>じでした	<ruby>同<rt>おな</rt></ruby>じでは ありません <ruby>同<rt>おな</rt></ruby>じじゃ ありません	<ruby>同<rt>おな</rt></ruby>じでは ありませんでした <ruby>同<rt>おな</rt></ruby>じじゃ ありませんでした

⑯ 동사 활용표

	기본형 〜(하)다	ます형 〜(합)니다	て형 〜(하)고·〜(해)서	た형 〜(했)다	ない형 〜(하)지 않다
1그룹 동사	買う 사다	買います	買って	買った	買わない
	待つ 기다리다	待ちます	待って	待った	待たない
	*帰る 돌아개[오]다	帰ります	帰って	帰った	帰らない
	書く (글씨를) 쓰다	書きます	書いて	書いた	書かない
	*行く 가다	行きます	行って	行った	行かない
	泳ぐ 수영하다	泳ぎます	泳いで	泳いだ	泳がない
	死ぬ 죽다	死にます	死んで	死んだ	死なない
	呼ぶ 부르다	呼びます	呼んで	呼んだ	呼ばない
	読む 읽다	読みます	読んで	読んだ	読まない
	話す 이야기하다	話します	話して	話した	話さない
2그룹 동사	見る 보다	見ます	見て	見た	見ない
	食べる 먹다	食べます	食べて	食べた	食べない
3그룹 동사	来る 오다	来ます	来て	来た	来ない
	する 하다	します	して	した	しない

*활용에 주의해야 할 동사

~ません ~(하)지 않습니다	~ませんでした ~(하)지 않았습니다	~ませんか ~(하)지 않겠습니까?	~ましょう ~(합)시다	~(よ)う ~(해)야지, ~하자
買いません	買いませんでした	買いませんか	買いましょう	買おう
待ちません	待ちませんでした	待ちませんか	待ちしょう	待とう
帰りません	帰りませんでした	帰りませんか	帰りましょう	帰ろう
書きません	書きませんでした	書きませんか	書きましょう	書こう
行きません	行きませんでした	行きませんか	行きましょう	行こう
泳ぎません	泳ぎませんでした	泳ぎませんか	泳ぎましょう	泳ごう
死にません	死にませんでした	死にませんか	死にましょう	死のう
呼びません	呼びませんでした	呼びませんか	呼びましょう	呼ぼう
読みません	読みませんでした	読みませんか	読みましょう	読もう
話しません	話しませんでした	話しませんか	話しましょう	話そう
見ません	見ませんでした	見ませんか	見ましょう	見よう
食べません	食べませんでした	食べませんか	食べましょう	食べよう
来ません	来ませんでした	来ませんか	来ましょう	来よう
しません	しませんでした	しませんか	しましょう	しよう

⓱ 주요 기본 어휘(1)

い형용사 _ 상태

❶ <ruby>大<rt>おお</rt></ruby>きい 크다	❷ <ruby>小<rt>ちい</rt></ruby>さい 작다	❸ <ruby>重<rt>おも</rt></ruby>い 무겁다
❹ <ruby>軽<rt>かる</rt></ruby>い 가볍다	❺ <ruby>近<rt>ちか</rt></ruby>い 가깝다	❻ <ruby>遠<rt>とお</rt></ruby>い 멀다
❼ <ruby>広<rt>ひろ</rt></ruby>い 넓다	❽ <ruby>狭<rt>せま</rt></ruby>い 좁다	❾ <ruby>新<rt>あたら</rt></ruby>しい 새롭다
❿ <ruby>古<rt>ふる</rt></ruby>い 낡다	⓫ <ruby>長<rt>なが</rt></ruby>い 길다	⓬ <ruby>短<rt>みじか</rt></ruby>い 짧다
⓭ いい[よい] 좋다	⓮ <ruby>悪<rt>わる</rt></ruby>い 나쁘다	⓯ <ruby>多<rt>おお</rt></ruby>い 많다
⓰ <ruby>少<rt>すく</rt></ruby>ない 적다	⓱ <ruby>明<rt>あか</rt></ruby>るい 밝다	⓲ <ruby>暗<rt>くら</rt></ruby>い 무겁다
⓳ <ruby>高<rt>たか</rt></ruby>い 비싸다	⓴ <ruby>安<rt>やす</rt></ruby>い 싸다	㉑ <ruby>美<rt>うつく</rt></ruby>しい 아름답다
㉒ <ruby>忙<rt>いそが</rt></ruby>しい 바쁘다	㉓ <ruby>汚<rt>きたな</rt></ruby>い 더럽다	㉔ <ruby>冷<rt>つめ</rt></ruby>たい 차갑다
㉕ <ruby>高<rt>たか</rt></ruby>い 높다	㉖ <ruby>低<rt>ひく</rt></ruby>い 낮다	㉗ <ruby>遅<rt>おそ</rt></ruby>い 느리다
㉘ <ruby>速<rt>はや</rt></ruby>い 빠르다	㉙ <ruby>早<rt>はや</rt></ruby>い 이르다	㉚ <ruby>強<rt>つよ</rt></ruby>い 강하다
㉛ <ruby>弱<rt>よわ</rt></ruby>い 약하다	㉜ <ruby>優<rt>やさ</rt></ruby>しい 상냥하다	㉝ かわいい 귀엽다
㉞ すばらしい 훌륭하다	㉟ <ruby>太<rt>ふと</rt></ruby>い 굵다	㊱ <ruby>細<rt>ほそ</rt></ruby>い 가늘다
㊲ <ruby>薄<rt>うす</rt></ruby>い 얇다	㊳ <ruby>厚<rt>あつ</rt></ruby>い 두껍다	㊴ <ruby>若<rt>わか</rt></ruby>い 젊다
㊵ <ruby>危<rt>あぶ</rt></ruby>ない 위험하다	㊶ すごい 대단하다	㊷ <ruby>白<rt>しろ</rt></ruby>い 하얗다
㊸ <ruby>黒<rt>くろ</rt></ruby>い 검다	㊹ <ruby>青<rt>あお</rt></ruby>い 파랗다	㊺ <ruby>赤<rt>あか</rt></ruby>い 빨갛다

い형용사 _ 감정

❶ <ruby>難<rt>むずか</rt></ruby>しい 어렵다	❷ <ruby>易<rt>やさ</rt></ruby>しい 쉽다	❸ おもしろい 재밌다
❹ つまらない 재미없다	❺ <ruby>悲<rt>かな</rt></ruby>しい 슬프다	❻ うれしい 기쁘다
❼ <ruby>痛<rt>いた</rt></ruby>い 아프다	❽ <ruby>楽<rt>たの</rt></ruby>しい 즐겁다	❾ <ruby>寂<rt>さび</rt></ruby>しい 쓸쓸하다

い형용사 _ 미각

❶ 辛(から)い 맵다	❷ 酸(す)っぱい 시다	❸ 甘(あま)い 달다
❹ しょっぱい 짜다	❺ 渋(しぶ)い 떫다	❻ 苦(にが)い 쓰다
❼ おいしい 맛있다	❽ まずい 맛없다	

い형용사 _ 날씨

❶ 暖(あた)かい 따뜻하다	❷ 暑(あつ)い 덥다	❸ 涼(すず)しい 시원하다, 선선하다
❹ 寒(さむ)い 춥다		

な형용사

❶ 上手(じょうず)だ 잘하다, 능숙하다	❷ 下手(へた)だ 잘 못하다, 서투르다	❸ 好(す)きだ 좋아하다
❹ 大好(だいす)きだ 매우 좋아하다	❺ 嫌(きら)いだ 싫어하다	❻ 便利(べんり)だ 편리하다
❼ 不便(ふべん)だ 불편하다	❽ 静(しず)かだ 조용하다	❾ にぎやかだ 번화하다
❿ 暇(ひま)だ 한가하다	⓫ きれいだ 깨끗하다, 예쁘다	⓬ 有名(ゆうめい)だ 유명하다
⓭ 親切(しんせつ)だ 친절하다	⓮ 元気(げんき)だ 건강하다	⓯ 楽(らく)だ 편안하다
⓰ 大変(たいへん)だ 큰일이다, 힘들다	⓱ 得意(とくい)だ 잘하다, 자신 있다	⓲ 苦手(にがて)だ 잘 못하다, 서투르다
⓳ ハンサムだ 잘생기다	⓴ 立派(りっぱ)だ 훌륭하다	㉑ 素敵(すてき)だ 멋지다
㉒ 簡単(かんたん)だ 간단하다	㉓ 複雑(ふくざつ)だ 복잡하다	㉔ 心配(しんぱい)だ 걱정스럽다
㉕ 大切(たいせつ)だ 중요하다	㉖ 大丈夫(だいじょうぶ)だ 괜찮다	㉗ 真面目(まじめ)だ 성실하다

⑱ 주요 기본 어휘(2)

1그룹 동사

❶ <ruby>書<rt>か</rt></ruby>く (글씨를) 쓰다	❷ <ruby>聞<rt>き</rt></ruby>く 듣다	❸ <ruby>歩<rt>ある</rt></ruby>く 걷다
❹ <ruby>引<rt>ひ</rt></ruby>く 끌다	❺ <ruby>急<rt>いそ</rt></ruby>ぐ 서두르다	❻ <ruby>泳<rt>およ</rt></ruby>ぐ 수영하다
❼ <ruby>会<rt>あ</rt></ruby>う 만나다	❽ <ruby>買<rt>か</rt></ruby>う 사다	❾ <ruby>洗<rt>あら</rt></ruby>う 씻다
❿ <ruby>吸<rt>す</rt></ruby>う (담배를) 피우다	⓫ <ruby>歌<rt>うた</rt></ruby>う (노래를) 부르다	⓬ <ruby>使<rt>つか</rt></ruby>う 사용하다
⓭ <ruby>言<rt>い</rt></ruby>う 말하다	⓮ <ruby>待<rt>ま</rt></ruby>つ 기다리다	⓯ <ruby>立<rt>た</rt></ruby>つ 서다
⓰ <ruby>乗<rt>の</rt></ruby>る (탈것에) 타다	⓱ <ruby>帰<rt>かえ</rt></ruby>る 돌아가[오]다	⓲ <ruby>終<rt>お</rt></ruby>わる 끝나다
⓳ <ruby>入<rt>はい</rt></ruby>る 들어가[오]다	⓴ <ruby>取<rt>と</rt></ruby>る 집다, 들다, (자격을) 따다	㉑ <ruby>撮<rt>と</rt></ruby>る (사진을) 찍다
㉒ <ruby>座<rt>すわ</rt></ruby>る 앉다	㉓ <ruby>死<rt>し</rt></ruby>ぬ 죽다	㉔ <ruby>呼<rt>よ</rt></ruby>ぶ 부르다
㉕ <ruby>遊<rt>あそ</rt></ruby>ぶ 놀다	㉖ <ruby>読<rt>よ</rt></ruby>む 읽다	㉗ <ruby>飲<rt>の</rt></ruby>む 마시다
㉘ <ruby>行<rt>い</rt></ruby>く 가다	㉙ <ruby>話<rt>はな</rt></ruby>す 이야기하다	㉚ <ruby>押<rt>お</rt></ruby>す 누르다
㉛ <ruby>習<rt>なら</rt></ruby>う 배우다		

2그룹 동사

❶ <ruby>起<rt>お</rt></ruby>きる 일어나다, 기상하다	❷ <ruby>見<rt>み</rt></ruby>る 보다	❸ <ruby>教<rt>おし</rt></ruby>える 가르치다
❹ <ruby>食<rt>た</rt></ruby>べる 먹다	❺ <ruby>寝<rt>ね</rt></ruby>る 자다	❻ <ruby>出<rt>で</rt></ruby>かける 외출하다, 나가다
❼ かける (전화 등을) 걸다		

3그룹 동사

❶ <ruby>来<rt>く</rt></ruby>る 오다	❷ する 하다

UNIT 01 저는 회사원입니다. p.38

わたしは　かいしゃいんです。

01 ① わたしは　かんこくじんです。
　　　저는 한국인입니다.

　　　かんこくじんです。
　　　한국인입니다.

　② わたしは　がくせいです。
　　　저는 학생입니다.

　　　がくせいです。
　　　학생입니다.

02 ① さとうさんは　がくせいですか。
　　　사토 씨는 학생입니까?

　② リンさんは　ちゅうごくじんですか。
　　　린 씨는 중국인입니까?

03 ① わたしは　イです。キムでは　ありません。
　　　저는 이(○○)입니다. 김(○○)이 아닙니다.

　② わたしは　かんこくじんです。にほんじんでは
　　　ありません。
　　　저는 한국인입니다. 일본인이 아닙니다.

UNIT 02 이것은 무엇입니까? p.48

これは　なんですか。

01 ① A それは　なんですか。
　　　그것은 무엇입니까?

　　　B これは　ノートです。
　　　이것은 노트입니다.

　② A あれは　なんですか。
　　　저것은 무엇입니까?

　　　B あれは　とけいです。
　　　저것은 시계입니다.

02 ① たなかさんは　かいしゃいんでした。
　　　다나카 씨는 회사원이었습니다.

　　　たなかさんは　かいしゃいんでは　ありません
　　　でした。
　　　다나카 씨는 회사원이 아니었습니다.

　② きのうは　やすみでした。
　　　어제는 쉬는 날이었습니다.

　　　きのうは　やすみでは　ありませんでした。
　　　어제는 쉬는 날이 아니었습니다.

---

03 ① A トイレは　どこですか。
　　　화장실은 어디입니까?

　　　B ここです。
　　　여기입니다.

　② A コンビニは　どこですか。
　　　편의점은 어디입니까?

　　　B そこです。
　　　거기입니다.

UNIT 03 그 카메라, 좋네요. p.58

その　カメラ、いいですね。

01 ① すしは　たかいです。
　　　초밥은 비쌉니다.

　　　きもちは　いいです。
　　　기분은 좋습니다.

02 ① A あまい　おかしは　どれですか。
　　　단 과자는 어느 것입니까?

　　　B この　おかしです。
　　　이 과자입니다.

　② A おいしい　パンは　どれですか。
　　　맛있는 빵은 어느 것입니까?

　　　B この　パンです。
　　　이 빵입니다.

03 ① りょうりは　おいしく　ありません。
　　　요리는 맛있지 않습니다.

　　　りょうりは　おいしく　ありませんでした。
　　　요리는 맛있지 않았습니다.

　② にほんごは　むずかしく　ありません。
　　　일본어는 어렵지 않습니다.

　　　にほんごは　むずかしく　ありませんでした。
　　　일본어는 어렵지 않았습니다.

UNIT 04 매우 즐거웠습니다. p.68

とても　楽しかったです。

01 ① A 料理は　どうでしたか。
　　　요리는 어땠습니까?

　　　B とても　おいしかったです。
　　　매우 맛있었습니다.

　② A 旅行は　どうでしたか。
　　　여행은 어땠습니까?

B とても よかったです。
매우 좋았습니다.

02 ① この 部屋は 明るくて 広いです。
이 방은 밝고 넓습니다.

② この かばんは 小さくて 軽いです。
이 가방은 작고 가볍습니다.

03 ① 旅館は 高くても 人気です。
여관은 비싸도 인기입니다.

② 北海道は 寒くても 人気です。
홋카이도는 추워도 인기입니다.

UNIT 05 매우 편리합니다.   p.78
とても 便利です。

01 ① 駅員が 親切です。
역무원이 친절합니다.

② 部屋が きれいです。
방이 깨끗합니다.

02 ① A お酒は 好きですか。
술은 좋아합니까?

B いいえ、好きでは ありません。
아니요, 좋아하지 않습니다.

② A 野菜は 嫌いですか。
채소는 싫어합니까?

B いいえ、嫌いでは ありません。
아니요, 싫어하지 않습니다.

03 ① ここは にぎやかでは ありませんでした。
여기는 번화하지 않았습니다.

② 刺身は 新鮮では ありませんでした。
생선회는 신선하지 않았습니다.

UNIT 06 교토는 유명한 곳입니까?   p.88
京都は 有名な 所ですか。

01 ① ここは 静かな 公園です。
여기는 조용한 공원입니다.

② あれは 有名な 建物です。
저것은 유명한 건물입니다.

02 ① 交通は 不便でした。
교통은 불편했습니다.

② あの 街は にぎやかでした。
저 거리는 번화했습니다.

03 ① 金さんは ハンサムで 素敵な 人です。
김(○○) 씨는 핸섬하고 멋진 사람입니다.

② 田中さんは きれいで 元気な 人です。
다나카 씨는 예쁘고 건강한 사람입니다.

UNIT 07 8,000엔입니다.   p.98
8,000円です。

01 ① A この ペンは いくらですか。
이 펜은 얼마입니까?

B ろっぴゃくえんです。
600엔입니다.

② A この 靴は いくらですか。
이 신발은 얼마입니까?

B にせんはっぴゃくえんです。
2,800엔입니다.

02 ① しちがつ ふつかから むいかまで お願いします。
7월 2일부터 6일까지 부탁드립니다.

② じゅういちがつ じゅうしちにちから はつか まで お願いします。
11월 17일부터 20일까지 부탁드립니다.

03 ① ろくじ にじゅうはっぷんです。
6시 28분입니다.

② くじ じゅうよんぷんです。
9시 14분입니다.

UNIT 08 신주쿠에서 쇼핑을 합니다.   p.108
新宿で 買い物を します。

01 ① A 明日は 何を しますか。
내일은 무엇을 할 겁니까?

B 釣りを します。
낚시를 할 겁니다.

② A 今日は 何を しますか。
오늘은 무엇을 합니까?

B 映画を 見ます。
영화를 봅니다.

02 ① A お土産を 買いましたか。
　　　선물을 샀습니까?

　　　B はい、買いました。
　　　예, 샀습니다.

　　② A お茶を 飲みましたか。
　　　차를 마셨습니까?

　　　B はい、飲みました。
　　　예, 마셨습니다.

03 ① A 歌は 歌いましたか。
　　　노래는 불렀습니까?

　　　B いいえ、歌いませんでした。
　　　아니요, 부르지 않았습니다.

　　② A 友達は 来ましたか。
　　　친구는 왔습니까?

　　　B いいえ、来ませんでした。
　　　아니요, 오지 않았습니다.

UNIT 09 젊은이들의 거리를 보고 싶습니다만…. p.118
若者の 街を 見たいですが…。

01 ① 歌を 歌いたいです。
　　　노래를 부르고 싶습니다.

　　② 映画を 見たいです。
　　　영화를 보고 싶습니다.

02 ① 一緒に お茶でも 飲みませんか。
　　　같이 차라도 마시지 않겠습니까?

　　② 一緒に ご飯でも 食べませんか。
　　　같이 밥이라도 먹지 않겠습니까?

03 ① 友達に 会いに 行きます。
　　　친구를 만나러 갑니다.

　　② 祭りを 見に 行きます。
　　　축제를 보러 갑니다.

UNIT 10 사용법이 정말로 간단하네요. p.128
使い方が 本当に 簡単ですね。

01 ① バスの 乗り方を 知りたいです。
　　　버스 타는 법을 알고 싶습니다.

　　② 漢字の 読み方を 知りたいです。
　　　한자 읽는 법을 알고 싶습니다.

---

02 ① この 町は 住みやすいですね。
　　　이 동네는 살기 편하네요.

　　② この 靴は はきやすいですね。
　　　이 신발은 신기 편하네요.

03 ① 音楽を 聞きながら、勉強を します。
　　　음악을 들으면서 공부를 합니다.

　　② 歌を 歌いながら、掃除を します。
　　　노래를 부르면서 청소를 합니다.

UNIT 11 11시까지 열려 있습니다. p.138
11時まで 開いて います。

01 ① 食事を して います。
　　　식사를 하고 있습니다.

　　② 友達と 話して います。
　　　친구와 이야기하고 있습니다.

02 ① チケットを 見せて ください。
　　　티켓을 보여 주세요.

　　② 山手線に 乗って ください。
　　　야마노테선을 타 주세요.

03 ① 散歩してから、シャワーを 浴びます。
　　　산책하고 나서 샤워를 합니다.

　　② お風呂に 入ってから、寝ます。
　　　목욕하고 나서 잡니다.

UNIT 12 로비에서 담배를 피워도 됩니까? p.148
**ロビーで タバコを 吸っても
いいですか。**

01 ① ここに 車を 止めても いいです。
　　　여기에 차를 세워도 됩니다.

　　② ここで 釣りを しても いいです。
　　　여기에서 낚시를 해도 됩니다.

02 ① ここに ゴミを 捨てては いけません。
　　　여기에 쓰레기를 버려서는 안 됩니다.

　　② 芝生に 入っては いけません。
　　　잔디밭에 들어가서는 안 됩니다.

03 ① ガイドブックを 読んで おきます。
　　　가이드북을 읽어 둡니다.

　　② 冷蔵庫に 牛乳を 入れて おきます。
　　　냉장고에 우유를 넣어 둡니다.

UNIT 13 아~, 배가 고프다. p.158

ああ、お腹が 空いた。

01 ① 電車に 乗って 行った。
전철을 타고 갔다.

② 掃除を してから、お風呂に 入った。
청소를 하고 나서 목욕했다.

02 ① 日本の 音楽を 聞いた ことが あります。
일본 음악을 들은 적이 있습니다.

② 日本の 旅館に 泊まった ことが あります。
일본 여관에 묵은 적이 있습니다.

03 ① それじゃ、薬を 飲んだ 方が いいです。
그럼, 약을 먹는 편이 좋습니다.

② それじゃ、早く 帰った 方が いいです。
그럼, 빨리 돌아가는 편이 좋습니다.

UNIT 14 슈트를 입지 않아도 됩니다. p.168

スーツを 着なくても いいです。

01 ① 日本語で 書かなくても いいです。
일본어로 쓰지 않아도 됩니다.

② 靴を 脱がなくても いいです。
신발을 벗지 않아도 됩니다.

02 ① 2、3日 お風呂に 入らない 方が いいです。
이삼일 목욕하지 않는 편이 좋습니다.

② 食べ過ぎを しない 方が いいです。
과식을 하지 않는 편이 좋습니다.

03 ① 手を 触れないで ください。
손을 대지 말아 주세요.

② 床に 座らないで ください。
바닥에 앉지 말아 주세요.

UNIT 15 실은 아침밥을 먹지 않아서…. p.178

実は 朝ご飯を 食べなくて…。

01 ① お金が 足りなくて 困りました。
돈이 부족해서 곤란했습니다.

② パスポートが 見つからなくて 困りました。
여권이 발견되지 않아서 곤란했습니다.

02 ① 日本語で 書かなければ なりません。
일본어로 쓰지 않으면 안 됩니다[써야 합니다].

② 税金を 払わなければ なりません。
세금을 지불하지 않으면 안 됩니다[지불해야 합니다].

03 ① A 昨日も お酒を 飲みましたか。
어제도 술을 마셨습니까?

B いいえ、お酒を 飲まないで 家で 休みました。
아니요, 술을 마시지 않고 집에서 쉬었습니다.

② A 昨日も 花見を しましたか。
어제도 꽃구경을 했습니까?

B いいえ、花見を しないで 家で 休みました。
아니요, 꽃구경을 하지 않고 집에서 쉬었습니다.

UNIT 16 이번 일요일에 무엇을 할 생각입니까? p.188

今度の 日曜日に 何を する つもり ですか。

01 ① 海に 行く つもりです。
바다에 갈 생각입니다.

② 山に 登る つもりです。
산에 오를 생각입니다.

02 ① バックパック旅行を しようと 思います。
배낭여행을 하려고 생각합니다.

② 運転免許を 取ろうと 思います。
운전면허를 따려고 생각합니다.

03 ① 忙しかったら、電話します。
바쁘면 전화하겠습니다.

② 合格だったら、電話します。
합격하면 전화하겠습니다.

memo

memo

와이비엠
홀딩스

일본어가 술술 나오는 **YBM**

일본어 첫걸음

일본어 쓰기노트

JLPT N5 하프모의고사

스토리북 신데렐라

일본어가 술술 나오는 **YBM**

일본어 첫걸음

일본어 쓰기노트

JLPT N5 하프모의고사

스토리북 신데렐라

목차

일본어
쓰기노트

히라가나(ひらがな)

▼단	あ단	い단	う단	え단	お단
▶행 あ행	**あ** 아[a]	**い** 이[i]	**う** 우[u]	**え** 에[e]	**お** 오[o]
か행	**か** 카[ka]	**き** 키[ki]	**く** 쿠[ku]	**け** 케[ke]	**こ** 코[ko]
さ행	**さ** 사[sa]	**し** 시[shi]	**す** 스[su]	**せ** 세[se]	**そ** 소[so]
た행	**た** 타[ta]	**ち** 치[chi]	**つ** 츠[tsu]	**て** 테[te]	**と** 토[to]
な행	**な** 나[na]	**に** 니[ni]	**ぬ** 누[nu]	**ね** 네[ne]	**の** 노[no]
は행	**は** 하[ha]	**ひ** 히[hi]	**ふ** 후[hu/fu]	**へ** 헤[he]	**ほ** 호[ho]
ま행	**ま** 마[ma]	**み** 미[mi]	**む** 무[mu]	**め** 메[me]	**も** 모[mo]
や행	**や** 야[ya]		**ゆ** 유[yu]		**よ** 요[yo]
ら행	**ら** 라[ra]	**り** 리[ri]	**る** 루[ru]	**れ** 레[re]	**ろ** 로[ro]
わ행	**わ** 와[wa]				**を** 오[wo]
			ん 응[n]		

가타카나(カタカナ)

▼단	ア단	イ단	ウ단	エ단	オ단
ア행	**ア** 아[a]	**イ** 이[i]	**ウ** 우[u]	**エ** 에[e]	**オ** 오[o]
カ행	**カ** 카[ka]	**キ** 키[ki]	**ク** 쿠[ku]	**ケ** 케[ke]	**コ** 코[ko]
サ행	**サ** 사[sa]	**シ** 시[shi]	**ス** 스[su]	**セ** 세[se]	**ソ** 소[so]
タ행	**タ** 타[ta]	**チ** 치[chi]	**ツ** 츠[tsu]	**テ** 테[te]	**ト** 토[to]
ナ행	**ナ** 나[na]	**ニ** 니[ni]	**ヌ** 누[nu]	**ネ** 네[ne]	**ノ** 노[no]
ハ행	**ハ** 하[ha]	**ヒ** 히[hi]	**フ** 후[hu/fu]	**ヘ** 헤[he]	**ホ** 호[ho]
マ행	**マ** 마[ma]	**ミ** 미[mi]	**ム** 무[mu]	**メ** 메[me]	**モ** 모[mo]
ヤ행	**ヤ** 야[ya]		**ユ** 유[yu]		**ヨ** 요[yo]
ラ행	**ラ** 라[ra]	**リ** 리[ri]	**ル** 루[ru]	**レ** 레[re]	**ロ** 로[ro]
ワ행	**ワ** 와[wa]				**ヲ** 오[wo]
			ン 응[n]		

히라가나

아[a]

ー ナ あ あ あ あ あ あ

あい 사랑　あお 파랑　あさ 아침
아 이　　　아 오　　　아 사

이[i]

し い い い い い い い

いえ 집　いけ 연못　いちご 딸기
이 에　　이 께　　　이 찌 고

우[u]

` う う う う う う う

うし 소　うどん 우동　うみ 바다
우 시　　우 동　　　우 미

에[e]

` え え え え え え え

え 그림　えき 역　えび 새우
에　　　에 끼　　에 비

오[o]

ー お お お お お お お

おか 언덕　おでん 오뎅　おとな 어른
오 까　　　오 뎅　　　오 또 나

8

카[ka]

つ カ か か か か か か

| かお 얼굴 | かき 감 | かさ 우산 |
| 카 오 | 카 끼 | 카 사 |

키[ki]

一 二 キ き き き き き

| き 나무 | きく 국화 | きせつ 계절 | ★ 인쇄체에서는 3획과 4획을 연결한 |
| 키 | 키 꾸 | 키 세 쯔 | 「き」로도 씁니다. |

쿠[ku]

く く く く く く く く

| くつ 구두 | くま 곰 | くも 구름 |
| 쿠 쯔 | 쿠 마 | 쿠 모 |

케[ke]

{ {一 け け け け け

| けさ 오늘 아침 | けしき 경치 | けしょうひん 화장품 |
| 케 사 | 케 시 끼 | 케 쇼 － 힝 |

코[ko]

一 こ

| こおり 얼음 | こころ 마음 | こども 아이 |
| 코 － 리 | 코 꼬 로 | 코 도 모 |

9

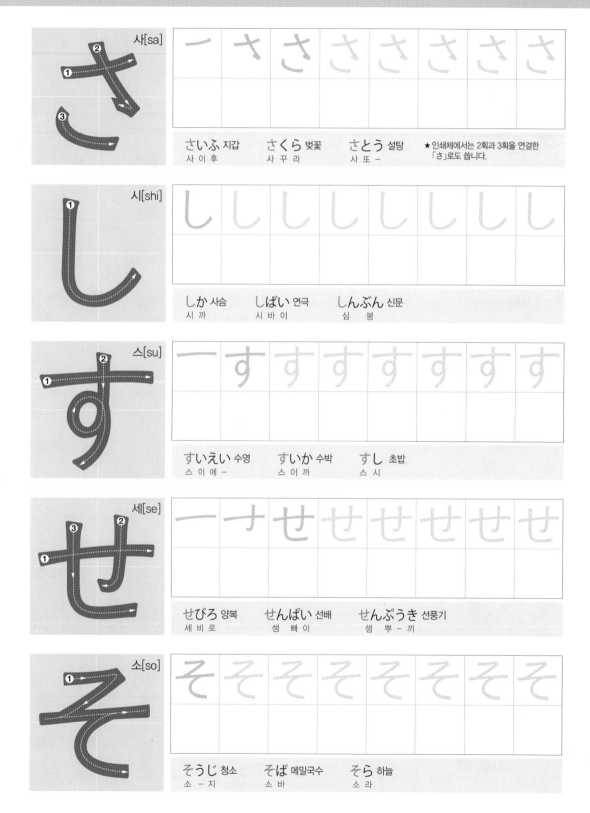

사[sa]

一　さ　さ　さ　さ　さ　さ　さ

さいふ 지갑　　さくら 벚꽃　　さとう 설탕　　★인쇄체에서는 2획과 3획을 연결한
사 이 후　　　사 꾸 라　　　사 또 -　　　「さ」로도 씁니다.

시[shi]

し　し　し　し　し　し　し　し

しか 사슴　　しばい 연극　　しんぶん 신문
시 까　　　시 바 이　　　심 붕

스[su]

一　す　す　す　す　す　す　す

すいえい 수영　　すいか 수박　　すし 초밥
스 이 에 -　　　스 이 까　　　스 시

세[se]

一　ナ　せ　せ　せ　せ　せ　せ

せびろ 양복　　せんぱい 선배　　せんぷうき 선풍기
세 비 로　　　셈 빠 이　　　셈 뿌 - 끼

소[so]

そ　そ　そ　そ　そ　そ　そ　そ

そうじ 청소　　そば 메밀국수　　そら 하늘
소 - 지　　　소 바　　　소 라

타[ta]

たいよう 태양
타 이 요 -

たに 골짜기
타 니

たまご 계란
타 마 고

치[chi]

ちかてつ 지하철
치 까 떼 쯔

ちきゅう 지구
치 뀨 -

ちず 지도
치 즈

츠[tsu]

つき 달
츠 끼

つゆ 장마
츠 유

つり 낚시
츠 리

테[te]

てがみ 편지
테 가 미

てんき 날씨
텡 끼

てんし 천사
텐 시

토[to]

とけい 시계
토 께 -

となり 이웃
토 나 리

ともだち 친구
토 모 다 찌

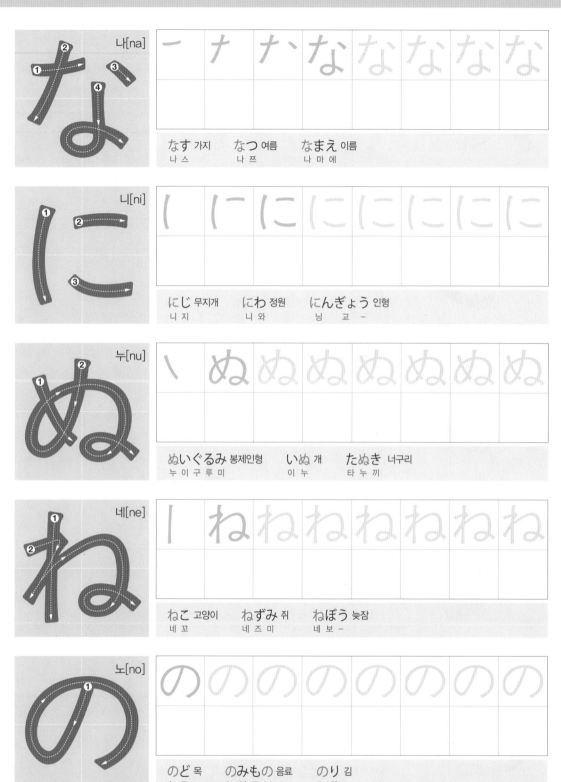

なす 가지 / 나스　なつ 여름 / 나쯔　なまえ 이름 / 나마에

にじ 무지개 / 니지　にわ 정원 / 니와　にんぎょう 인형 / 닝교ー

ぬいぐるみ 봉제인형 / 누이구루미　いぬ 개 / 이누　たぬき 너구리 / 타누끼

ねこ 고양이 / 네꼬　ねずみ 쥐 / 네즈미　ねぼう 늦잠 / 네보ー

のど 목 / 노도　のみもの 음료 / 노미모노　のり 김 / 노리

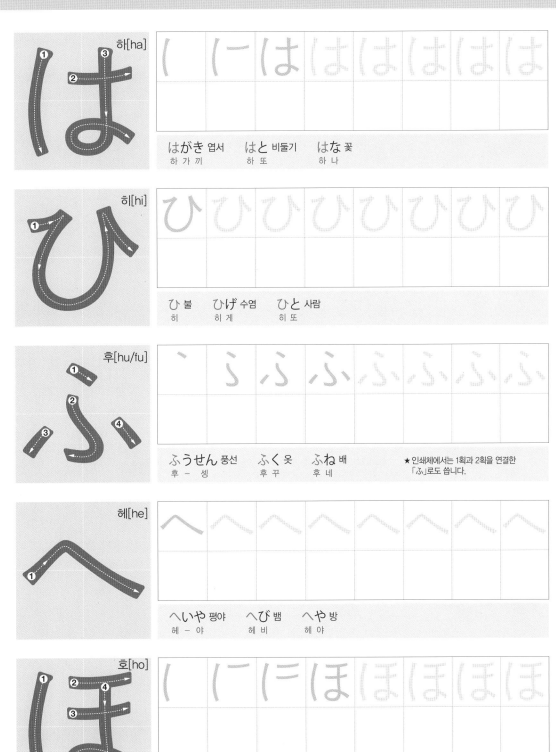

하[ha]

し	し	じ	は	は	は	は	は

はがき 엽서　　はと 비둘기　　はな 꽃
하 가 끼　　　하 또　　　　하 나

히[hi]

ひ	ひ	ひ	ひ	ひ	ひ	ひ	ひ

ひ 불　　ひげ 수염　　ひと 사람
히　　　히 게　　　히 또

후[hu/fu]

`	ふ	ふ	ふ	ふ	ふ	ふ	ふ

ふうせん 풍선　　ふく 옷　　ふね 배
후 － 셍　　　후 꾸　　후 네

★ 인쇄체에서는 1획과 2획을 연결한
「ふ」로도 씁니다.

헤[he]

へ	へ	へ	へ	へ	へ	へ	へ

へいや 평야　　へび 뱀　　へや 방
헤 － 야　　　헤 비　　헤 야

호[ho]

し	し	じ	ほ	ほ	ほ	ほ	ほ

ほし 별　　ほほえみ 미소　　ほん 책
호 시　　　호 호 에 미　　　홍

13

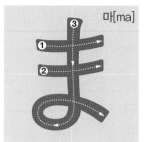

마[ma]

ー　ニ　ま　ま　ま　ま　ま　ま

まち 거리　まど 창문　まんが 만화
마 찌　　　마 도　　　망 가

미[mi]

み　み　み　み　み　み　み　み

みずうみ 호수　みそしる 된장국　みみ 귀
미 즈 우 미　　　미 소 시 루　　　미 미

무[mu]

ー　む　む　む　む　む　む　む

むし 벌레　むしば 충치　むら 마을
무 시　　　무 시 바　　　무 라

메[me]

＼　め　め　め　め　め　め　め

め 눈　めがね 안경　めだまやき 계란프라이
메　　메 가 네　　　메 다 마 야 끼

모[mo]

し　も　も　も　も　も　も　も

もち 떡　もも 복숭아　もり 숲
모 찌　　　모 모　　　　모 리

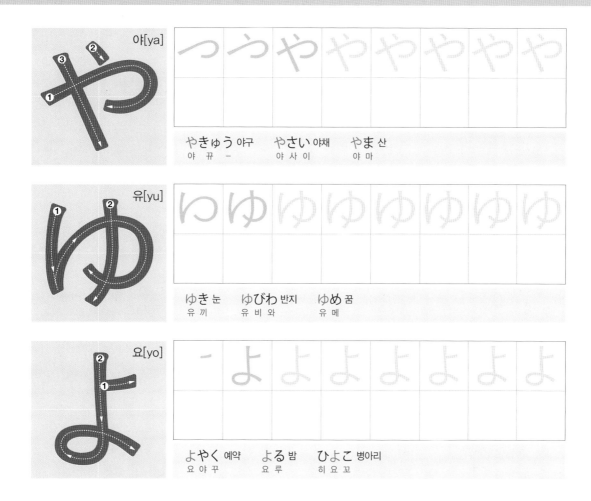

야[ya]

つ つ や や や や や や

やきゅう 야구　やさい 야채　やま 산
야 뀨 -　　야 사 이　　야 마

유[yu]

い ゆ ゆ ゆ ゆ ゆ ゆ ゆ

ゆき 눈　ゆびわ 반지　ゆめ 꿈
유 끼　　유 비 와　　유 메

요[yo]

一 よ よ よ よ よ よ よ

よやく 예약　よる 밤　ひよこ 병아리
요 야 꾸　　요 루　　히 요 꼬

혼동하기 쉬운 글자 1
*다음 글자들은 모양이 비슷해서 혼동하기 쉬우므로 잘 익혀 두세요.

き 키[ki]　さ 사[sa]　た 타[ta]　な 나[na]

は 하[ha]　ほ 호[ho]　ま 마[ma]　も 모[mo]

15

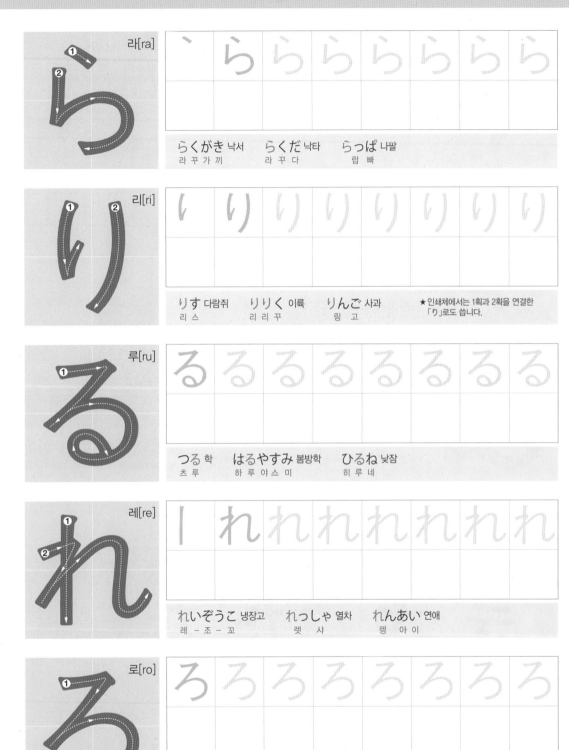

라[ra]

` らららららら

らくがき 낙서　　らくだ 낙타　　らっぱ 나팔
라 꾸 가 끼　　　라 꾸 다　　　랍 빠

리[ri]

り り り り り り り

りす 다람쥐　　りりく 이륙　　りんご 사과
리 스　　　리 리 꾸　　　링 고

★인쇄체에서는 1획과 2획을 연결한
「り」로도 씁니다.

루[ru]

る る る る る る る

つる 학　　はるやすみ 봄방학　　ひるね 낮잠
츠 루　　하 루 야스 미　　　히 루 네

레[re]

| れれれれれれ

れいぞうこ 냉장고　　れっしゃ 열차　　れんあい 연애
레 - 조 - 꼬　　　렛 샤　　　렝 아 이

로[ro]

ろ ろ ろ ろ ろ ろ ろ

ろうか 복도　　ろうそく 양초　　いろ 색
로 - 까　　로 - 소 꾸　　이 로

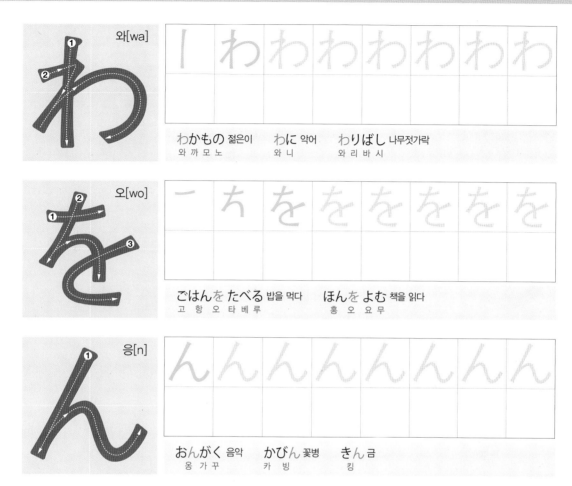

와[wa]

わかもの 젊은이　わに 악어　わりばし 나무젓가락
와 까 모 노　　　와 니　　　와 리 바 시

오[wo]

ごはんを たべる 밥을 먹다　ほんを よむ 책을 읽다
고 항 오 타 베 루　　　　홍 오 요무

응[n]

おんがく 음악　かびん 꽃병　きん 금
옹 가 꾸　　　카 빙　　　킹

혼동하기 쉬운 글자 2

*다음 글자들은 모양이 비슷해서 혼동하기 쉬우므로 잘 익혀 두세요.

누[nu]　메[me]

네[ne]　레[re]　와[wa]

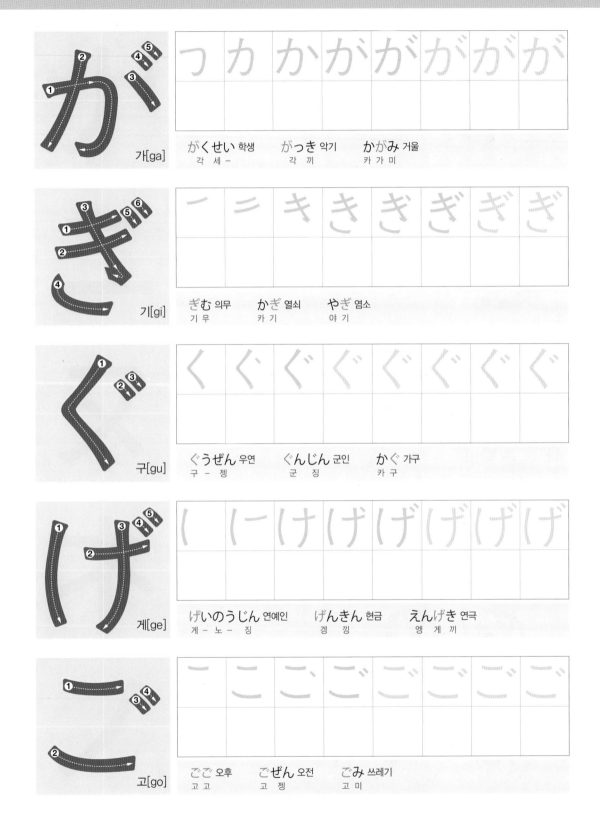

が 가[ga]

つ カ か が が が が が

がくせい 학생   がっき 악기   かがみ 거울
각 세 -   각 끼   카 가 미

ぎ 기[gi]

ー ニ キ き き ぎ ぎ ぎ

ぎむ 의무   かぎ 열쇠   やぎ 염소
기 무   카 기   야 기

ぐ 구[gu]

く ぐ ぐ ぐ ぐ ぐ ぐ ぐ

ぐうぜん 우연   ぐんじん 군인   かぐ 가구
구 - 젱   군 징   카 구

げ 게[ge]

((- (け げ げ げ げ げ

げいのうじん 연예인   げんきん 현금   えんげき 연극
게 - 노 - 징   겡 낑   엥 게 끼

ご 고[go]

こ ご ご ご ご ご ご

ごご 오후   ごぜん 오전   ごみ 쓰레기
고 고   고 젱   고 미

18

재[za]

ざせき 좌석
자세끼

ざっし 잡지
잣 시

ひざ 무릎
히 자

지[zi]

じかん 시간
지 깡

じしん 지진
지 싱

じどうしゃ 자동차
지 도 - 샤

즈[zu]

いずみ 샘
이 즈 미

かず 수
카 즈

すずめ 참새
스 즈 메

제[ze]

ぜんこく 전국
젱 꼬 꾸

ぜんぶ 전부
젬 부

かぜ 감기
카 제

조[zo]

ぞう 코끼리
조 -

かぞく 가족
카 조 꾸

そうぞうりょく 상상력
소 - 조 - 료 꾸

19

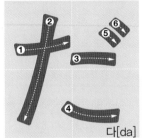
다[da]

ー ナ た ただ だ だ だ

だいがくせい 대학생　しゅくだい 숙제　はだ 피부
다 이 각 세 -　　　슈 꾸 다 이　　하 다

지[zi]

ー ち ち ぢ ぢ ぢ ぢ ぢ

はなぢ 코피
하 나 지

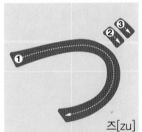
즈[zu]

つ づ づ づ づ づ づ づ

あいづち 맞장구　こづつみ 소포
아 이 즈 찌　　코 즈 쯔 미

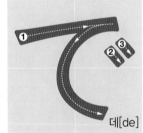
데[de]

て で で で で で で で

でぐち 출구　でんしじしょ 전자사전　でんわ 전화
데 구 찌　　덴 시 지 쇼　　뎅 와

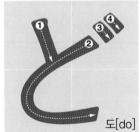
도[do]

ヽ と ど ど ど ど ど ど

どうろ 도로　どくしょ 독서　どんぐり 도토리
도 - 로　　도 꾸 쇼　　동 구 리

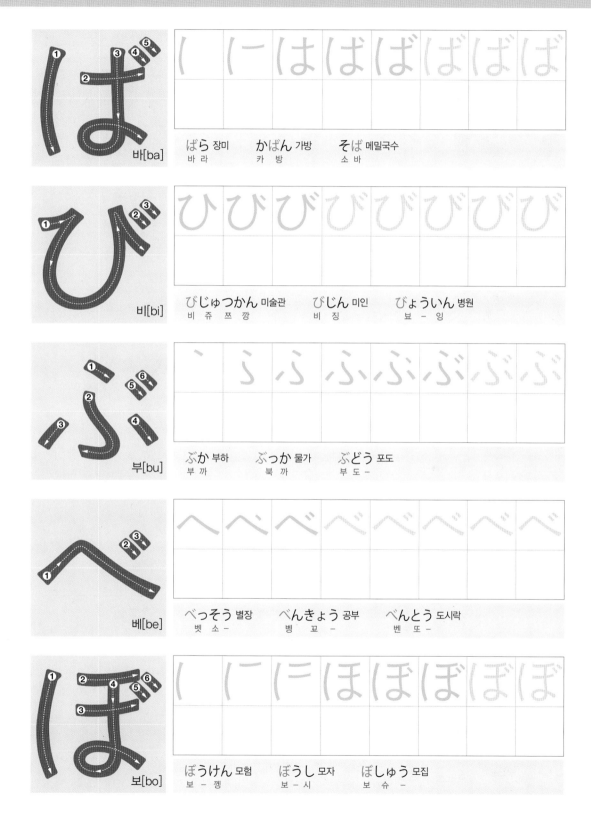

ば 바[ba]

ばら 장미
바 라

かばん 가방
카 방

そば 메밀국수
소 바

び 비[bi]

びじゅつかん 미술관
비 쥬 쯔 깡

びじん 미인
비 징

びょういん 병원
뵤 - 잉

ぶ 부[bu]

ぶか 부하
부 까

ぶっか 물가
북 까

ぶどう 포도
부 도 -

べ 베[be]

べっそう 별장
벳 소 -

べんきょう 공부
벵 꾜 -

べんとう 도시락
벤 또 -

ぼ 보[bo]

ぼうけん 모험
보 - 껭

ぼうし 모자
보 - 시

ぼしゅう 모집
보 슈 -

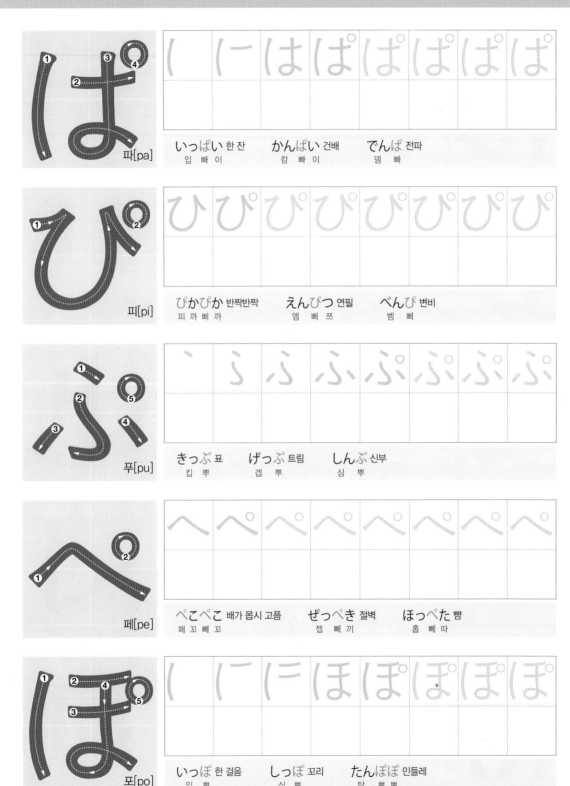

ぱ 파[pa]

いっぱい 한 잔
입 빠 이

かんぱい 건배
캄 빠 이

でんぱ 전파
뎀 빠

ぴ 피[pi]

ぴかぴか 반짝반짝
피 까 삐 까

えんぴつ 연필
엠 삐 쯔

べんぴ 변비
뱀 삐

ぷ 푸[pu]

きっぷ 표
킵 뿌

げっぷ 트림
겝 뿌

しんぷ 신부
심 뿌

ぺ 페[pe]

ぺこぺこ 배가 몹시 고픔
페 꼬 뻬 꼬

ぜっぺき 절벽
젭 뻬 끼

ほっぺた 뺨
홉 뻬 따

ぽ 포[po]

いっぽ 한 걸음
입 뽀

しっぽ 꼬리
십 뽀

たんぽぽ 민들레
탐 뽀 뽀

きゃ 캬[kya]

きゃ きゃ きゃ きゃ

きゃくしつ 객실
캬 꾸시 쯔

きゃくしょく 각색
캬 꾸 쇼꾸

きゃくほん 각본
캬 꾸 홍

きゅ 큐[kyu]

きゅ きゅ きゅ きゅ

きゅうきゅうしゃ 구급차
큐 - 뀨 - 샤

きゅうり 오이
큐 - 리

やきゅう 야구
야 뀨 -

きょ 쿄[kyo]

きょ きょ きょ きょ

きょう 오늘
쿄 -

きょうし 교사
쿄 - 시

きょり 거리
쿄 리

ぎゃ 갸[gya]

ぎゃ ぎゃ ぎゃ ぎゃ

ぎゃくこうか 역효과
갸 꾸꼬 - 까

ぎゃくてん 역전
갸 꾸뗑

ぎゃくりゅう 역류
갸 꾸 류 -

ぎゅ 규[gyu]

ぎゅ ぎゅ ぎゅ ぎゅ

ぎゅうどん 쇠고기덮밥
규 - 동

ぎゅうにく 쇠고기
규 - 니꾸

ぎゅうにゅう 우유
규 - 뉴 -

ぎょ 교[gyo]

ぎょ ぎょ ぎょ ぎょ

ぎょせん 어선
교 셍

きんぎょ 금붕어
킹교

じゅぎょう 수업
쥬교 -

23

しゃ 샤[sha]

しゃ しゃ しゃ しゃ

しゃしん 사진
샤 싱

いしゃ 의사
이 샤

かいしゃ 회사
카 이 샤

しゅ 슈[shu]

しゅ しゅ しゅ しゅ

しゅうまつ 주말
슈 - 마 쯔

しゅと 수도
슈 또

しゅみ 취미
슈 미

しょ 쇼[sho]

しょ しょ しょ しょ

しょうせつ 소설
쇼 - 세 쯔

しょうねん 소년
쇼 - 넹

しょるい 서류
쇼 루 이

じゃ 쟈[zya]

じゃ じゃ じゃ じゃ

じゃがいも 감자
쟈 가 이 모

じゃくてん 약점
쟈 꾸 뗑

じゃんけんぽん 가위바위보
쟝 껨 뽕

じゅ 쥬[zyu]

じゅ じゅ じゅ じゅ

じゅうしょ 주소
쥬 - 쇼

じゅんび 준비
즁 비

きょうじゅ 교수
쿄 - 쥬

じょ 죠[zyo]

じょ じょ じょ じょ

じょうしき 상식
죠 - 시 끼

じょうだん 농담
죠 - 당

だんじょ 남녀
단 죠

챠[cha]

ちゃ

ちゃ	ちゃ	ちゃ	ちゃ			

ちゃくりく 착륙　　おちゃ (마시는) 차　　おもちゃ 장난감
차 꾸 리 꾸　　　　오 쨔　　　　　　오 모 쨔

츄[chu]

ちゅ

ちゅ	ちゅ	ちゅ	ちゅ			

ちゅうがくせい 중학생　　ちゅうごく 중국　　ちゅうしゃ 주사
츄 - 각 세 -　　　　　츄 - 고꾸　　　츄 - 샤

쵸[cho]

ちょ

ちょ	ちょ	ちょ	ちょ			

ちょうみりょう 조미료　　ちょきん 저금　　てちょう 수첩
쵸 - 미 료 -　　　　　쵸 낑　　　　테 쬬 -

냐[nya]

にゃ

にゃ	にゃ	にゃ	にゃ			

こんにゃく 곤약
콘 냐 꾸

뉴[nyu]

にゅ

にゅ	にゅ	にゅ	にゅ			

にゅうがく 입학　　にゅうこく 입국　　にゅうしゃ 입사
뉴 - 가 꾸　　　　　뉴 - 꼬꾸　　　뉴 - 샤

뇨[nyo]

にょ

にょ	にょ	にょ	にょ			

とうにょう 당뇨
토 - 뇨 -

햐[hya]

ひゃ

ひゃ ひゃ ひゃ ひゃ

ひゃく 100
햐　꾸

휴[hyu]

ひゅ

ひゅ ひゅ ひゅ ひゅ

ひゅうひゅう 휭휭
휴 － 휴 －

효[hyo]

ひょ

ひょ ひょ ひょ ひょ

ひょうか 평가　　ひょうじょう 표정　　だいひょう 대표
효 － 까　　효 － 죠 －　　다 이 효 －

뱌[bya]

びゃ

びゃ びゃ びゃ びゃ

さんびゃく 300
삼　뱌　꾸

뷰[byu]

びゅ

びゅ びゅ びゅ びゅ

びゅうびゅう 횡횡
뷰 － 뷰 －

뵤[byo]

びょ

びょ びょ びょ びょ

びょういん 병원　　びょうき 병　　びょうどう 평등
뵤 － 잉　　뵤 － 끼　　뵤 － 도 －

퍄[pya]

ぴゃ

ぴゃ ぴゃ ぴゃ ぴゃ

はっぴゃく 800
합　빠　꾸

퓨[pyu]

ぴゅ

ぴゅ ぴゅ ぴゅ ぴゅ

ぴゅうぴゅう 확확
퓨 － 뿨 －

표[pyo]

ぴょ

ぴょ ぴょ ぴょ ぴょ

はっぴょう 발표
합　뽀　－

먀[mya]

みゃ

みゃ みゃ みゃ みゃ

さんみゃく 산맥　どうみゃく 동맥
삼　먀　꾸　　　도 － 먀 꾸

뮤[myu]

みゅ

みゅ みゅ みゅ みゅ

묘[myo]

みょ

みょ みょ みょ みょ

みょうあん 묘안　こうみょう 교묘
묘 － 앙　　　코 － 묘 －

랴[rya]

りゃ

りゃ	りゃ	りゃ	りゃ			

りゃくしき 약식　　こうりゃく 공략　　しょうりゃく 생략
랴 꾸시끼　　　코 - 랴꾸　　　쇼 - 랴꾸

류[ryu]

りゅ

りゅ	りゅ	りゅ	りゅ			

りゅうがく 유학　　りゅうこう 유행　　りゅうつう 유통
류 - 가꾸　　　류 - 꼬 -　　　류 - 쯔 -

료[ryo]

りょ

りょ	りょ	りょ	りょ			

りょう 기숙사　　りょうり 요리　　りょこう 여행
료 -　　　료 - 리　　　료꼬 -

っ

っ	っ	っ	っ		

がっこう 학교　　きって 우표　　しゅっせき 출석
각 꼬 -　　　킷 떼　　　슛 세 끼

발음 특강_촉음

「か、さ、た、ぱ」(카, 사, 타, 파)행 앞에 작게 쓰는 촉음 「っ」는 우리말의 받침과 같은 역할을 합니다. 하지만 우리말 받침과는 달리 한 박자로 발음해야 합니다. 또한 촉음은 바로 뒤에 오는 글자의 영향을 받아 발음이 바뀝니다.

1. 「か」(카)행 앞에서는 [k]로 발음됩니다.　예 がっこう 학교
　　　　　　　　　　　　　　　　　　　　　　　　각 꼬 -

2. 「さ」(사)행 앞에서는 [s]로 발음됩니다.　예 けっせき 결석
　　　　　　　　　　　　　　　　　　　　　　　　켓 세 끼

3. 「た」(타)행 앞에서는 [t]로 발음됩니다.　예 きって 우표
　　　　　　　　　　　　　　　　　　　　　　　　킷 떼

4. 「ぱ」(파)행 앞에서는 [p]로 발음됩니다.　예 きっぷ 표
　　　　　　　　　　　　　　　　　　　　　　　　킵 뿌

가타카나

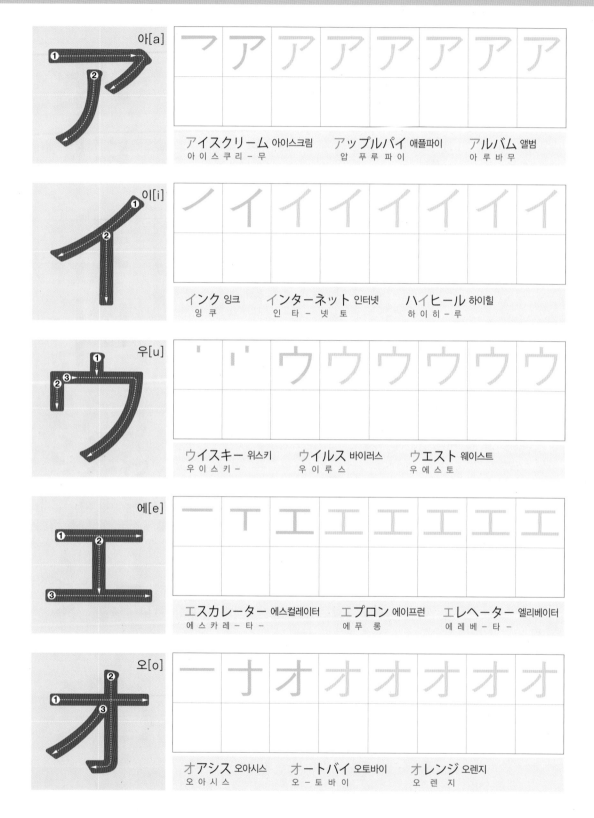

아[a]

ㄱ ア ア ア ア ア ア ア

アイスクリーム 아이스크림　アップルパイ 애플파이　アルバム 앨범
아 이 스 쿠 리 ― 무　　압 푸 루 파 이　　아 루 바 무

이[i]

ノ イ イ イ イ イ イ イ

インク 잉크　インターネット 인터넷　ハイヒール 하이힐
잉 쿠　　인 타 ― 넷 토　　하 이 히 ― 루

우[u]

' '' ウ ウ ウ ウ ウ ウ

ウイスキー 위스키　ウイルス 바이러스　ウエスト 웨이스트
우 이 스 키 ―　　우 이 루 스　　우 에 스 토

에[e]

ー 丅 エ エ エ エ エ エ

エスカレーター 에스컬레이터　エプロン 에이프런　エレヘーター 엘리베이터
에 스 카 레 ― 타 ―　　에 푸 롱　　에 레 베 ― 타 ―

오[o]

ー ナ オ オ オ オ オ オ

オアシス 오아시스　オートバイ 오토바이　オレンジ 오렌지
오 아 시 스　　오 ― 토 바 이　　오 렌 지

30

카[ka]

カフェ 카페
카 훼
カメラ 카메라
카 메 라
カレンダー 캘린더
카 렌 다 -

키[ki]

キー 열쇠
키 -
キッチン 키친
킷 칭

쿠[ku]

クッキー 쿠키
쿡 키 -
クッション 쿠션
쿳 숑
クリスマス 크리스마스
쿠 리 스 마 스

케[ke]

ケーキ 케이크
케 - 키
ケース 케이스
케 - 스
ケーブルカー 케이블카
케 - 부 루 카 -

코[ko]

コインロッカー 코인로커
코 인 록 카 -
コート 코트
코 - 토
コーヒー 커피
코 - 히 -

31

타[ta]

ノ	ク	タ	タ	タ	タ	タ

タオル 타월　　タクシー 택시　　タバコ 담배
타 오 루　　　타 쿠 시 -　　　타 바 코

치[chi]

一	二	チ	チ	チ	チ	チ

チーズ 치즈　　チキン 치킨　　チケット 티켓
치 - 즈　　　치 킹　　　치 켓 토

츠[tsu]

ヽ	゛	ツ	ツ	ツ	ツ	ツ

ツアー 투어　　ツインルーム 트윈룸　　ツナ 참치
츠 아 -　　　　츠 인 루 - 무　　　츠 나

테[te]

一	二	テ	テ	テ	テ	テ

テーブル 테이블　　テスト 테스트　　テレビ 텔레비전
테 - 부 루　　　테 스 토　　　테 레 비

토[to]

｜	ト	ト	ト	ト	ト	ト

トースト 토스트　　トマト 토마토　　トランク 트렁크
토 - 스 토　　　토 마 토　　　토 랑 쿠

나[na]

ナイフ 나이프
나 이 후

ナプキン 냅킨
나 푸 킹

アナウンサー 아나운서
아 나 운 사 -

니[ni]

ニックネーム 닉네임
닉 쿠 네 - 무

テニス 테니스
테 니 스

ハーモニカ 하모니카
하 - 모 니 카

누[nu]

ヌードル 누들
누 - 도 루

カヌー 카누
카 누 -

네[ne]

ネクタイ 넥타이
네 쿠 타 이

ネックレス 목걸이
넥 쿠 레 스

トンネル 터널
톤 네 루

노[no]

ノート 노트
노 - 토

ノートパソコン 노트북 컴퓨터
노 - 토 파 소 콩

ノック 노크
녹 쿠

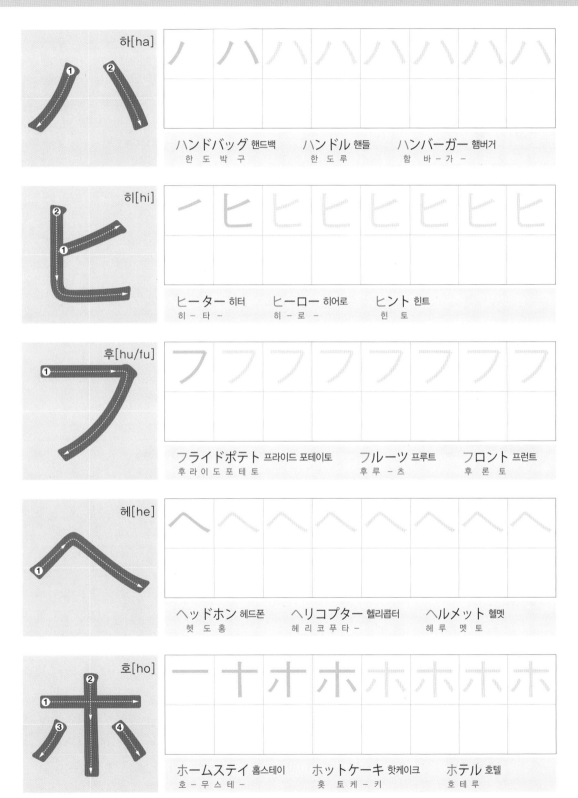

하[ha]

ハンドバッグ 핸드백
한 도 박 구

ハンドル 핸들
한 도 루

ハンバーガー 햄버거
함 바 - 가 -

히[hi]

ヒーター 히터
히 - 타 -

ヒーロー 히어로
히 - 로 -

ヒント 힌트
힌 토

후[hu/fu]

フライドポテト 프라이드 포테이토
후 라 이 도 포 테 토

フルーツ 프루트
후 루 - 츠

フロント 프런트
후 론 토

헤[he]

ヘッドホン 헤드폰
헷 도 홍

ヘリコプター 헬리콥터
헤 리 코 푸 타 -

ヘルメット 헬멧
헤 루 멧 토

호[ho]

ホームステイ 홈스테이
호 - 무 스 테 -

ホットケーキ 핫케이크
홋 토 케 - 키

ホテル 호텔
호 테 루

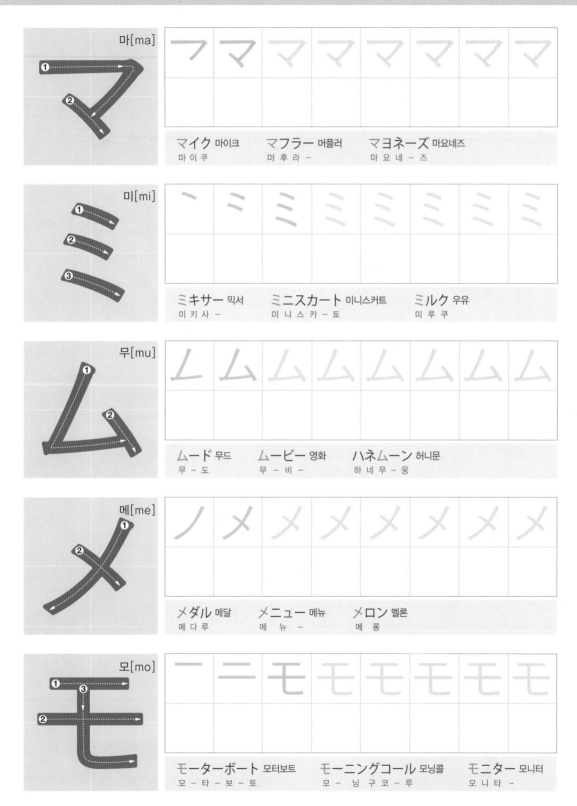

마[ma] マ

マイク 마이크
마 이 쿠

マフラー 머플러
마 후 라 -

マヨネーズ 마요네즈
마 요 네 - 즈

미[mi] ミ

ミキサー 믹서
미 키 사 -

ミニスカート 미니스커트
미 니 스 카 - 토

ミルク 우유
미 루 쿠

무[mu] ム

ムード 무드
무 - 도

ムービー 영화
무 - 비 -

ハネムーン 허니문
하 네 무 - 웅

메[me] メ

メダル 메달
메 다 루

メニュー 메뉴
메 뉴 -

メロン 멜론
메 롱

모[mo] モ

モーターボート 모터보트
모 - 타 - 보 - 토

モーニングコール 모닝콜
모 - 닝 구 코 - 루

モニター 모니터
모 니 타 -

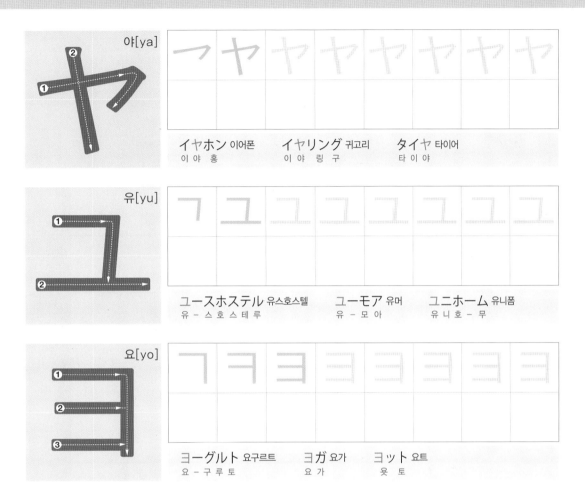

야[ya]

イヤホン 이어폰
이 야 홍

イヤリング 귀고리
이 야 링 구

タイヤ 타이어
타 이 야

유[yu]

ユースホステル 유스호스텔
유 - 스 호 스 테 루

ユーモア 유머
유 - 모 아

ユニホーム 유니폼
유 니 호 - 무

요[yo]

ヨーグルト 요구르트
요 - 구 루 토

ヨガ 요가
요 가

ヨット 요트
욧 토

혼동하기 쉬운 글자 3
*다음 글자들은 모양이 비슷해서 혼동하기 쉬우므로 잘 익혀 두세요.

ク 쿠[ku]　タ 타[ta]　コ 코[ko]　ユ 유[yu]

シ 시[shi]　ツ 츠[tsu]　ス 스[su]　ヌ 누[nu]

37

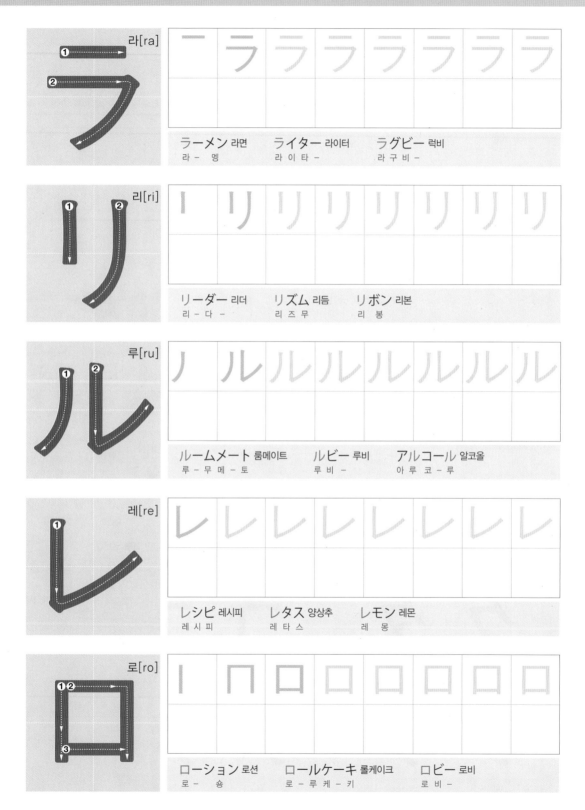

ラ[ra]

ラーメン 라면
라 - 멩

ライター 라이터
라 이 타 -

ラグビー 럭비
라 구 비 -

リ[ri]

リーダー 리더
리 - 다 -

リズム 리듬
리 즈 무

リボン 리본
리 봉

ル[ru]

ルームメート 룸메이트
루 - 무 메 - 토

ルビー 루비
루 비 -

アルコール 알코올
아 루 코 - 루

レ[re]

レシピ 레시피
레 시 피

レタス 양상추
레 타 스

レモン 레몬
레 몽

ロ[ro]

ローション 로션
로 - 숑

ロールケーキ 롤케이크
로 - 루 케 - 키

ロビー 로비
로 비 -

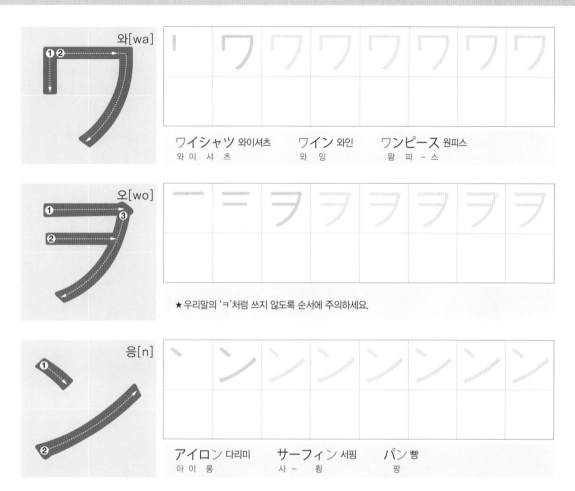

와[wa]

ワイシャツ 와이셔츠
와 이 샤 츠

ワイン 와인
와 잉

ワンピース 원피스
왐 피 - 스

오[wo]

★ 우리말의 'ㅋ'처럼 쓰지 않도록 순서에 주의하세요.

응[n]

アイロン 다리미
아 이 롱

サーフィン 서핑
사 - 휭

パン 빵
팡

혼동하기 쉬운 글자 4

*다음 글자들은 모양이 비슷해서 혼동하기 쉬우므로 잘 익혀 두세요.

우[u]   와[wa]

소[so]   응[n]

마[ma]   무[mu]

후[hu/fu]   라[ra]

39

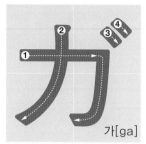

가[ga]

ガイド 가이드
가 이 도

ガウン 가운
가 웅

ガラス 유리
가 라 스

기[gi]

ギフト 선물
기 후 토

アレルギー 알레르기
아 레 루 기 –

ペンギン 펭귄
펭 깅

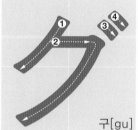

구[gu]

グラウンド 그라운드
구 라 운 도

グラス 글라스
구 라 스

グラフ 그래프
구 라 후

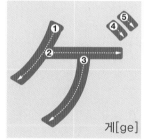

게[ge]

ゲート 게이트
게 – 토

ゲーム 게임
게 – 무

ゲスト 게스트
게 스 토

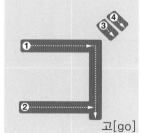

고[go]

ゴールイン 골인
고 – 루 잉

ゴリラ 고릴라
고 리 라

ゴルフ 골프
고 루 후

ザ 자[za]

一 十 サ ザ ザ ザ ザ ザ

ザイル 자일
자 이 루

インフルエンザ 인플루엔자
잉 후 루 엔 자

ビザ 비자
비 자

ジ 지[zi]

` ` シ ジ ジ ジ ジ ジ

ジーンズ 청바지
지 - 인 즈

アジア 아시아
아 지 아

スタジオ 스튜디오
스 타 지 오

ズ 즈[zu]

フ ス ズ ズ ズ ズ ズ ズ

グッズ 상품
굿 즈

コンタクトレンズ 콘택트렌즈
콘 타 쿠 토 렌 즈

ジャズ 재즈
쟈 즈

ゼ 제[ze]

フ セ ゼ ゼ ゼ ゼ ゼ ゼ

ゼリー 젤리
제 리 -

ゼロ 제로
제 로

ゾ 조[zo]

` ソ ゾ ゾ ゾ ゾ ゾ ゾ

オゾン 오존
오 종

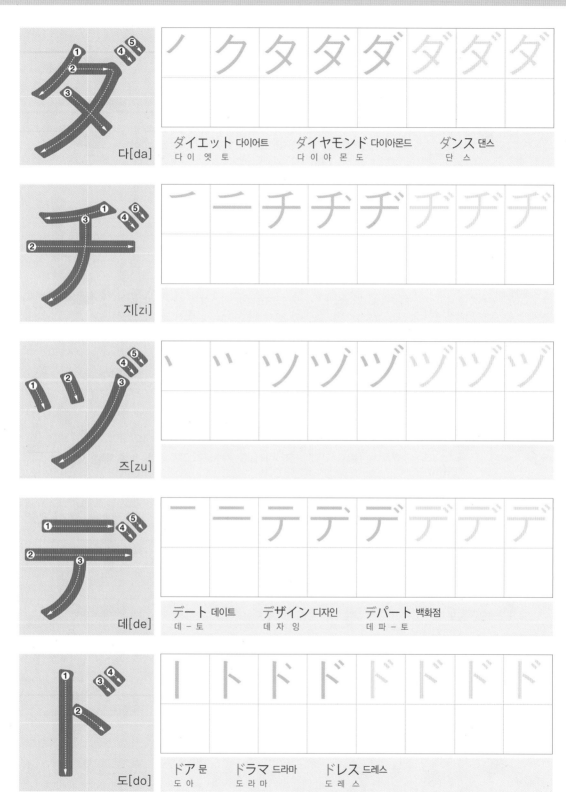

ダ 다[da]

ダイエット 다이어트
다 이 엣 토

ダイヤモンド 다이아몬드
다 이 야 몬 도

ダンス 댄스
단 스

チ 지[zi]

ツ 즈[zu]

デ 데[de]

デート 데이트
데 - 토

デザイン 디자인
데 자 잉

デパート 백화점
데 파 - 토

ド 도[do]

ドア 문
도 아

ドラマ 드라마
도 라 마

ドレス 드레스
도 레 스

バ행
바

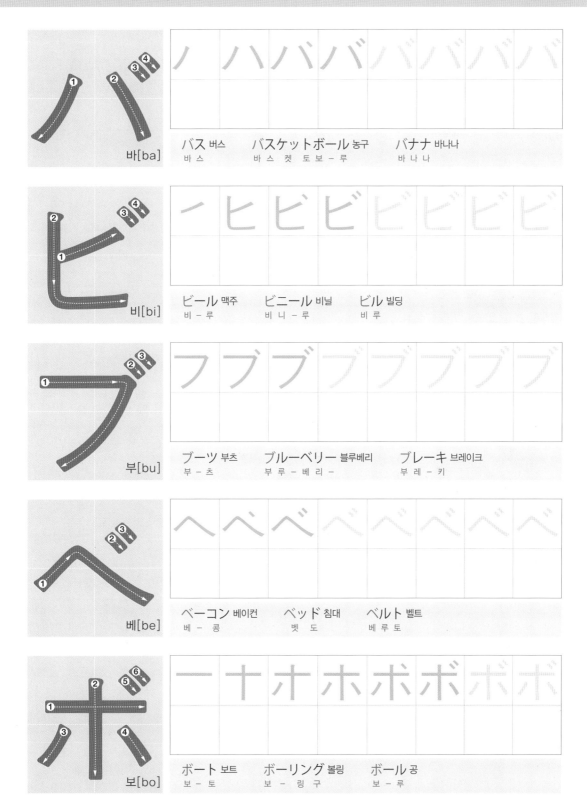

바[ba]

ノ ハ ハ バ バ バ バ バ バ

バス 버스   バスケットボール 농구   バナナ 바나나
바스   바 스 켓 토 보 - 루   바 나 나

비[bi]

ー ヒ ヒ ビ ビ ビ ビ ビ ビ

ビール 맥주   ビニール 비닐   ビル 빌딩
비 - 루   비 니 - 루   비 루

부[bu]

フ フ ブ ブ ブ ブ ブ ブ ブ

ブーツ 부츠   ブルーベリー 블루베리   ブレーキ 브레이크
부 - 츠   부 루 - 베 리 -   부 레 - 키

베[be]

ヘ ヘ ベ ベ ヘ ヘ ヘ ベ

ベーコン 베이컨   ベッド 침대   ベルト 벨트
베 - 콩   벳 도   베 루 토

보[bo]

ー 十 オ ホ ボ ボ ボ ホ

ボート 보트   ボーリング 볼링   ボール 공
보 - 토   보 - 링 구   보 - 루

43

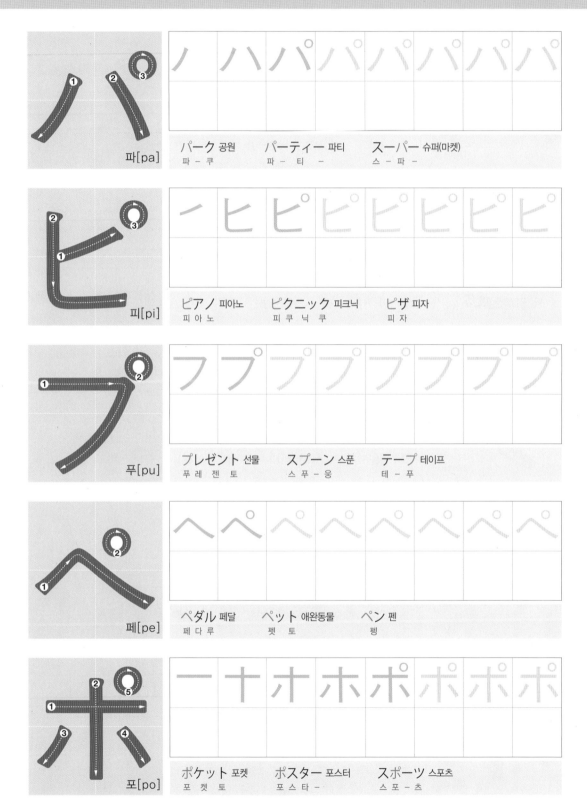

파[pa]

パーク 공원
파 ― 쿠

パーティー 파티
파 ― 티 ―

スーパー 슈퍼(마켓)
스 ― 파 ―

피[pi]

ピアノ 피아노
피 아 노

ピクニック 피크닉
피 쿠 닉 쿠

ピザ 피자
피 자

푸[pu]

プレゼント 선물
푸 레 젠 토

スプーン 스푼
스 푸 ― 웅

テープ 테이프
테 ― 푸

페[pe]

ペダル 페달
페 다 루

ペット 애완동물
펫 토

ペン 펜
펭

포[po]

ポケット 포켓
포 켓 토

ポスター 포스터
포 스 타 ―

スポーツ 스포츠
스 포 ― 츠

캬[kya]

キャ

큐[kyu]

キュ

쿄[kyo]

キョ

갸[gya]

ギャ

규[gyu]

ギュ

교[gyo]

ギョ

キャンプ 캠프　　バーベキュー 바비큐　　ギャグ 개그　　レギュラー 레귤러　　ギョーザ 교자, 중국식 만두
캄　푸　　　　바·베·큐 -　　　　갸·구　　　　레·규·라 -　　　　교 - 자

■ 쓰기 연습_요음과 촉음

| 샤[sha] | シャ | シャ | シャ | シャ | | |

| 슈[shu] | シュ | シュ | シュ | シュ | | |

| 쇼[sho] | ショ | ショ | ショ | ショ | | |

| 쟈[zya] | ジャ | ジャ | ジャ | ジャ | | |

| 쥬[zyu] | ジュ | ジュ | ジュ | ジュ | | |

| 죠[zyo] | ジョ | ジョ | ジョ | ジョ | | |

シャツ 셔츠   シューズ 신발   ショッピング 쇼핑   ジャム 잼   ジュース 주스   ジョギング 조깅
샤 츠   슈 - 즈   숍 핑 구   쟈 무   쥬 - 스   죠 깅 구

46

| 챠[cha] | チャ | チャ | チャ | チャ | | |

| 츄[chu] | チュ | チュ | チュ | チュ | | |

| 쵸[cho] | チョ | チョ | チョ | チョ | | |

| 냐[nya] | ニャ | ニャ | ニャ | ニャ | | |

| 뉴[nyu] | ニュ | ニュ | ニュ | ニュ | | |

| 뇨[nyo] | ニョ | ニョ | ニョ | ニョ | | |

チャンス 찬스　チューブ 튜브　チョコレート 초콜릿　コニャック 코냑　ニュース 뉴스　エルニーニョ 엘니뇨
찬　스　　쮸 － 부　　쵸 코 레 － 토　　코　냑　쿠　　뉴 － 스　　에 루 니 － 뇨

47

| 햐[hya] | ヒャ | ヒャ | ヒャ | ヒャ | | | |
| ヒャ | | | | | | | |

| 휴[hyu] | ヒュ | ヒュ | ヒュ | ヒュ | | | |
| ヒュ | | | | | | | |

| 효[hyo] | ヒョ | ヒョ | ヒョ | ヒョ | | | |
| ヒョ | | | | | | | |

| 뱌[bya] | ビャ | ビャ | ビャ | ビャ | | | |
| ビャ | | | | | | | |

| 뷰[byu] | ビュ | ビュ | ビュ | ビュ | | | |
| ビュ | | | | | | | |

| 뵤[byo] | ビョ | ビョ | ビョ | ビョ | | | |
| ビョ | | | | | | | |

ヒューズ 퓨즈　ヒューマン 휴먼　インタビュー 인터뷰　デビュー 데뷔
휴 - 즈　　　휴 - 망　　　인 타 뷰 -　　데 뷰 -

48

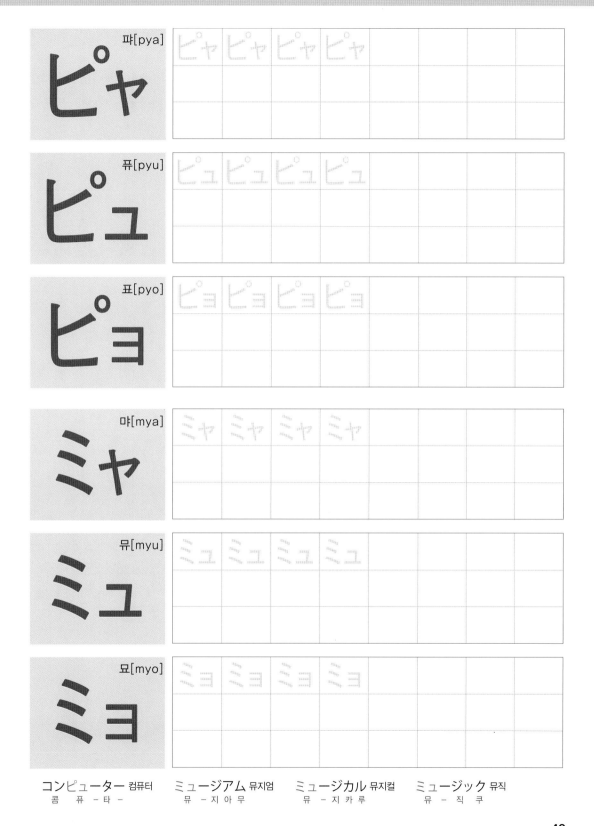

ピャ 퍄[pya]	ピャ ピャ ピャ ピャ
ピュ 퓨[pyu]	ピュ ピュ ピュ ピュ
ピョ 표[pyo]	ピョ ピョ ピョ ピョ
ミャ 먀[mya]	ミャ ミャ ミャ ミャ
ミュ 뮤[myu]	ミュ ミュ ミュ ミュ
ミョ 묘[myo]	ミョ ミョ ミョ ミョ

コンピューター 컴퓨터
콤 퓨 – 타 –

ミュージアム 뮤지엄
뮤 – 지 아 무

ミュージカル 뮤지컬
뮤 – 지 카 루

ミュージック 뮤직
뮤 – 직 쿠

랴[rya]	リャ	リャ	リャ	リャ			
リャ							

류[ryu]	リュ	リュ	リュ	リュ			
リュ							

료[ryo]	リョ	リョ	リョ	リョ			
リョ							

	ツ	ツ	ツ	ツ			
ツ							

リュックサック 륙색   サッカー 축구   ラッシュアワー 러시아워
류 쿠 삭 쿠   삭 카 ‒   랏 슈 아 와 ‒

JLPT N5
하프모의고사

언어지식(문자·어휘)

p.54 あした(明日) 내일 | ～は ～은[는] | 雨(あめ) 비 | くも(雲) 구름 | は(晴)れ 맑음 | かぜ(風) 바람 | ちょっと 잠깐 | 待(ま)つ 기다리다 | ～て ください ～(해) 주세요 | の(乗)る (탈것에) 타다 | はな(話)す 이야기하다 | い(言)う 말하다 | らいねん(来年) 내년 | 卒業(そつぎょう) 졸업 | がくせい(学生) 학생 | こうこう(高校) 고등학교 | にゅうがく(入学) 입학

p.55 この 이 | デザイン 디자인 | す(好)きだ 좋아하다 | らいしゅう(来週) 다음 주 | びょういん(病院) 병원 | い(行)く 가다 | よてい(予定) 예정 | 美容院(びよういん) 미용실 | 病気(びょうき) 병 | 旅館(りょかん) (일본의 전통) 여관, 료칸

p.56 わたし(私) 나, 저 | いぬ(犬) 개 | ～と ～와[과] | あそ(遊)ぶ 놀다 | こと 것 | す(好)きだ 좋아하다 | あめ(雨) 비 | なつ(夏) 여름 | ふく(服) 옷 | ごはん(飯) 밥 | た(食)べる 먹다 | テレビ 텔레비전, TV | み(見)る 보다 | か(書)く (글씨를) 쓰다 | およ(泳)ぐ 수영하다 | の(飲)む 마시다 | あの 저 | とけい(時計) 시계 | ねだん(値段) 값, 가격 | たか(高)い 비싸다 | おお(大)きい 크다 | つよ(強)い 강하다 | ひろ(広)い 넓다

p.57 きのう(昨日) 어제 | 大阪(おおさか) 오사카 | ～に ～에 | く(来)る 오다 | きょう(今日) 오늘 | 5日(いつか) 5일 | ついたち(1日) 1일 | ふつか(2日) 2일 | みっか(3日) 3일 | よっか(4日) 4일 | りょうり(料理) 요리 | へた(下手)だ 잘 못하다, 서투르다 | な형용사의 어간+じゃ ないです ～하지 않습니다 | きら(嫌)いだ 싫어하다 | にがて(苦手)だ 잘 못하다, 서투르다 | とくい(得意)だ 잘하다, 자신 있다

언어지식(문법)·독해

p.58 友達(ともだち) 친구 | 図書館(としょかん) 도서관 | ～へ ～에 | ～を ～을[를] | ～と ～와[과] | ～で ～에서 *장소 | あね(姉) (자신의) 누나, 언니 | 部屋(へや) 방 | とても 매우 | きれいだ 깨끗하다 | 暇(ひま)だ 한가하다 | 元気(げんき)だ 건강하다 | 上手(じょうず)だ 잘하다, 능숙하다 | すみません 실례합니다, 죄송합니다 | トイレ 화장실 | なん(何) 무엇 | だれ(誰) 누구 | どれ 어느 것 | どこ 어디 | 朝(あさ) 아침 | 起(お)きる 일어나다, 기상하다 | すぐ 곧, 바로 | 顔(かお) 얼굴 | 呼(よ)ぶ 부르다 | 買(か)う 사다 | 洗(あら)う 씻다 | 急(いそ)ぐ 서두르다

p.59 映画(えいが) 영화 | 今(いま)までで 지금까지 중에서 | つまらない 재미없다 | いちばん(一番) 가장, 제일 | わかる 알다, 이해하다 | 暗(くら)い 어둡다 | つける 켜다 | ～ので ～(이)니까, ～때문에 | 電気(でんき) 전등, 전기

p.60 日本(にほん) 일본 | 留学(りゅうがく)する 유학하다 | 気(き)に入(い)り (흔히 「お～」의 형태로) 마음에 듦 | もの(物) 것, 물건 | さくぶん(作文) 작문 | クラス 반, 학급 | みんな 모두 | 前(まえ) ①(장소·사람의) 앞 ②(현재의) 전 | 読(よ)む 읽다 | ゆびわ(指輪) 반지 | ～年(ねん) ～년 | 誕生日(たんじょうび) 생일 | お母(かあ)さん 어머니 | ～から ～에게서, ～한테서 | 大切(たいせつ)に する 소중히 여기다 | うれ(嬉)しい 기쁘다 | きれいだ 아름답다, 예쁘다 | ダイアモンド 다이아몬드 | ～も ～도 | ある (식물·사물이) 있다 | すごく 굉장히 | 満足(まんぞく)する 만족하다 | フィギュア 피규어 | アニメ 애니메이션 | キャラクター 캐릭터 | たくさん 많이 | 集(あつ)める 모으다 | かっこいい 근사하다, 멋있다 | 全部(ぜんぶ) 전부 | 棚(たな) 선반 | 来月(らいげつ) 다음 달 | 新(あたら)しい 새롭다 | 동사의 ます형+たい ～(하)고 싶다 | もらう (남에게) 받다 | 동사의 기본형+つもりだ ～(할) 생각[작정]이다 | でも 하지만 | また 또 | もし 만약 | まだ 아직

p.61 犬(いぬ) 개 | さんぽ(散歩) 산책 | する 하다 | いつも 평소 | 家(いえ) 집 | こうえん(公園) 공원 | しかし 그러나 | 少(すこ)し 조금 | 遠(とお)く 먼 곳 | はし(橋) 다리 | その後(あと) 그 후 | コンビニ 편의점 | べんとう(弁当) 도시락 | ～てから ～하고 나서, ～한 후에 | 帰(かえ)る 돌아가[오]다 | 歩(ある)く 걷다 | つか(疲)れる 지치다, 피로해지다 | いい 좋다 | うんどう(運動) 운동 | ～に なる ～이[가] 되다 | ペット 반려동물 | 동작성 명사+に ～(하)러 *동작의 목적

p.62 夜(よる) 밤 | ～時(じ) ～시 | 勉強(べんきょう) 공부 | 日本語(にほんご) 일본어 | テスト 테스트, 시험 | じゅんび(準備) 준비 | なか(中) 안, 속 | しず(静)かだ 조용하다 | 集中(しゅうちゅう)する 집중하다 | 동사의 ます형+やすい ～하기 쉽다[편하다] | よく 자주 | せき(席) 자리, 좌석 | よやく(予約)する 예약하다 | 利用(りよう)する 이용하다 | ちゃんと 제대로, 확실히 | しかし 그러나 | ～と ～(하)자 | ちが(違)う 다르다 | 人(ひと) 사람 | すわ(座)る 앉다 | おどろ(驚)く 놀라다 | もう 一度(いちど) 한 번 더 | かくにん(確認)する 확인하다 | まちが(間違)える 다른 것으로 착각하다, 잘못 알다 | そこで 그래서 | その 그 | 聞(き)く 묻다 | 後(うし)ろ 뒤 | 多(おお)い 많다 | あやま(謝)る 사과하다 | すぐに 곧, 바로 | いどう(移動)する 이동하다 | 安心(あんしん)する 안심하다 | どうして 어째서, 왜 | ほう(方) 편, 쪽

단어 미리 학습하기

p.64   スーパー 슈퍼(마켓) | 春(はる) 봄 | セール 세일 | ~月(がつ) ~월 | ~日(にち) ~일 |
        安(やす)い 싸다 | とりにく(鶏肉) 닭고기 | たまご(卵) 달걀, 계란 | おこめ(米) 쌀 | ぎゅうにゅう(牛乳) 우유 |
        ぶたにく(豚肉) 돼지고기 | みそ(味噌) 된장 | のり(海苔) 김 | アイスクリーム 아이스크림

p.65   朝(あさ) 아침 | 電話(でんわ) 전화 | 月(げつ) 월 | *月曜日(げつようび)(월요일)의 준말 | 6日(むいか) 6일 |
        水(すい) 수 | *水曜日(すいようび)(수요일)의 준말 | ~円(えん) ~엔 *일본의 화폐 단위 |
        木(もく) 목 | *木曜日(もくようび)(목요일)의 준말 | 土(ど) 토 | *土曜日(どようび)(토요일)의 준말 |
        毎週(まいしゅう) 매주 | ジュース 주스 | 火(か) 화 | *火曜日(かようび)(화요일)의 준말 |
        金(きん) 금 | *金曜日(きんようび)(금요일)의 준말 | さかな(魚) 생선 | やさい(野菜) 야채, 채소 | おさけ(酒) 술

청해

p.66 / 75   デパート 백화점 | 店員(てんいん) 점원 | 女(おんな)の 人(ひと) 여자 | どの 어느 | かばん 가방 |
        取(と)る 집다 | あの 저어 *생각이나 말이 막힐 때 내는 소리 | 黒(くろ)い 검다 | これ 이것 | ~ね(?) ~죠? *확인 |
        ええ 네 | ありがとうございます 고맙습니다, 감사합니다

p.67 / 75-76   男(おとこ)の 人(ひと) 남자 | この後(あと) 이후 | あら (여성어) 어머 *감동하거나 놀랐을 때 내는 소리 |
        そろそろ 이제 슬슬 | ガスレンジ 가스레인지 | 汚(きたな)い 더럽다 |
        ~わ (여성어) 가벼운 영탄·감동의 뜻을 나타냄 | 僕(ぼく) 나 *남자의 자칭 | そうじ(掃除)する 청소하다 |
        ~ましょうか ~(할)까요? | いえいえ 아뇨아뇨 | いい 좋다, 된다 | 手伝(てつだ)う 돕다, 도와주다 | じゃ 그럼 |
        お風呂(ふろ) 욕실, 욕조 | お願(ねが)いします 부탁드립니다 | はい 예 | スポンジ 스펀지 |
        使(つか)う 사용하다 | どうも 대단히 | ありがとう 고맙습니다, 감사합니다 *뒤에「ございます」가 생략된 형태 |
        だいどころ(台所) 부엌 | 駅(えき) 역 | 駅員(えきいん) 역무원 |
        ~番線(ばんせん) ~번선 *역 플랫폼에 면한 선로를 번호로 구별하여 이르는 말 | 電車(でんしゃ) 전철 |
        土曜日(どようび) 토요일 | 週末(しゅうまつ) 주말 | そうですか 그럴습니까? |
        それから 그 다음에, 그리고 (또), 그러고 나서 | 夕方(ゆうがた) 저녁때, 해질녘 | ~だけ ~만, ~뿐 |
        今(いま) 지금 | 昼(ひる) 낮

p.68 / 76   二人(ふたり) 두 사람 | 注文(ちゅうもん)する 주문하다 | お腹(なか)が 空(す)く 배가 고프다 |
        どれも 어느 것이나 다 | ポテト フライド 포테이토, 감자튀김 | な형용사의 어간+じゃ ありません ~하지 않습니다 |
        ハンバーガー 햄버거 | コーラ 콜라 | どうですか 어떻습니까? | 一(ひと)つ 하나, 한 개 |
        大丈夫(だいじょうぶ)だ 괜찮다

p.69 / 76-77   会(あ)う 만나다 | 予定(よてい) 예정 | 妹(いもうと) (자신의) 여동생 | 出(で)かける 외출하다, 나가다 |
        日曜日(にちようび) 일요일 | 海(うみ) 바다 | 동사의 ます형+に ~(하)러 *동작의 목적 |
        ~ませんか ~(하)지 않을래요? *권유 | 冬(ふゆ) 겨울 | 学校(がっこう) 학교 | いや 아니 | 近(ちか)く 근처 |
        うーん 음… | 郵便局(ゆうびんきょく) 우체국 | 少(すこ)し 조금 | 遠(とお)い 멀다 | 銀行(ぎんこう) 은행 |
        パンや(屋) 빵집 | 電話番号(でんわばんごう) 전화번호 | いいえ 아니요 | ~じゃ なくて ~이[가] 아니고 |
        メモする 메모하다

p.70 / 77-78   ラーメン屋(や) 라면집 | これから 이제부터 | ラーメン 라면, 라멘 | 何(なん)と 뭐라고 | い(言)う 말하다 |
        いってらっしゃい 다녀와, 다녀오세요 | いただきます 잘 먹겠습니다 | ごちそうさまでした 잘 먹었습니다 |
        カフェ 카페 | コーヒー 커피 | カフェラテ 카페라테 | ください 주세요 |
        どうぞ 상대방에게 무언가를 권하거나 허락할 때 쓰는 말 | 作(つく)る 만들다

p.71 / 78   ちょっと 좀 | 暑(あつ)い 덥다 | い형용사의 어간+く ない ~지 않다 | 窓(まど) 창문 | 閉(し)める 닫다 |
        エアコン 에어컨 | つける 켜다 | 暖房(だんぼう) 난방 | 入(い)れる (기계 등에서) 넣다, 가동하다 |
        中国語(ちゅうごくご) 중국어 | 弟(おとうと) (자신의) 남동생 | 美術館(びじゅつかん) 미술관 | 映画(えいが) 영화 |
        聞(き)く 듣다 | 本当(ほんとう)に 정말로

もんだい1 _____の ことばは ひらがなで どう かきますか。1・2・3・4から いちばん いい ものを ひとつ えらんで ください。

1 あしたは 雨です。

　1 くも　　　　　2 はれ　　　　　3 あめ　　　　　4 かぜ

2 ちょっと 待って ください。

　1 のって　　　　2 はなして　　　3 いって　　　　4 まって

3 らいねん 卒業します。

　1 がくせい　　　2 そつぎょう　　3 こうこう　　　4 にゅうがく

もんだい2 _____の ことばは どう かきますか。1・2・3・4から いちばん い
い ものを ひとつ えらんで ください。

4 この でざいんが すきです。

1 デザノソ　　　　2 ヂザイン　　　　3 デザイン　　　　4 デザイソ

5 らいしゅう びょういんに いく よていです。

1 病院　　　　2 美容院　　　　3 病気　　　　4 旅館

もんだい3 （　　　）に　なにが　はいりますか。1・2・3・4から　いちばん　いい
　　　　　ものを　ひとつ　えらんで　ください。

6 わたしは（　　　）と　あそぶ　ことが　すきです。
　　1 あめ　　　　　　2 なつ　　　　　　3 いぬ　　　　　　4 ふく

7 ごはんを　たべて　テレビを（　　　）。
　　1 みます　　　　　2 かきます　　　　3 およぎます　　　4 のみます

8 あの　とけいは　ねだんが（　　　）です。
　　1 たかい　　　　　2 おおきい　　　　3 つよい　　　　　4 ひろい

もんだい4 ＿＿＿＿の ぶんと だいたい おなじ いみの ぶんが あります。1・2・3・4から いちばん いい ものを ひとつ えらんで ください。

9　きのう 大阪(おおさか)に きました。きょうは 5日です。

　　1 ついたちに 大阪(おおさか)に きました

　　2 ふつかに 大阪(おおさか)に きました

　　3 みっかに 大阪(おおさか)に きました

　　4 よっかに 大阪(おおさか)に きました

10　私(わたし)は りょうりが へたです。

　　1 わたしは りょうりが すきじゃ ないです

　　2 わたしは りょうりが きらいじゃ ないです

　　3 わたしは りょうりが にがてじゃ ないです

　　4 わたしは りょうりが とくいじゃ ないです

もんだい1 (　　　)に 何を 入れますか。1・2・3・4から いちばん いい ものを
一つ えらんで ください。

---

① あしたは 友達 (　　　) 図書館へ 行きます。

　 1 を 　　　　　　 2 と 　　　　　　 3 に 　　　　　　 4 で

---

② あねの 部屋は とても (　　　)。

　 1 きれいです 　　 2 暇です 　　　　 3 元気です 　　　 4 上手です

---

③ すみません。トイレは (　　　) ですか。

　 1 なん 　　　　　 2 だれ 　　　　　 3 どれ 　　　　　 4 どこ

---

④ 朝 起きて すぐ 顔を (　　　)。

　 1 呼びます 　　　 2 買います 　　　 3 洗います 　　　 4 急ぎます

もんだい2 ___★___ に 入る ものは どれですか。1・2・3・4から いちばん いい
　　　　　ものを 一つ えらんで ください。

5 今日 見た 映画 _____ _____ _★_ _____ です。
　　1 今までで　　　　　2 つまらなかった　3 いちばん　　　　4 は

6 A「部屋が _____ _____ _★_ _____ ください。」
　B「わかりました。」
　　1 暗い　　　　　　　2 つけて　　　　　3 ので　　　　　4 電気を

59

もんだい3 7 から 8 に 何を 入れますか。ぶんしょうの いみを かんがえて、1・2・3・4から いちばん いい ものを 一つ えらんで ください。

日本に 留学して いる 学生が 「お気に入りの もの」の さくぶんを 書いて、クラスの みんなの 前で 読みます。

(1) ユリさんの さくぶん

私の お気に入りの ものは ゆびわです。これは 4年前の 誕生日に お母さんから 7 。お母さんが 大切に して いましたので、とても うれしかったです。ゆびわには きれいな ダイアモンドも あります。すごく きれいで 満足して います。

(2) トムさんの さくぶん

私の お気に入りの ものは フィギュアです。私は 好きな アニメが あります。その キャラクターの フィギュアを たくさん 集めて います。すごく かっこいいです。フィギュアは 全部 私の 部屋の 棚に あります。来月 8 新しい ものを 買いたいです。

7

1 もらって います   2 もらいます

3 もらう つもりです   4 もらいました

8

1 でも   2 また   3 もし   4 まだ

60

もんだい4　つぎの　ぶんしょうを　読んで、しつもんに　こたえて　ください。こたえは、1・2・3・4から　いちばん　いい　ものを　一つ　えらんで　ください。

　　私は、今日、犬と　さんぽを　しました。いつもは　家の　前に　ある　こうえんに　行きます。しかし、今日は、少し　遠くに　ある　はしまで　行きました。その後は　コンビニで　べんとうを　買ってから　家に　帰りました。たくさん　歩いて　少し　つかれました。でも、いい　うんどうに　なりました。

9　「私」は　今日　何を　しましたか。

1 ペットと　さんぽに　行きました。

2 こうえんで　べんとうを　食べました。

3 こうえんで　うんどうを　しました。

4 友達と　さんぽを　しました。

もんだい5　つぎの　ぶんしょうを　読んで、しつもんに　こたえて　ください。こたえは、1・2・3・4から　いちばん　いい　ものを　一つ　えらんで　ください。

　　きのうは　夜の　10時まで　図書館で　勉強を　しました。日本語の　テストの　じゅんびを　して　いました。図書館の　なかは　しずかで　集中しやすいので、よく　行って　います。図書館の　せきは　よやくしてから　利用します。きのうも　ちゃんと　よやくしました。

　　しかし、よやくの　せきに　行くと、ちがう　人が　すわって　いました。私は　おどろいて、もう　一度　かくにんしました。でも、まちがえて　いませんでした。そこで、その　人に　聞きました。その　人の　せきは　私の　後ろでした。図書館は　せきが　多くて　とても　まちがえやすいです。その　人は　あやまってから　すぐに　いどうしました。私は　安心しました。

10　どうして　私は　安心しましたか。
1 友達が　後ろに　いたから
2 図書館は　せきが　多いから
3 図書館の　ほうが　集中しやすいから
4 よやくの　せきに　すわったから

もんだい6　右の　ページを　見て、下の　しつもんに　こたえて　ください。こたえ
　　　　　は、1・2・3・4から　いちばん　いい　ものを　一つ　えらんで　くださ
　　　　　い。

11　吉本スーパーで　春の　セールを　して　います。4月　11日に　安い　ものは　どれ
　　ですか。

　　1　とりにく、たまご

　　2　おこめ、ぎゅうにゅう

　　3　ぶたにく、みそ

　　4　のり、アイスクリーム

春のセール

吉本スーパー

朝 9：00 〜 夜 10：30

(電話：12 - 3456 - 7890)

3月 28日(月) 〜 4月 6日(水)

みそ 180円 ➡ 149円、たまご 430円 ➡ 380円

4月 7日(木) 〜 4月 16日(土)

ぎゅうにゅう 110円 ➡ 98円、のり 300円 ➡ 260円

毎週 安い！

月・水 とりにく、おこめ、ジュース

火・金 さかな、やさい、おさけ

木・土 ぶたにく、アイスクリーム

음원 90

もんだい1

　もんだい1では、はじめに　しつもんを　きいて　ください。それから　はなしを　きいて、もんだいようしの　1から　4の　なかから、いちばん　いい　ものを　ひとつ　えらんで　ください。

1ばん

1

2

3

4

2ばん

1 おふろを そうじする。

2 へやを そうじする。

3 ガスレンジを そうじする。

4 だいどころを そうじする。

3ばん

1 1ばんせん

2 2ばんせん

3 3ばんせん

4 4ばんせん

もんだい2

　もんだい2では、はじめに しつもんを きいて ください。それから はなしを き
いて、もんだいようしの 1から 4の なかから、いちばん いい ものを ひとつ え
らんで ください。

1ばん

1

2
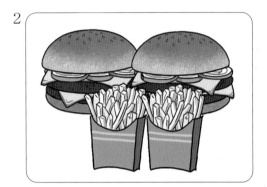

3

4

2ばん

   1 ぎんこう

   2 パンや

   3 ゆうびんきょく

   4 がっこう

3ばん

   1 524 – 1138

   2 524 – 1238

   3 554 – 1138

   4 554 – 1238

もんだい3

　もんだい3では、えを　みながら　しつもんを　きいて　ください。➡(やじるし)の
ひとは　なんと　いいますか。1から　3の　なかから、いちばん　いい　ものを　ひとつ
えらんで　ください。

1ばん

2ばん

もんだい４

　もんだい４は、えなどが　ありません。ぶんを　きいて、1から　3の　なかから、いちばん　いい　ものを　ひとつ　えらんで　ください。

－　メモ　－

정답 및 해석 | 언어지식(문자 • 어휘)

문제 1 _____의 말은 히라가나로 어떻게 씁니까? 1 · 2 · 3 · 4에서 가장 알맞은 것을 하나 골라 주세요.

1 정답 3
내일은 비입니다.

2 정답 4
잠깐 기다려 주세요.

3 정답 2
내년에 졸업합니다.

문제 2 _____의 말은 어떻게 씁니까? 1 · 2 · 3 · 4에서 가장 알맞은 것을 하나 골라 주세요.

4 정답 3
이 디자인을 좋아합니다.

5 정답 1
다음 주에 병원에 갈 예정입니다.

문제 3 (   )에 무엇이 들어갑니까? 1 · 2 · 3 · 4에서 가장 알맞은 것을 하나 골라 주세요.

6 정답 3
저는 (   )와 노는 것을 좋아합니다.
1 비   2 여름
3 개   4 옷

7 정답 1
밥을 먹고 TV를 (   ).
1 봅니다   2 씁니다
3 수영합니다   4 마십니다

8 정답 1
저 시계는 가격이 (   )니다.
1 비쌉   2 큽
3 강합   4 넓습

문제 4 _____의 문장과 거의 같은 의미의 문장이 있습니다. 1 · 2 · 3 · 4에서 가장 알맞은 것을 하나 골라 주세요.

9 정답 4
어제 오사카에 왔습니다. 오늘은 5일입니다.
1 1일에 오사카에 왔습니다
2 2일에 오사카에 왔습니다
3 3일에 오사카에 왔습니다
4 4일에 오사카에 왔습니다

10 정답 4
저는 요리를 잘 못합니다.
1 저는 요리를 좋아하지 않습니다
2 저는 요리를 싫어하지 않습니다
3 저는 요리를 못하지 않습니다
4 저는 요리를 잘하지 않습니다

정답 및 해석 | 언어지식(문법)·독해

문제 1 ( )에 무엇을 넣습니까? 1·2·3·4에서 가장 알맞은 것을 하나 골라 주세요.

1 정답 2

내일은 친구 ( ) 도서관에 갑니다.

1 를 2 와
3 에 4 에서

2 정답 1

언니의 방은 매우 ( ).

1 깨끗합니다 2 한가합니다
3 건강합니다 4 능숙합니다

3 정답 4

실례합니다. 화장실은 ( )입니까?

1 무엇 2 누구
3 어느 것 4 어디

4 정답 3

아침에 일어나면 바로 얼굴을 ( ).

1 부릅니다 2 삽니다
3 씻습니다 4 서두릅니다

문제 2 ★ 에 들어갈 것은 어느 것입니까? 1·2·3·4에서 가장 알맞은 것을 하나 골라 주세요.

5 정답 3

오늘 본 영화는 지금까지 중에서 가장 ★ 재미없었습니다.

1 지금까지 중에서 2 재미없었
3 가장 4 는

6 정답 4

A 방이 어두우 니까 전등을 ★ 켜 주세요.
B 알겠습니다.

1 어두우 2 켜
3 니까 4 전등을

문제 3 7 에서 8 에 무엇을 넣습니까? 문장의 의미를 생각해서 1·2·3·4에서 가장 알맞은 것을 하나 골라 주세요.

일본에 유학하고 있는 학생이 '마음에 드는 물건'의 작문을 써서 반의 모두 앞에서 읽습니다.

(1) 유리 씨의 작문

제 마음에 드는 물건은 반지입니다. 이것은 4년 전 생일에 어머니에게서 7 . 어머니가 소중히 여기고 있었기 때문에 매우 기뻤습니다. 반지에는 아름다운 다이아몬드도 있습니다. 굉장히 아름다워서 만족하고 있습니다.

(2) 톰 씨의 작문

제 마음에 드는 물건은 피규어입니다. 저는 좋아하는 애니메이션이 있습니다. 그 캐릭터의 피규어를 많이 모으고 있습니다. 굉장히 멋집니다. 피규어는 전부 제 방의 선반에 있습니다. 다음 달에 8 새로운 것을 사고 싶습니다.

7 정답 4

1 받고 있습니다 2 받습니다
3 받을 생각입니다 4 받았습니다

8 정답 2

1 하지만 2 또
3 만약 4 아직

문제 4 **다음 글을 읽고 질문에 답해 주세요. 답은 1·2·3·4에서 가장 알맞은 것을 하나 골라 주세요.**

저는 오늘 개와 산책을 했습니다. 평소에는 집 앞에 있는 공원에 갑니다. 그러나 오늘은 조금 먼 곳에 있는 다리까지 갔습니다. 그후에는 편의점에서 도시락을 산 후에 집에 돌아왔습니다. 많이 걸어서 조금 피곤했습니다. 하지만 좋은 운동이 되었습니다.

[9] 정답 1

'나'는 오늘 무엇을 했습니까?
1 반려동물과 산책하러 갔습니다.
2 공원에서 도시락을 먹었습니다.
3 공원에서 운동을 했습니다.
4 친구와 산책을 했습니다.

문제 5 **다음 글을 읽고 질문에 답해 주세요. 답은 1·2·3·4에서 가장 알맞은 것을 하나 골라 주세요.**

어제는 밤 10시까지 도서관에서 공부를 했습니다. 일본어 시험 준비를 하고 있었습니다. 도서관 안은 조용해서 집중하기 쉽기 때문에 자주 가고 있습니다. 도서관 자리는 예약한 후에 이용합니다. 어제도 제대로 예약했습니다.
그러나 예약 자리에 가니, 다른 사람이 앉아 있었습니다. 저는 놀라서 한 번 더 확인했습니다. 하지만 잘못 알지 않았습니다. 그래서 그 사람에게 물었습니다. 그 사람 자리는 제 뒤였습니다. 도서관은 자리가 많아서 매우 잘못 알기 쉽습니다. 그 사람은 사과하고 나서 바로 이동했습니다. <u>저는 안심했습니다.</u>

[10] 정답 4

어째서 <u>저는 안심했습니까?</u>
1 친구가 뒤에 있었기 때문에
2 도서관은 자리가 많기 때문에
3 도서관 쪽이 집중하기 쉽기 때문에
4 예약한 자리에 앉았기 때문에

문제 6 **오른쪽 페이지를 보고, 아래의 질문에 답해 주세요. 답은 1·2·3·4에서 가장 알맞은 것을 하나 골라 주세요.**

[11] 정답 2

요시모토 슈퍼에서 봄 세일을 하고 있습니다. 4월 11일에 싼 것은 어느 것입니까?
1 닭고기, 계란   2 쌀, 우유
2 돼지고기, 된장   4 김, 아이스크림

봄 세일

요시모토 슈퍼
아침 9:00~밤 10:30
(전화: 12-3456-7890)

3월 28일(월) ~ 4월 6일(수)
된장 180엔 ➡ 149엔, 계란 430엔 ➡ 380엔

4월 7일(목) ~ 4월 16일(토)
우유 110엔 ➡ 98엔, 김 300엔 ➡ 260엔

매주 싸다!

월·수 닭고기, 쌀, 주스
화·금 생선, 채소, 술
목·토 돼지고기, 아이스크림

문제 1 문제1에서는 처음에 질문을 들어 주세요. 그러고 나서 이 야기를 듣고, 문제지의 1에서 4 중에서 가장 알맞은 것을 하나 골라 주세요.

`1` 정답 2

음원

デパートで、店員と 女の 人が 話して います。店員は どの かばんを 取りますか。

F : あの、その かばんを 取って ください。
M : どの かばんですか。
F : その 大きいのを。
M : これですか。
F : いいえ、黒い 方です。
M : これですね(?)。
F : ええ、ありがとう ございます。

店員は どの かばんを 取りますか。

문제지

1
2

3

4

해석 백화점에서 점원과 여자가 이야기하고 있습니다. 점원은 어느 가방을 집습니까?

여 : 저어, 그 가방을 집어 주세요.
남 : 어느 가방이요?
여 : 그 큰 걸.
남 : 이거요?
여 : 아니요, 검은 쪽이요.
남 : 이거죠?
여 : 네, 감사합니다.

점원은 어느 가방을 집습니까?

`2` 정답 1

음원

女の 人が 男の 人に 話して います。男の 人は この後 何を しますか。

F : あら、そろそろ ガスレンジも 汚いわ。
M : 僕が そうじしましょうか。
F : いえいえ、それは いいですよ。
M : 僕も 手伝います。
F : じゃ、お風呂を お願いします。
M : はい、この スポンジを 使いますね(?)。
F : ええ、どうも ありがとう。

男の 人は この後 何を しますか。

해석 여자가 남자에게 이야기하고 있습니다. 남자는 이후 무엇을 합니까?

여 : 어머, 슬슬 가스레인지도 더럽네.
남 : 내가 청소할까요?
여 : 아뇨아뇨, 그건 됐어요.
남 : 나도 도울게요.
여 : 그럼, 욕실을 부탁드려요.
남 : 예, 이 스펀지를 사용하는 거죠?
여 : 네, 대단히 감사해요.

남자는 이후 무엇을 합니까?

1 욕실을 청소한다.
2 방을 청소한다.
3 가스레인지를 청소한다.
4 부엌을 청소한다.

[3] 정답 2

음원

駅で 女の 人と 駅員が 話して います。女の 人は、何番線の 電車に 乗りますか。

F：すみません、どの 電車が 桜駅まで 行きますか。

M：1番線と 2番線と 4番線の 電車です。あ、でも 今日は 土曜日ですね(?)。週末は 1番線には 電車が 来ません。

F：そうですか。わかりました。

M：それから、4番線には 朝と 夕方だけ 電車が 来ます。今は まだ 昼ですね。

F：はい、ありがとうございます。

女の 人は、何番線の 電車に 乗りますか。

해석 역에서 여자와 역무원이 이야기하고 있습니다. 여자는 몇 번선 전철을 탑니까?

여：실례해요. 어느 전철이 사쿠라역까지 가요?
남：1번선과 2번선과 4번선 전철이요. 아, 하지만 오늘은 토요일이죠? 주말은 1번선에는 전철이 오지 않아요.
여：그래요? 알겠습니다.
남：그리고 4번선에는 아침과 저녁때만 전철이 와요. 지금은 아직 낮이네요.
여：예, 감사합니다.

여자는 몇 번선 전철을 탑니까?

1 1번선
2 2번선
3 3번선
4 4번선

문제 2 문제2에서는 처음에 질문을 들어 주세요. 그러고 나서 이야기를 듣고, 문제지의 1에서 4 중에서 가장 알맞은 것을 하나 골라 주세요.

[1] 정답 4

음원

男の 人と 女の 人が 話して います。二人は 何を 注文しますか。

F：ああ、お腹が 空いた。何を 食べましょうか。

M：どれも いいですね。でも、私は ポテトが 好きじゃ ありません。

F：私は ポテトも 食べたいです。ハンバーガーと コーラは どうですか。

M：ハンバーガーと コーラは 私も 好きです。

F：はい、じゃ、ポテトは 一つだけで 大丈夫ですね。

二人は 何を 注文しますか。

문제지

1 	2 
3 	4 

해석 남자와 여자가 이야기하고 있습니다. 두 사람은 무엇을 주문합니까?

여：아ー, 배고파. 무엇을 먹을까요?
남：어느 것이나 다 좋아요. 하지만 저는 감자튀김은 좋아하지 않아요.
여：저는 감자튀김도 먹고 싶어요. 햄버거와 콜라는 어때요?
남：햄버거와 콜라는 저도 좋아해요.
여：예, 그럼, 감자튀김은 한 개만으로 괜찮겠네요.

두 사람은 무엇을 주문합니까?

[2] 정답 2

음원

女の 学生と 男の 学生が 話して います。二人は 週末 どこで 会いますか。

M：週末、予定が ありますか。

F：土曜日 妹と 出かけます。

M：じゃ、日曜日 海を 見に 行きませんか。冬の 海も きれいですよ。

F：いいですね。どこで 会いましょうか。学校の 前は どうですか。

M : いや、家の 近くまで 行きますよ。うーん、郵便局は 少し 遠いですね。パン屋は どうですか。

F : はい、わかりました。そこで 会いましょう。

二人は 週末 どこで 会いますか。

해석 여학생과 남학생이 이야기하고 있습니다. 두 사람은 주말에 어디에서 만납니까?

> 남 : 주말에 예정이 있어요?
> 여 : 토요일에 여동생과 외출해요.
> 남 : 그럼, 일요일에 바다를 보러 가지 않을래요? 겨울 바다도 예뻐요.
> 여 : 좋네요. 어디에서 만날까요? 학교 앞은 어때요?
> 남 : 아니, 집 근처까지 갈게요. 음…, 우체국은 조금 머네요. 빵집은 어때요?
> 여 : 예, 알았어요. 거기에서 만나요.

> 두 사람은 주말에 어디에서 만납니까?

> 1 은행
> 2 빵집
> 3 우체국
> 4 학교

---

3 정답 2

음원

女の 学生と 男の 学生が 話して います。女の 学生の 電話番号は 何番ですか。

M : あの、吉田さんの 電話番号は 524-1138 ですね(?)。

F : いいえ、1138じゃ なくて 1238です。

M : メモしますから、少し 待って ください。

F : はい、524の。

M : 1238ですね(?)。どうも ありがとうございます。

女の 学生の 電話番号は 何番ですか。

해석 여학생과 남학생이 이야기하고 있습니다. 여학생의 전화번호는 몇 번입니까?

> 남 : 저어, 요시다 씨의 전화번호는 524의 1138이죠?
> 여 : 아니요, 1138이 아니고 1238이에요.
> 남 : 메모할 테니까, 조금 기다려 주세요.
> 여 : 예, 524의.

남 : 1238이죠? 대단히 감사해요.

여학생의 전화번호는 무엇입니까?

1 524-1138
2 524-1238
3 554-1138
4 554-1238

문제 3 문제3에서는 그림을 보면서 질문을 들어 주세요. →(화살표)의 사람은 뭐라고 말합니까? 1에서 3 중에서 가장 알맞은 것을 하나 골라 주세요.

1 정답 2

문제지

음원

ラーメン屋で これから ラーメンを 食べます。何と いいますか。

F : 1 いってらっしゃい。
 2 いただきます。
 3 ごちそうさまでした。

해석 라면집에서 이제부터 라면을 먹습니다. 뭐라고 말합니까?

> 여 : 1 다녀오세요.
> 2 잘 먹겠습니다.
> 3 잘 먹었습니다.

2 정답 1

문제지

カフェで コーヒーを 注文して います。カフェラテが 飲みたいです。何と いいますか。

M：1 カフェラテを ください。

2 カフェラテを どうぞ。

3 カフェラテを 作ります。

해석 카페에서 커피를 주문하고 있습니다. 카페라테가 마시고 싶습니다. 뭐라고 말합니까?

남：1 카페라테를 주세요.

2 카페라테를 드세요.

3 카페라테를 만들게요.

문제 4 문제4는 그림 등이 없습니다. 문장을 듣고 1에서 3 중에서 가장 알맞은 것을 하나 골라 주세요.

1 정답 2

F：ちょっと 暑く ないですか。

M：1 窓を 閉めましょうか。

2 エアコンを つけましょうか。

3 暖房を 入れましょうか。

해석 여：좀 덥지 않아요?

남：1 창문을 닫을까요?

2 에어컨을 켤까요?

3 난방을 넣을까요?

2 정답 3

F：週末は、何を しましたか。

M：1 中国語の 勉強を して います。

2 弟と 美術館に 行きます。

3 映画を 見に 行きました。

해석 남：주말에는 무엇을 했어요?

여：1 중국어 공부를 하고 있어요.

2 남동생과 미술관에 가요.

3 영화를 보러 갔어요

3 정답 1

M：これ、ちょっと 見て ください。

F：1 ええ、いいですよ。

2 はい、聞きました。

3 本当に 大丈夫ですか。

해석 남：이거 좀 봐 주세요.

여：1 네, 좋아요.

2 예, 들었어요.

3 정말로 괜찮아요?

JLPT N5　하프모의고사

にほんごのうりょくしけん かいとうようし

N5 げんごちしき (もじ・ごい)

じゅけんばんごう
Examinee Registration
Number

なまえ
Name

よいれい Correct Example	わるいれい Incorrect Examples
●	⊗ ○ ⦵ ⊘ ⊖ ◓

もんだい 1

1	①	②	③	④
2	①	②	③	④
3	①	②	③	④

もんだい 2

4	①	②	③	④
5	①	②	③	④

もんだい 3

6	①	②	③	④
7	①	②	③	④
8	①	②	③	④

もんだい 4

9	①	②	③	④
10	①	②	③	④

にほんごのうりょくしけん かいとうようし

N5 げんごちしき (ぶんぽう)・どっかい

じゅけんばんごう
Examinee Registration
Number

なまえ
Name

もんだい1

1	①	②	③	④
2	①	②	③	④
3	①	②	③	④
4	①	②	③	④

もんだい2

5	①	②	③	④
6	①	②	③	④

もんだい3

7	①	②	③	④
8	①	②	③	④

もんだい4

9	①	②	③	④

もんだい5

10	①	②	③	④

もんだい6

11	①	②	③	④

にほんごのうりょくしけん かいとうようし

N5 ちょうかい

じゅけんばんごう
Examinee Registration
Number

なまえ
Name

〈ちゅうい Notes〉

1. くろいえんぴつ (HB、No.2) でかいてください。
   Use a black medium soft (HB or No.2) pencil.
   (ペンやボールペンではかかないでください。)
   (Do not use any kind of pen.)

2. かきなおすときは、けしゴムできれいにけして
   ください。
   Erase any unintended marks completely.

3. きたなくしたり、おったりしないでください。
   Do not soil or bend this sheet.

4. マークれい Marking Examples

よいれい Correct Example	わるいれい Incorrect Examples
●	⊗ ◯ ⊖ ⊙ ◑ ⦸

もんだい1

1	①	②	③	④
2	①	②	③	④
3	①	②	③	④

もんだい2

1	①	②	③	④
2	①	②	③	④
3	①	②	③	④

もんだい3

1	①	②	③
2	①	②	③

もんだい4

1	①	②	③
2	①	②	③
3	①	②	③

스토리북
신데렐라

シンデレラ
신데렐라

Chapter **1** いち

*'느린 속도'의 음원은
www.ybmbooks.com에서
다운로드하세요. 음원 91

1 昔々、ある 王国に、一人の 女の 子が 住んで いました。名前は エラと 言う、とても やさしくて かわいい 女の 子でした。エラは お父さん、お母さんと 幸せに 暮らして いました。

옛날 옛적에 어느 왕국에 한 명의 여자아이가 살고 있었습니다. 이름은 엘라라고 하는, 매우 상냥하고 귀여운 여자아이였습니다. 엘라는 아버지, 어머니와 행복하게 살고 있었습니다.

단어 昔々(むかしむかし) 옛날 옛적 ある 어느 王国(おうこく) 왕국 ～に ～에 *장소 一人(ひとり) 한 명, 한 사람 女(おんな) 여자 子(こ) 아이 ～が ～이[가] 住(す)む 살다, 거주하다 名前(なまえ) 이름 ～と言(い)う ～라고 하다 とても 아주, 매우 やさしい 상냥하다 かわいい 귀엽다 お父(とう)さん 아버지 お母(かあ)さん 어머니 ～と ～와[과] 幸(しあわ)せだ 행복하다 暮(く)らす 살다, 생활하다

따라 쓰기

2 ところが、エラが 10歳に なった 時、お母さんが 病気に なって しまいました。お医者さんが 助けようと しましたが、エラの お母さんの 病気を 治す ことが できませんでした。

그런데 엘라가 열 살이 되었을 때 어머니가 병이 나고 말았습니다. 의사 선생님이 살리려고 했지만, 엘라 어머니의 병을 고칠 수 없었습니다.

단어 ところが 그런데 ~歳(さい) ~세, ~살 명사+に なる ~이[가] 되다 時(とき) 때
病気(びょうき) 병 *「病気(びょうき)に なる」– 병이 되다, 병이 나다[들다] ~て しまう ~해 버리다, ~하고 말다
お医者(いしゃ)さん 의사 선생님 助(たす)ける (목숨을) 살리다 ~(よ)うと する ~하려고 하다 治(なお)す 고치다, 치료하다
동사의 기본형+ことが できる ~할 수 있다

따라 쓰기

---

3 お母さんの 病気は だんだん 重く なり、とうとう 入院して しまいました。エラは お母さんに 会いたくて、何度も 病院を 訪ねました。そして、ベッドの そばに 座って お母さんの 手を 握りながら 話しました。

어머니의 병은 점점 심해져서 마침내 입원하고 말았습니다. 엘라는 어머니를 만나고 싶어서 몇 번이나 병원을 찾아갔습니다. 그리고 침대 곁에 앉아 어머니의 손을 잡으면서 이야기했습니다.

단어 だんだん 점점 重(おも)い (병·죄가) 무겁다, 심하다 い형용사의 어간+くなる ~(해)지다 とうとう 마침내
入院(にゅういん)する 입원하다 会(あ)う 만나다 동사의 ます형+たい ~(하)고 싶다 何度(なんど)も 몇 번이나, 여러 번
病院(びょういん) 병원 訪(たず)ねる 찾아가다, 방문하다 そして 그리고 ベッド 침대 そば 곁, 옆 座(すわ)る 앉다 手(て) 손
握(にぎ)る (남의 손을) 잡다 동사의 ます형+ながら ~(하)면서 *동시동작 話(はな)す 이야기하다

따라 쓰기

4 ある 日、エラが 病院を 訪ねると、ベッドには お父さんが 一人で 座って いました。そして、「エラ、これからは 二人だよ。」と 言いました。エラは、お父さんの 言った 言葉の 意味が わかりました。お母さんは 亡くなって しまったのです。

어느 날 엘라가 병원을 찾아가니, 침대에는 아버지가 혼자서 앉아 있었습니다. 그리고 "엘라야, 이제부터는 둘이야."라고 말했습니다. 엘라는 아버지가 한 말의 의미를 알았습니다. 엄마는 돌아가시고 만 것입니다.

단어 日(ひ) 날 ～と ① ～(하)자, ～(하)니 ② ～라고 これから 이제부터 二人(ふたり) 두 명, 두 사람 言(い)う 말하다
言葉(ことば) 말 意味(いみ) 의미 わかる 알다, 이해하다 亡(な)くなる 죽다, 돌아가다

따라 쓰기
_____

_____

_____

_____

5 しばらくの 間は、エラも お父さんも、二人で 楽しく 暮らそうと しました。しかし、お母さんを 失った 悲しみで お父さんも、病気に なって しまいました。お父さんは お母さんを 失った エラの ことが とても 心配で、エラや 自分の 世話を して くれる 看護師に 来て もらう ことに しました。

한동안은 엘라도 아버지도 둘이서 즐겁게 살려고 했습니다. 그러나 어머니를 잃은 슬픔으로 아버지도 병이 들고 말았습니다. 아버지는 어머니를 여읜 엘라가 너무 걱정되어서 엘라와 자신을 보살펴 줄 간호사를 오도록 했습니다.

단어 しばらくの 間(あいだ) 한동안 ～も ～도 楽(たの)しい 즐겁다 ～(よ)うと する ～(하)려고 하다 しかし 그러나
失(うしな)う 잃다, 여의다 悲(かな)しみ 슬픔 心配(しんぱい)だ 걱정스럽다 自分(じぶん) 자기, 자신, 나
世話(せわ)を する 돌봐주다, 보살피다 ～て くれる (남이 나에게) ～(해) 주다 看護師(かんごし) 간호사 来(く)る 오다
～て もらう (남에게) ～(해) 받다, (남이) ～(해) 주다 동사의 보통형+ことに する ～(하)기로 하다

따라 쓰기
_____

_____

_____

_____

6 しかし、その 看護師は あまり いい 人では ありませんでした。看護師は、お父さんの 面倒は よく 見たのですが、エラの ことは 嫌って 全く 面倒を 見ませんでした。

그런데 그 간호사는 별로 좋은 사람이 아니었습니다. 간호사는 아버지는 잘 보살폈지만, 엘라는 싫어해서 전혀 돌봐주지 않았습니다.

단어 あまり (부정어 수반) 별로, 그다지 面倒(めんどう) 돌봄, 보살핌 *「面倒(めんどう)を 見(み)る」 – 돌봐주다, 보살피다
よく 잘 ～の こと ～에 관한 일 嫌(きら)う 싫어하다, 미워하다 全(まった)く (부정어 수반) 전혀

따라 쓰기

7 体が よく なった お父さんは、看護師を とても いい 人だと 思って、結婚したいと 言いました。看護師は すぐに 結婚の 返事を しました。エラは、新しい お母さんと 二人の お姉さんと、一緒に 暮らす ことに なりました。

건강이 좋아진 아버지는 간호사를 매우 좋은 사람이라고 생각해서 결혼하고 싶다고 말했습니다. 간호사는 바로 결혼 대답을 했습니다. 엘라는 새어머니와 두 명의 언니와 함께 살게 되었습니다.

단어 体(からだ) 몸, (신체의) 건강 いい・よい 좋다 い형용사의 어간+く なる ～(해)지다 思(おも)う 생각하다
結婚(けっこん)する 결혼하다 すぐに 곧, 바로 返事(へんじ) 대답 する 하다 新(あたら)しい 새롭다 お姉(ねえ)さん 누나, 언니
一緒(いっしょ)に 함께 동사의 보통형+ことに なる ～(하)게 되다

따라 쓰기

8 お姉さんたちの 名前は、「ヘルガ」と 「ジェルド」と 言いました。新しい お母さんと お姉さんたちは、エラと 仲良く しようとは しませんでした。しかし、エラは お父さんが 再婚した ことを 心から 喜んで いました。

언니들의 이름은 '헬가'와 '제르도'라고 했습니다. 새어머니와 언니들은 엘라와 사이 좋게 지내려고는 하지 않았습니다. 그러나 엘라는 아버지가 재혼한 것을 진심으로 기뻐하고 있었습니다.

단어 ~たち (사람이나 생물을 나타내는 말에 붙어) ~들 仲良(なかよ)く する 사이 좋게 지내다 ~(よ)う ~(해)야지, ~(하)자 再婚(さいこん)する 재혼하다 こと 일, 것 心(こころ)から 마음으로부터, 진심으로 喜(よろこ)ぶ 기뻐하다

따라 쓰기

9 それから、何年か 経って、エラは 美しい 少女に 成長しました。エラは いつも お姉さんたちと 仲良く しようと しましたが、お姉さんたちは そんな エラを 変な 子だと 笑ったり 無視したり しました。

그러고 나서 몇 년인가 지나 엘라는 아름다운 소녀로 성장했습니다. 엘라는 언제나 언니들과 사이 좋게 지내려고 했지만, 언니들은 그런 엘라를 이상한 아이라고 비웃거나 무시하거나 했습니다.

단어 それから 그 다음에, 그리고 (또), 그러고 나서 何年(なんねん) 몇 년 経(た)つ (시간이) 지나다, 흐르다 美(うつく)しい 아름답다 少女(しょうじょ) 소녀 成長(せいちょう)する 성장하다 そんな 그러한, 그런 変(へん)だ 이상하다 笑(わら)う 웃다, 비웃다 ~たり ~たり する ~하거나 ~하거나 하다 無視(むし)する 무시하다

따라 쓰기

10 ある 日、エラの お父さんは、また 重い 病気に かかって しまいました。エラは お父さんの 手を 握って、早く よく なる ように 神様に 祈りました。しかし、お父さんは エラに「幸せに なるんだよ。」と 言ってから 亡くなりました。エラは とても 悲しみました。大好きな お父さんまで 死んで しまって、一人に なった からです。

어느 날 엘라의 아버지는 또 중병에 걸리고 말았습니다. 엘라는 아버지의 손을 잡고 빨리 낫도록 하느님께 빌었습니다. 그러나 아버지는 엘라에게 "행복해지는 거야."라고 말하고 나서 돌아가셨습니다. 엘라는 너무 슬퍼했습니다. 매우 좋아하는 아버지마저 죽고 말아서 혼자가 됐기 때문입니다.

단어 また 또, 다시 重(おも)い (병·죄가) 무겁다, 심하다 かかる (병에) 걸리다 早(はや)く 빨리 神様(かみさま) 하느님 祈(いの)る 빌다 な형용사의 어간+に なる ~해지다 ~てから ~하고 나서, ~한 후에 悲(かな)しむ 슬퍼하다 大好(だいす)きだ 매우 좋아하다 ~まで ~까지, ~마저 死(し)ぬ 죽다 ~から ~(이)니까, ~(이)기 때문에

따라 쓰기

_____

_____

_____

_____

_____

11 「これからは 三人だね。」新しい お母さんが 言いました。「あの 子は、どう するの(?)。」お姉さんが、エラを 指差しながら 聞きました。「ああ、あの 子(?)。あの 子は メードと 思えば いいのよ。」新しい お母さんは 言いました。

"이제부터는 셋이네." 새어머니가 말했습니다. "저 애는 어떻게 해?" 언니가 엘라를 가리키며 물었습니다. "아ー, 쟤? 쟤는 하녀라고 생각하면 되는 거야." 새어머니는 말했습니다.

단어 三人(さんにん) 세 사람 *「~人(にん)」 - ~명 あの 저 どう 어떻게 する 하다 ~の 문말(文末)에서 감동 또는 물음을 나타냄 指差(ゆびさ)す (손가락으로) 가리키다 聞(き)く 묻다 メード 메이드, 하녀, 가정부(=메이드) ~と 思(おも)う ~라고 생각하다 ~ば いい ~(하)면 된다

따라 쓰기

_____

_____

_____

12 新しい お母さんと お姉さんたちは、エラに 冷たく しました。それから、家事は、全部 エラに させました。亡くなって しまった お父さんと お母さんが、エラに 買って くれた きれいな ドレスも、意地悪な お姉さんたちに 全部 取られて しまいました。

새어머니와 언니들은 엘라에게 차갑게 대했습니다. 그리고 집안일은 전부 엘라에게 시켰습니다. 돌아가 버리신 아버지와 어머니가 엘라에게 사 준 예쁜 드레스도 심술궂은 언니들에게 전부 빼앗겨 버렸습니다.

단어 冷(つめ)たい 차갑다, 차다, 냉정하다　家事(かじ) 가사, 집안일　全部(ぜんぶ) 전부　させる 시키다 *「する」(하다)의 사역형　買(か)う 사다　～て くれる (남이 나에게) ～(해) 주다　ドレス 드레스　意地悪(いじわる)だ 심술궂다　取(と)られる 빼앗기다 *「取(と)る」(빼앗다)의 수동형

따라 쓰기

---

13 とうとう、エラの 服は 一着 しか 残って いなかったので、毎日 それだけ 着て いました。

결국 엘라의 옷은 한 벌밖에 남지 않기 때문에 매일 그것만 입고 있었습니다.

단어 とうとう 드디어, 결국　服(ふく) 옷　一着(いっちゃく) 한 벌 *「～着(ちゃく)」(～벌) – 옷을 세는 단위　～しか (부정어 수반) ～밖에　残(のこ)る 남다　～ので ～(이)니까, ～(이)기 때문에　毎日(まいにち) 매일　～だけ ～만, ～뿐　着(き)る (옷을) 입다

따라 쓰기

---

14 ある 日、エラが 暖炉の 掃除を して いる 時、意地悪な お姉さんたちが、エラを 見て 笑いながら 言いました。「ははは、見て! あの 子の 顔。本当に 汚いね。灰で 黒く なったから、これからは シンデレラ(灰被りの 子)と 呼ぼう。」その 時から 意地悪な 新しい お母さんと お姉さんたちは、エラの ことを「シンデレラ」と 呼ぶ ように なりました。

어느 날 엘라가 난로 청소를 하고 있을 때 심술궂은 언니들이 엘라를 보고 웃으면서 말했습니다. "하하하, 봐! 쟤 얼굴. 정말로 더럽네. 재로 까매졌으니, 이제부터는 신데렐라(재투성이 아이)라고 부르자." 그때부터 심술궂은 새어머니와 언니들은 엘라를 '신데렐라'라고 부르게 되었습니다.

단어 暖炉(だんろ) 난로 掃除(そうじ) 청소 時(とき) 때 顔(かお) 얼굴 本当(ほんとう)に 정말로 汚(きたな)い 더럽다 灰(はい) 재 ～で ～로, ～ 때문에 黒(くろ)い 검다, 까맣다 被(かぶ)り 덮어쓰는 것, 뒤집어쓰는 일 呼(よ)ぶ 부르다 ～ようになる ～(하)게(끔) 되다

따라 쓰기

15 ある 日、シンデレラが 台所の 掃除を して いる 時、お姉さんたちの 話し声が 聞こえて きました。それは 舞踏会の 話でした。王国の 王と 王妃が、王子の 新婦を 選ぶ ために パーティーを する というのです。

어느 날 신데렐라가 부엌 청소를 하고 있는데, 언니들의 말소리가 들려왔습니다. 그것은 무도회 이야기였습니다. 왕국의 왕과 왕비가 왕자의 신부를 고르기 위해서 파티를 한다는 것입니다.

단어 台所(だいどころ) 부엌 話(はな)し声(ごえ) 말소리 聞(き)こえる 들리다 ～てくる ～(해) 오다 舞踏会(ぶとうかい) 무도회 話(はなし) 이야기 王国(おうこく) 왕국 王(おう) 왕 王妃(おうひ) 왕비 王子(おうじ) 왕자 新婦(しんぷ) 신부 選(えら)ぶ 고르다, 선택하다 동사의 기본형+ために ～하기 위해서 パーティー 파티 ～という ～라는

따라 쓰기

16「お母さん、私たちも 行きたいわ。」お姉さんたちは、お母さんに ねだりました。「もちろんよ。もしかしたら、王子様の 結婚 相手に 選ばれるかも しれないからね。」新しい お母さんは 言いました。

"어머니, 우리도 가고 싶어요." 언니들은 새어머니에게 졸랐습니다. "물론이지. 어쩌면 왕자님의 결혼 상대로 선택될 지도 모르니까 말이야." 새어머니는 말했습니다.

단어 私(わたし)たち 우리(들) ～わ (여성어) 가벼운 영탄·감동의 뜻을 나타냄 ねだる 조르다, 졸라대다 もちろん 물론
もしかしたら 어쩌면 ～様(さま) ～님 結婚(けっこん) 결혼 相手(あいて) 상대
選(えら)ばれる 선택되다 *「選(えら)ぶ」(선택하다)의 수동형 ～かも しれない ～(일)지도 모른다

따라 쓰기

17 シンデレラは、暖炉を 掃除しながら 新しい お母さんに 聞きました。「王子様は その パーティーで、結婚 相手を 決めますか。」すると、意地悪な 新しい お母さんと お姉さんたちは、「そうよ。でも、王子様は あなた みたいな 汚い 子には、全然 関心も ないわよ。」と 言いました。

신데렐라는 난로를 청소하면서 새어머니에게 물었습니다. "왕자님은 그 파티에서 결혼 상대를 정하나요?" 그러자, 심술궂은 새어머니와 언니들은 "그래. 하지만 왕자님은 너 같이 더러운 애한테는 전혀 관심도 없을 거야."라고 말했습니다.

단어 ～で ～에서 *장소 決(き)める 정하다, 결정하다 すると 그러자 そうだ 그렇다 でも 하지만
あなた 당신, 너 *자기와 대등한 사람이나 아랫사람에게 씀 ～みたいだ ～인 것 같다 全然(ぜんぜん) (부정어 수반) 전혀
～も ～도 ない 없다

따라 쓰기

18 一週間 後に、舞踏会が 開かれました。それまでに シンデレラは、お姉さんたちの ドレスを 作りました。二人の 意地悪な お姉さんたちは、美しい ドレスを 着るのに とても 忙しいです。でも、シンデレラには ドレスが ありませんでした。「早く早く、パーティーに 遅れるわよ。」 新しい お母さんは、お姉さんたちを せかしました。

일주일 후에 무도회가 열렸습니다. 그때까지 신데렐라는 언니들의 드레스를 만들었습니다. 두 명의 심술궂은 언니들은 예쁜 드레스를 입는 데 매우 바쁩니다. 하지만 신데렐라에게는 드레스가 없었습니다. "빨리빨리, 파티에 늦겠어." 새어머니는 언니들을 재촉했습니다.

단어 一週間(いっしゅうかん) 일주일 *「〜週間(しゅうかん)」 – 〜주간, 〜주일 〜後(ご) 〜후
開(ひら)かれる 열리다 *「開(ひら)く」((회의 등을) 열다)의 수동형 それまでに 그때까지 *최종기한 作(つく)る 만들다
美(うつく)しい 아름답다 忙(いそが)しい 바쁘다 早(はや)く 빨리 遅(おく)れる 늦다 せかす 재촉하다

따라 쓰기

---

19 馬車に 乗って 出かける お姉さんたちを、シンデレラは うらやましそうに 窓から 見送るだけでした。シンデレラも パーティーへ 行きたかったのでした。でも、意地悪な 新しい お母さんは、シンデレラに 言いました。

마차를 타고 나가는 언니들을 신데렐라는 부러운 듯이 창문으로 바라볼 뿐이었습니다. 신데렐라도 파티에 가고 싶었던 것이었습니다. 하지만 심술궂은 새어머니는 신데렐라에게 말했습니다.

단어 馬車(ばしゃ) 마차 乗(の)る (탈것에) 타다 出(で)かける 외출하다, 나가다 うらやましい 부럽다
い형용사의 어간+そうだ 〜일 것 같다, 〜해 보이다 窓(まど) 창문 見送(みおく)る 가는 것을 바라보다, 지켜보다 〜だけ 〜만, 〜뿐
〜へ 〜에

따라 쓰기

93

シンデレラ 신데렐라

20「夢なんか 見るんじゃないよ。さっさと 家事を しなさい! この 怠け者! 舞踏会に、あんた みたいな 汚い 子が、行けるとでも 思ってるの(?)。」シンデレラは涙を 浮かべながら 台所に 戻り、床を 拭き始めました。

"꿈 같은 거 꾸는 게 아니야. 빨랑빨랑 집안일을 해! 이 게으름뱅이! 무도회에 너 같이 꾀죄죄한 애가 갈 수 있을 거라고 생각하고 있는 거니?" 신데렐라는 눈물을 지으면서 부엌으로 돌아가 바닥을 닦기 시작했습니다.

단어 夢(ゆめ) 꿈 *「夢(ゆめ)を 見(み)る」– 꿈을 꾸다 ～なんか ～따위, ～같은 것
～んじゃない ～하는 것이 아니다 *「～のではない」의 회화체 표현 さっさと 빨리, 빨랑빨랑, 서둘러 동사의 ます형+なさい ～(하)시오
怠(なま)け者(もの) 게으름뱅이 あんた 당신, 너 *「あなた」(당신, 너)의 변한말로, 아주 친한 사람이나 아랫사람에게 사용함
行(い)ける 갈 수 있다 *「行(い)く」(가다)의 가능형 涙(なみだ)を 浮(う)かべる 눈물을 짓다 戻(もど)る 되돌아가[오]다 床(ゆか) 바닥
拭(ふ)く 닦다, 훔치다 동사의 ます형+始(はじ)める ～(하)기 시작하다

따라 쓰기

94

シンデレラ
신데렐라

Chapter に**2**

*'느린 속도'의 음원은
www.ybmbooks.com에서
다운로드하세요.

음원 92

1 シンデレラが 床を 拭いて いる 時、どこかで 変な 音が して 一筋の 光が
見えました。「あれは 何かしら。」シンデレラは つぶやきました。

신데렐라가 바닥을 닦고 있을 때 어딘가에서 이상한 소리가 나며 한 줄기 빛이 보였습니다. "저건 뭘까?" 신데렐라는 중얼
거렸습니다.

단어 時(とき) 때 どこか 어딘가 変(へん)だ 이상하다 音(おと)が する 소리가 나다 一筋(ひとすじ) 한 줄기 光(ひかり) 빛
見(み)える 보이다 あれ 저것 何(なに) 무엇 〜かしら (여성어) 〜일까? *의문의 뜻을 나타냄 つぶやく 중얼거리다

따라 쓰기 _____

_____

95

シンデレラ 신데렐라

2 その 時、誰かが シンデレラの 肩を 叩いて 振り向くと、そこには 見知らぬ おばあさんが 立って いました。おばあさんは とがった 帽子を 被って、右手には 杖を 持って いました。

그때 누군가가 신데렐라의 어깨를 두드려서 뒤돌아보니, 거기에는 낯선 할머니가 서 있었습니다. 할머니는 끝이 뾰족한 모자를 쓰고 오른손에는 지팡이를 들고 있었습니다.

단어 誰(だれ)か 누군가 肩(かた) 어깨 叩(たた)く 두드리다 振(ふ)り向(む)く 뒤돌아보다 そこ 그곳, 거기
見知(みし)らぬ 알지 못하는, 낯선 おばあさん 할머니 立(た)つ 서다 とがる 뾰족하다 帽子(ぼうし)を 被(かぶ)る 모자를 쓰다
右手(みぎて) 오른손 杖(つえ) 지팡이 持(も)つ 가지다, 들다

따라 쓰기
_____
_____
_____

3 「私は 妖精よ。あなたを 舞踏会に 行かせて あげるわ。」妖精が 言いました。驚いた シンデレラは、「でも、お母さんに 叱られます。どう したら いいでしょうか。」と 聞き返しました。「お母さんは ぐっすり 眠って いるから、明日の 朝までは 起きないわよ。」妖精は シンデレラに やさしく 語りました。

"나는 요정이야. 너를 무도회에 가게 해 줄게." 요정이 말했습니다. 놀란 신데렐라는 "하지만 어머니에게 혼나요. 어떻게 하면 좋을까요?"라고 되물었습니다. "어머니는 푹 잠들어 있으니까 내일 아침까지는 일어나지 않을 거야." 요정은 신데렐라에게 다정하게 말했습니다.

단어 妖精(ようせい) 요정 行(い)かせる 가게 하다 *『行(い)く』(가다)의 사역형 ~て あげる (내가 남에게) ~(해) 주다 驚(おどろ)く 놀라다
叱(しか)られる 혼나다, 야단맞다 *『叱(しか)る』(꾸짖다, 야단치다)의 수동형 ~でしょうか ~일까요? 聞(き)き返(かえ)す 되묻다, 반문하다
ぐっすり 푹 *깊이 잠든 모양 眠(ねむ)る 자다, 잠자다, 잠들다 明日(あした) 내일 朝(あさ) 아침 起(お)きる 일어나다, 기상하다
語(かた)る 말하다, 이야기하다

따라 쓰기
_____
_____
_____
_____

96

4 シンデレラは 自分の 姿を 見つめながら、「でも、こんなに みすぼらしいの
に…。どう したら 舞踏会に 行けますか。」と 聞きました。すると、妖精は 「そん
な ことは ないわ。あなたは とても 美しいわよ。」と 言いました。

신데렐라는 자신의 모습을 응시하면서 "하지만 이렇게 초라한데…. 어떻게 하면 무도회에 갈 수 있어요?"라고 물었습니다.
그러자 요정은 "그렇지 않아. 너는 매우 아름다워."라고 말했습니다.

단어 自分(じぶん) 자기, 자신, 나 姿(すがた) 모습 見(み)つめる 응시하다, 주시하다 こんなに 이렇게(나) みすぼらしい 초라하다
～のに ～는데(도) そんな こと(は) ない 그렇지 않다

따라 쓰기 _____

_____

_____

5 「あなたの 願いを 叶える ために、二つ 必要な ものが あるの。」シンデレラ
は、どう すれば いいのか わかりませんでした。「何も 心配しないで いいのよ。
とにかく 時間が ないわ。」妖精は 言いました。

"네 소원을 들어주기 위해서 두 가지 필요한 것이 있단다." 신데렐라는 어떻게 하면 좋을지 몰랐습니다. "아무것도 걱정하
지 않아도 돼. 어쨌든 시간이 없구나." 요정은 말했습니다.

단어 願(ねが)い 소원 叶(かな)える 들어주다, 이루어 주다 동사의 기본형+ために ～하기 위해서 二(ふた)つ 두 가지
必要(ひつよう)だ 필요하다 もの 물건, 것 何(なに)も (부정어 수반) 아무것도 心配(しんぱい)する 걱정하다
～ないで いい ～(하)지 않아도 된다[좋다] *어떤 동작을 하지 않는 것을 허가·용납하는 뜻을 나타냄 とにかく 어쨌든 時間(じかん) 시간
ない 없다

따라 쓰기 _____

_____

_____

6 シンデレラは 妖精の 言葉を 信じて、言われた 通りに する ことに しました。「じゃ、まず はじめに、大きい かぼちゃを 持って 来て ちょうだい。」妖精は 言いました。すぐに シンデレラは、庭に 植えて ある 一番 大きな オレンジ色の かぼちゃを 取って 来て、妖精の 足下に 置きました。

신데렐라는 요정의 말을 믿고 들은 대로 하기로 했습니다. "그럼, 우선 먼저 큰 호박을 가지고 오렴." 요정은 말했습니다. 바로 신데렐라는 뜰에 심어져 있는 가장 큰 오렌지색 호박을 들고 와서 요정의 발밑에 놓았습니다.

단어 信(しん)じる 믿다 言(い)われる 듣다 *『言(い)う』(말하다)의 수동형 동사의 た형+た 通(とお)りに ~한 대로 じゃ 그럼 まず 우선 はじめに 우선, 먼저 大(おお)きい 크다 かぼちゃ 호박 ~て ちょうだい (여성어) ~(해) 줘[주렴] 庭(にわ) 정원, 뜰, 마당 植(う)える 심다 타동사의 て형+て ある ~(해)져 있다 *상태 一番(いちばん) 가장, 제일 大(おお)きな 큰 オレンジ色(いろ) 오렌지색 取(と)る (손에) 들다, 집다, 잡다 足下(あしもと) 발밑 置(お)く 놓다, 두다

따라 쓰기
_____
_____
_____

7 「よく できたわ。じゃ、次に、三匹の ねずみを 捕まえて 来て ちょうだい。」妖精は 言いました。シンデレラは、どうして ねずみが 必要なのか わかりませんでしたが、言われた 通りに ねずみを 捕まえる ことに しました。

"잘했어. 그럼, 다음으로 쥐 세 마리를 잡아 오렴." 요정은 말했습니다. 신데렐라는 왜 쥐가 필요한 것인지 알 수 없었지만, 들은 대로 쥐를 잡기로 했습니다.

단어 よく 잘 できる 잘하다 ~わ (여성어) 가벼운 영탄·감동의 뜻을 나타냄 次(つぎ)に 다음으로 三匹(さんびき) 세 마리 *『~匹(ひき)』(~마리)는 '짐승·새·물고기·곤충 등을 세는 말'로, 앞에 「三(さん)」(삼, 셋)이라는 숫자가 오면 「びき」로 발음이 변함 ねずみ 쥐 捕(つか)まえる 붙잡다, 잡다

따라 쓰기
_____
_____
_____

8 シンデレラは、よく ねずみを 見かけて いた 納屋の 方に 向かって、走って 行きました。しばらく して、シンデレラは ガラス瓶に 入って いる 三匹の ねずみを 妖精の 前に 差し出しました。妖精は ねずみが 入って いる ガラス瓶を、かぼちゃの 隣に 置きました。

신데렐라는 자주 쥐를 봤던 헛간 쪽을 향해서 달려갔습니다. 잠시 후 신데렐라는 유리병에 들어 있는 세 마리의 쥐를 요정 앞에 내밀었습니다. 요정은 쥐가 들어 있는 유리병을 호박 옆에 놓았습니다.

단어 よく 자주 見(み)かける (가끔) 만나다, 보다 納屋(なや) 헛간 方(ほう) 편, 쪽 向(む)かう 향하다 走(はし)る 달리다 ガラス瓶(びん) 유리병 入(はい)る 들다 差(さ)し出(だ)す 내밀다 隣(となり) 옆 置(お)く 놓다, 두다

따라 쓰기 _____

_____

_____

_____

9 「本当に よく できたわ。」妖精は そう 言ってから、信じられない ような ことを やって 見せました。妖精が 杖で かぼちゃを 叩くと、その かぼちゃは、立派な 馬車に 変わったのでした。「すごいわ!」シンデレラは 驚いて 言いました。

"정말로 잘했어." 요정은 그렇게 말하고 나서 믿을 수 없는 듯한 일을 해 보였습니다. 요정이 지팡이로 호박을 두드리자, 그 호박은 멋진 마차로 변한 것이었습니다. "대단해요!" 신데렐라는 놀라서 말했습니다.

단어 本当(ほんとう)に 정말로 よく 잘 できる 잘하다 信(しん)じられる 믿을 수 있다 *『信(しん)じる』(믿다)의 수동형으로, 여기서는 가능의 뜻으로 쓰임 やる (어떤 행위를) 하다 見(み)せる 보이다, 보여 주다 立派(りっぱ)だ 훌륭하다 馬車(ばしゃ) 마차 変(か)わる 변하다, 바뀌다 すごい 굉장하다, 대단하다

따라 쓰기 _____

_____

_____

10 次に 妖精は ガラス瓶を 倒して、中から 三匹の ねずみを 出しました。それ
から ねずみが 逃げ出して しまう 前に 素早く 杖で 触りました。すると、初め
の 二匹は 白い 馬に、最後の ねずみは 御者に 変わりました。

다음으로 요정은 유리병을 넘어뜨려서 안에서 세 마리의 쥐를 꺼냈습니다. 그러고 나서 쥐가 도망쳐 버리기 전에 재빨리
지팡이로 건드렸습니다. 그러자, 처음 두 마리는 흰 말로, 마지막 쥐는 마부로 변했습니다.

단어 倒(たお)す 넘어뜨리다 出(だ)す 꺼내다 逃(に)げ出(だ)す 도망치다 素早(すばや)い 재빠르다
触(さわ)る (가볍게) 닿다, 손을 대다, 건드리다 白(しろ)い 희다, 하얗다 馬(うま) 말 最後(さいご) 최후, 마지막 御者(ぎょしゃ) 마부

따라 쓰기
_____

_____

_____

11 「すごいわ。おばあさんの 杖は、すごい 力を 持って いますね!」シンデレラは
叫びました。妖精は、シンデレラに 向かって 杖を 差し出して、「これは 魔法の
杖よ。願い事は 何でも 叶えて あげるわ。」そう 言って、もう 一度 杖を 振りま
した。

"대단해요. 할머니의 지팡이는 굉장한 힘을 갖고 있네요!" 신데렐라는 소리쳤습니다. 요정은 신데렐라를 향해서 지팡이를
내밀며 "이것은 마법의 지팡이란다. 원하는 것은 뭐든지 이루어 주지." 그렇게 말하고 한 번 더 지팡이를 휘둘렀습니다.

단어 力(ちから) 힘 叫(さけ)ぶ (큰 소리로) 외치다, 소리 지르다 願(ねが)い事(ごと) 소원 何(なん)でも 무엇이든지, 뭐든지
もう 一度(いちど) 한 번 더 振(ふ)る 흔들다, 휘두르다

따라 쓰기
_____

_____

_____

12 すると、シンデレラの 汚い 服は 素晴らしい ドレスに、汚い 靴は ガラスの 靴に 変わりました。「じゃ、舞踏会に いってらっしゃい。ただし、12時までに 帰って 来なければ ならないよ。魔法が 解けて しまうからね。」妖精は 言いました。

그러자, 신데렐라의 꾀죄죄한 옷은 근사한 드레스로, 지저분한 구두는 유리구두로 바뀌었습니다. "그럼, 무도회에 다녀오렴. 단, 자정까지 돌아오지 않으면 안 돼. 마법이 풀려 버리니까 말이야." 요정은 말했습니다.

단어 素晴(すば)らしい 훌륭하다, 근사하다, 멋지다 ガラス 유리 いってらっしゃい 다녀와, 다녀오세요 ただし 단, 다만
~までに ~까지 *최종기한 帰(かえ)る 돌아가[오]다 동사의 ない형+なければ ならない ~(하)지 않으면 안 된다, ~(해)야 한다
魔法(まほう) 마법 解(と)ける 풀리다

따라 쓰기
_____
_____
_____

13 シンデレラが 舞踏会に 着くと、王子は 馬車の 横まで 迎えに 出て、手を 差し出しました。王子は 舞踏会に 招待された 人の 中で、シンデレラが 一番 美しいと 言いました。みんなは シンデレラが 誰なのか、どこから 来たのか とても 気に なりました。たぶん どこかの 国の お姫様だと 思ったのです。

신데렐라가 무도회에 도착하자, 왕자는 마차 옆까지 마중 나와서 손을 내밀었습니다. 왕자는 무도회에 초대받은 사람 중에서 신데렐라가 가장 아름답다고 말했습니다. 모두는 신데렐라가 누구인지, 어디에서 온 것인지 매우 궁금했습니다. 아마 어딘가의 나라의 공주님이라고 생각한 것입니다.

단어 着(つ)く 도착하다 迎(むか)える (사람을) 맞다, 맞이하다 동사의 ます형+に ~(하)러 *동작의 목적 出(で)る 나오다
招待(しょうたい)される 초대받다 *「招待(しょうたい)する」(초대하다)의 수동형 人(ひと) 사람 中(なか) 중, 가운데
一番(いちばん) 가장, 제일 美(うつく)しい 아름답다 みんな 모두 気(き)に なる 신경이 쓰이다, 궁금하다 たぶん 아마 国(くに) 나라
お姫様(ひめさま) 공주님

따라 쓰기
_____
_____
_____
_____

シンデレラ 신데렐라

14 シンデレラと 王子(おうじ)は、微笑(ほほえ)み合(あ)って ずっと 踊(おど)りました。あっと言(い)う間(ま)に、王子(おうじ)は シンデレラが 好(す)きに なって しまいました。しかし、12時(じ)が 近(ちか)づくと、シンデレラは 帰(かえ)らなければ なりませんでした。

신데렐라와 왕자는 서로 미소 지으며 계속 춤을 추었습니다. 순식간에 왕자는 신데렐라를 좋아하게 되어 버렸습니다. 그러나 자정이 가까워지자, 신데렐라는 돌아가지 않으면 안 되었습니다.

단어 微笑(ほほえ)む 미소 짓다 동사의 ます형+合(あ)う 서로 ~하다 ずっと 쭉, 계속 踊(おど)る 춤추다
あっと言(い)う間(ま)に 눈 깜짝할 사이에, 순식간에 好(す)きだ 좋아하다 近(ちか)づく 다가오다

따라 쓰기 _____

_____

_____

15 王子(おうじ)に その ことを 伝(つた)えると、王子(おうじ)は、シンデレラを ドアの ところまで 送(おく)って 言(い)いました。「また、会(あ)いましょう。」シンデレラは ただ 微笑(ほほえ)んで、馬車(ばしゃ)が ある ところまで 階段(かいだん)を 駆(か)け下(お)りました。シンデレラは 本当(ほんとう)の 姿(すがた)を、王子(おうじ)に 見(み)られたく なかったのです。

왕자에게 그 일을 전하자, 왕자는 신데렐라를 문이 있는 곳까지 배웅하며 말했습니다. "다시 만납시다." 신데렐라는 그저 미소 짓고서 마차가 있는 곳까지 계단을 뛰어 내려갔습니다. 신데렐라는 진짜 모습을 왕자님에게 보이고 싶지 않았던 것입니다.

단어 伝(つた)える 전하다 ドア 도어, 문 ところ 곳, 장소 送(おく)る 배웅하다 また 또 会(あ)う 만나다 ~ましょう ~(합)시다
ただ 그저 ある (식물·사물이) 있다 階段(かいだん) 계단 駆(か)け下(お)りる 뛰어 내려가다[오다] 本当(ほんとう) 정말, 진짜

따라 쓰기 _____

_____

_____

16 シンデレラは、12時 ちょうどに 家に 着く ことが できました。時計の 針が 12時を 指した とたん、馬車は かぼちゃに、馬と 御者は ねずみに 戻りました。そして、シンデレラも 汚い 姿に 戻り、地面に 尻もちを ついて しまいました。

신데렐라는 12시 정각에 집에 도착할 수 있었습니다. 시계 바늘이 12시를 가리키자마자, 마차는 호박으로, 말과 마부는 쥐로 되돌아왔습니다. 그리고 신데렐라도 지저분한 모습으로 되돌아와 땅바닥에 엉덩방아를 찧고 말았습니다.

단어 ちょうど 정확히, 꼭 針(はり) (시계 등의) 바늘 指(さ)す (사물·방향 등을) 가리키다 동사의 た형+た とたん ~하자마자
地面(じめん) 지면, 땅바닥 尻(しり)もちを つく 엉덩방아를 찧다

따라 쓰기

---

17 けれども、シンデレラは 少しも 悲しく ありませんでした。舞踏会での 素晴らしい 思い出を 忘れなかったからでした。

그렇지만 신데렐라는 조금도 슬프지 않았습니다. 무도회에서의 멋진 추억을 잊지 않았기 때문이었습니다.

단어 けれども 그러나, 그렇지만 少(すこ)しも (부정어 수반) 조금도 悲(かな)しい 슬프다 思(おも)い出(で) 추억 忘(わす)れる 잊다

따라 쓰기

シンデレラ
신데렐라

Chapter 3 さん

*'느린 속도'의 음원은
www.ybmbooks.com에서
다운로드하세요. 음원 93

1 次の 日、シンデレラは、舞踏会に ついて 語って いる お姉さんたちの 話を
聞きました。「ねえ、あの お姫様の ドレスを 見た(?)。」ヘルガが 聞きました。「う
ん、美しかったわ。」ジェルドは 答えました。

다음 날 신데렐라는 무도회에 대해서 말하고 있는 언니들의 이야기를 들었습니다. "저기, 그 공주님의 드레스를 봤어?" 헬
가가 물었습니다. "응, 예뻤어." 제르도는 대답했습니다.

단어 次(つぎ) 다음 日(ひ) 날 ~に ついて ~에 대해서 ねえ 저기 *다정하게 말을 걸거나 다짐할 때 하는 말 あの (서로 알고 있는) 그
聞(き)く 묻다 うん 응 答(こた)える 대답하다

따라 쓰기

2「今夜の 舞踏会では、昨日の お姫様と 同じくらい きれいな ドレスを シンデ
レラに 作らせよう。」お姉さんたちは 言いました。

"오늘 밤 무도회에서는 어제 공주님만큼 예쁜 드레스를 신데렐라에게 만들게 하자." 언니들은 말했습니다.

단어 今夜(こんや) 오늘 밤 昨日(きのう) 어제 同(おな)じだ 같다 ~くらい ~정도
作(つく)らせる 만들게 하다 *「作(つく)る」(만들다)의 사역형

따라 쓰기 _____

_____

3「今夜も 舞踏会が ありますか。」シンデレラは 聞きました。「そうよ、だから 私
たちの ドレスを もっと きれいに 作ってよ。ドレスが きれいじゃ なかったから、
王子様は 私たちと 踊りを 踊って くれなかったのよ。」

"오늘 밤에도 무도회가 있어요?" 신데렐라는 물었습니다. "그래, 그러니까 우리 드레스를 더 예쁘게 만들어. 드레스가 예쁘지 않기 때문에 왕자님은 우리와 춤을 춰 주지 않았던 거야."

단어 もっと 더 踊(おど)り 춤 ~て くれる (남이 나에게) ~(해) 주다

따라 쓰기 _____

_____

_____

4 シンデレラは すぐに ドレスを 作り始めました。ドレスは 夕食 前に できあがりました。それは、前のより もっと 美しい ドレスでした。お姉さんたちは ドレスを 喜んで 着ましたが、シンデレラには ありがとうの 言葉も 言いませんでした。

신데렐라는 바로 드레스를 만들기 시작했습니다. 드레스는 저녁식사 전에 완성되었습니다. 그것은 전의 것보다 더 아름다운 드레스였습니다. 언니들은 드레스를 기뻐하며 입었지만, 신데렐라에게는 고맙다는 말도 하지 않았습니다.

단어 夕食(ゆうしょく) 저녁(식사) できあがる 완성되다 ありがとう 고맙다. 고마워

따라 쓰기

5 「急ぎなさい。王子様を 待たせては だめよ。」新しい お母さんが 言いました。シンデレラは、馬車に 乗って 出かけて いく お姉さんたちを、うらやましそうに 見て いました。「まだ 夢を 見て いるのかい。台所の 掃除は どうしたんだい。」新しい お母さんは 意地悪く 言いました。

"서둘러. 왕자님을 기다리게 해서는 안 돼." 새어머니가 말했습니다. 신데렐라는 마차를 타고 나가는 언니들을 부러운 듯이 보고 있었습니다. "아직 꿈을 꾸고 있는 거니? 부엌 청소는 어떻게 됐지?" 새어머니는 심술궂게 말했습니다.

단어 急(いそ)ぐ 서두르다 동사의 ます형+なさい ~(하)시오 待(ま)たせる 기다리게 하다 *『待(ま)つ』(기다리다)의 사역형 ~ては だめだ ~해서는 안 된다 まだ 아직 ~かい ~냐, ~に(=~だい)

따라 쓰기

6 舞踏会に ついて 考えて いると、誰かが シンデレラの 肩を 叩きました。それは 昨日の 妖精でした。「遅く なったわね。早く 準備してね。」妖精は 言いました。

무도회에 대해서 생각하고 있자니, 누군가가 신데렐라의 어깨를 두드렸습니다. 그것은 어제의 요정이었습니다. "늦었네. 빨리 준비해." 요정은 말했습니다.

단어 考(かんが)える (이것저것) 생각하다 遅(おそ)い 늦다 準備(じゅんび) 준비

따라 쓰기

7 「また、来て くれるとは 思いませんでした。もう 私の 願い事は、叶えて くれたのだと 思って いました。」妖精は 微笑みながら 言いました。「ううん、まだ 叶えられて いないわ。」

"또 와 주리라고는 생각하지 못했어요. 이미 제 소원은 들어준 거라고 생각하고 있었어요." 요정은 미소 지으며 말했습니다. "아니, 아직 이루어지지 않았어."

단어 〜とは 〜라고는 *'뜻밖이다'라는 기분을 강조함 思(おも)う 생각하다 もう 이미, 벌써 叶(かな)える 들어주다, 이루어 주다 ううん 아니 まだ 아직

따라 쓰기

8 また 妖精は、シンデレラを 庭に 連れて 行きました。シンデレラは、妖精が 何を 求めて いるのか わかって いたので、かぼちゃと 三匹の ねずみを 手に 入れる ために 走って 行きました。

또 요정은 신데렐라를 뜰에 데리고 갔습니다. 신데렐라는 요정이 무엇을 바라고 있는 것인지 알고 있었기 때문에 호박과 세 마리의 쥐를 구하기 위해서 달려갔습니다.

단어 連(つ)れる 데리고 가[오]다 求(もと)める 바라다, 요구하다 手(て)に 入(い)れる 구하다, 손에 넣다
동사의 기본형+ために ～하기 위해서 走(はし)る 달리다

따라 쓰기

_____

_____

_____

9 まもなくして、準備は できました。素晴らしい 馬車、二頭の 馬、そして 御者 が、シンデレラを 舞踏会に 連れて 行く ために 待って いました。

곧 준비는 다 되었습니다. 훌륭한 마차, 두 마리의 말, 그리고 마부가 신데렐라를 무도회에 데리고 가기 위해서 기다리고 있었습니다.

단어 まもなくして 곧, 머지않아 できる 다 되다 ～頭(とう) ～마리 *소·말 등을 세는 말

따라 쓰기

_____

_____

10 「あー、あなたの ドレスを 忘れて いたね。」妖精は 言いました。妖精は 魔法の 杖で、シンデレラの 汚い 服を 軽く 叩きました。すると、汚い 服は 美しいドレスに、汚い 靴は ガラスの 靴に 変わりました。「この ドレスは、昨日の ドレスより もっと 素敵です。」シンデレラは 言いました。

"아-, 네 드레스를 잊고 있었네." 요정은 말했습니다. 요정은 마법의 지팡이로 신데렐라의 꾀죄죄한 옷을 가볍게 두드렸습니다. 그러자, 꾀죄죄한 옷은 아름다운 드레스로, 더러운 구두는 유리구두로 바뀌었습니다. "이 드레스는 어제 드레스보다 더 멋져요." 신데렐라는 말했습니다.

단어 軽(かる)い 가볍다 叩(たた)く 두드리다 ～より ～보다 素敵(すてき)だ 멋있다

따라 쓰기

11 「でも、12時までに 帰って 来る ことを、忘れては いけないよ。」妖精は 言いました。シンデレラは 笑って 答えました。「わかって います。妖精の おばあさん、ありがとう。」

"하지만 12시까지 돌아오는 걸 잊어서는 안 돼." 요정은 말했습니다. 신데렐라는 웃으며 대답했습니다. "알고 있어요. 요정 할머니, 고마워요."

단어 ～ては いけない ～해서는 안 된다 *금지 ありがとう 고맙습니다, 감사합니다 *뒤에 「ございます」가 생략된 형태

따라 쓰기

シンデレラ 신데렐라

12 一方、ヘルガと ジェルドは 舞踏会に 着いて、王子が 自分たちの ことを 見て くれるのでは ないかと 期待して いました。しかし、王子は 二人の ことには 全然 関心が ありませんでした。王子が 待って いたのは、シンデレラだったのです。

한편 헬가와 제르도는 무도회에 도착해서 왕자가 자신들을 봐 주지는 않을까 기대하고 있었습니다. 그러나 왕자는 두 사람에게는 전혀 관심이 없었습니다. 왕자가 기다리고 있던 것은 신데렐라였던 것입니다.

단어 期待(きたい)する 기대하다　全然(ぜんぜん)(부정어 수반) 전혀　関心(かんしん) 관심　ない 없다

따라 쓰기 _____

_____

_____

13 シンデレラは 前よりも もっと 美しい 姿で、舞踏会に 現れました。「私は、あなたが 来て くれないのでは ないかと、心配して いました。」王子は とても 喜んで 言いました。「私も また 会う ことが できて、とても うれしいです。」シンデレラは 答えました。

신데렐라는 전보다도 더 아름다운 모습으로 무도회에 나타났습니다. "저는 당신이 와 주지 않는 건 아닐까 걱정하고 있었어요." 왕자는 매우 기뻐하며 말했습니다. "저도 다시 만날 수 있어서 매우 기뻐요." 신데렐라는 대답했습니다.

단어 現(あらわ)れる 나타나다　心配(しんぱい)する 걱정하다　うれしい 기쁘다

따라 쓰기 _____

_____

_____

110

14 二人は、時が 経つのも 忘れて、楽しく 踊ったり 話したり しました。「あっ、いけない! もう すぐ 12時に なるわ。帰らなければ。」と シンデレラは 王子に 言いましたが、王子は、シンデレラに もう 少し 一緒に いて くれる ように 頼みました。

두 사람은 시간이 지나는 것도 잊고, 즐겁게 춤추거나 이야기하거나 했습니다. "앗, 안 되겠다! 이제 곧 12시가 되겠네. 돌아가지 않으면."이라고 신데렐라는 왕자에게 말했지만, 왕자는 신데렐라에게 조금 더 함께 있어 달라고 부탁했습니다.

단어 時(とき)が 経(た)つ 시간이 지나다 楽(たの)しい 즐겁다 ~たり ~たり する ~하거나 ~하거나 하다
いけない 안 되겠다, 큰일이야 もう すぐ 이제 곧 명사+に なる ~이[가] 되다 帰(かえ)る 돌아가[오]다 ~なければ ~(하)지 않으면
もう 少(すこ)し 조금 더 一緒(いっしょ)に 함께 頼(たの)む 부탁하다

따라 쓰기
_____
_____
_____

15 時計の 針が 12時を 指そうと した 時、シンデレラは 馬車の ところまで 階段を 駆け下りました。しかし、階段を 下りる 時、ガラスの 靴が 片方 脱げて しまいましたが、シンデレラに それを 拾う 時間は ありませんでした。

시계 바늘이 12시를 가리키려고 했을 때, 신데렐라는 마차가 있는 곳까지 계단을 뛰어 내려갔습니다. 그러나 계단을 내려갈 때 유리구두가 한 짝 벗겨지고 말았지만, 신데렐라에게 그것을 주울 시간은 없었습니다.

단어 片方(かたほう) 한 쪽 脱(ぬ)げる (옷·신발 등이) 벗겨지다 拾(ひろ)う 줍다

따라 쓰기
_____
_____
_____

16 王子は シンデレラが 行って しまった 後、残された 片方の ガラスの 靴を、胸に 抱きしめました。

왕자는 신데렐라가 가 버린 후, 남겨진 한 짝의 유리구두를 가슴에 꽉 껴안았습니다.

단어 동사의 た형+た 後(あと) ~(한) 후 残(のこ)される 남겨지다 *『残(のこ)す』(남기다)의 수동형 胸(むね) 가슴
抱(だ)きしめる 꽉 껴안다

따라 쓰기 _____

_____

1 次の 日、王子は シンデレラを 探す ために、部下たちに 命じて 国中の お
嬢様に 会って、ガラスの 靴を はかせました。でも、不思議な ことに 誰も その
靴に ぴったりの 人は いませんでした。

다음 날 왕자는 신데렐라를 찾기 위해서 부하들에게 명령해 온 나라의 아가씨를 만나서 유리구두를 신겼습니다. 하지만 이
상하게도 누구도 그 구두에 딱 맞는 사람은 없었습니다.

단어 探(さが)す 찾다 部下(ぶか) 부하 命(めい)じる 명하다, 명령하다 はかせる 신기다 *「はく」(신다)의 사역형
不思議(ふしぎ)だ 이상하다, 불가사의하다

따라 쓰기 _____

_____

_____

2 ついに、部下たちは シンデレラの 家に やってきました。二人の お姉さんたちも はいて みましたが、小さすぎて はく ことが できませんでした。「後ろに いる、あの お嬢様にも はかせて ください。」一人の 部下が 言いました。シンデレラの ことを 言って いるのでした。

드디어 부하들은 신데렐라의 집에 찾아왔습니다. 두 언니들도 신어 봤지만, 너무 작아서 신을 수 없었습니다. "뒤에 있는 저 아가씨에게도 신겨 주세요." 한 명의 부하가 말했습니다. 신데렐라를 말하고 있는 것이었습니다.

단어 ついに 마침내, 드디어 やってくる 이쪽으로 향하여 오다 小(ちい)さい 작다 い형용사의 어간+すぎる 너무 ~하다 後(うし)ろ 뒤, 뒤쪽 いる (사람·생물이) 있다 ~て ください ~(해) 주세요

따라 쓰기 _____

_____

_____

_____

3 「あの 子は、メードですよ。あの 子に 合う わけが ありません。それに、家事で とても 忙しいんですよ。」新しい お母さんが そう 言いましたが、部下たちは 新しい お母さんの 話を 聞きませんでした。「王子様は この 国中の お嬢様に、この 靴を はかせる ように 命じました。そう 時間は かかりません。」部下は 言いました。

"쟤는 하녀예요. 쟤한테 맞을 리가 없어요. 게다가 집안일 때문에 매우 바쁘거든요." 새어머니는 그렇게 말했지만, 부하들은 새어머니의 이야기를 듣지 않았습니다. "왕자님은 이 온 나라의 아가씨에게 이 구두를 신기도록 명령했습니다. 그렇게 시간은 걸리지 않아요." 부하는 말했습니다.

단어 ~わけが ない ~(일) 리가 없다 それに 게다가 忙(いそが)しい 바쁘다 かかる (시간이) 걸리다

따라 쓰기 _____

_____

_____

_____

_____

114

4 シンデレラが 汚い 靴を 脱ぐと お姉さんたちは 笑いましたが、シンデレラの
足には、ガラスの 靴が ぴったり 合ったのでした。「王子様が、お城で お嬢様が
来るのを 待って います。一緒に 行きませんか。」部下が 聞きました。

신데렐라가 지저분한 구두를 벗자 언니들은 웃었지만, 신데렐라의 발에는 유리구두가 꼭 맞는 것이었습니다. "왕자님이 성
에서 아가씨가 오기를 기다리고 있습니다. 함께 가지 않을래요?" 부하가 물었습니다.

단어 脱(ぬ)ぐ 벗다　足(あし) 발　ぴったり 꼭, 딱 *꼭 들어맞는 모양　お城(しろ) 성
～ませんか ～(하)지 않겠습니까?, ～(하)지 않을래요? *권유

따라 쓰기 _____

_____

_____

5「もちろん、行きます。」シンデレラは 答えました。シンデレラが 答えると、妖
精が 現れて 汚い 服を 素晴らしい ドレスに 変えて くれました。

"물론, 갈게요." 신데렐라는 대답했습니다. 신데렐라가 대답하자, 요정이 나타나 꾀죄죄한 옷을 근사한 드레스로 바꿔 주었
습니다.

단어 もちろん 물론　変(か)える 바꾸다

따라 쓰기 _____

_____

6 シンデレラが お城に 着くと、王子が 待って いました。「結婚して ください。」と 王子が 言いました。「はい。」シンデレラは 王子の 目を 見つめながら 答えました。それから、シンデレラと 王子は 結婚して、いつまでも 幸せに 暮らしました。

신데렐라가 성에 도착하자, 왕자가 기다리고 있었습니다. "결혼해 주세요."라고 왕자가 말했습니다. "예." 신데렐라는 왕자의 눈을 응시하며 대답했습니다. 그리고 신데렐라와 왕자는 결혼해서 언제까지나 행복하게 살았습니다.

단어 いつまでも 언제까지나, 영원히

따라 쓰기

일본어가 술술 나오는 YBM
일본어 첫걸음

일본어 쓰기노트

· 획순을 익히면서 쓰면 일본어 문자가 머리에 쏙쏙
· 한글 발음 표기가 되어 있는 단어를 보며 한 번 더 체크

JLPT N5 하프모의고사

· 실제 시험과 동일한 구성으로 실전 감각 익히기
· 하프모의고사로 부담 없이 실전 연습하기

스토리북 신데렐라

· 친숙한 내용으로 독해 실력 업그레이드
· QR코드로 원어민의 생생한 발음 바로 듣기
· 문장 따라 쓰기로 일본어 내 거 만들기

ニャー